本书是全国教育科学规划教育部青年课题（EIA140415）的成果之一

本书得到华中科技大学2016年“双一流”建设——一流文科建设创新团队项目（5001421003）的资助

美国院校研究决策支持功能探析

Research on the Function of Institutional Research as Decision Support in the U.S.

魏署光 著

中国社会科学出版社

图书在版编目（CIP）数据

美国院校研究决策支持功能探析/魏署光著 .—北京：中国社会科学出版社，2016. 10
ISBN 978 - 7 - 5161 - 9504 - 8

Ⅰ. ①美…　Ⅱ. ①魏…　Ⅲ. ①高等学校—科学研究机构—决策支持系统—研究—美国　Ⅳ. ①G644. 6

中国版本图书馆 CIP 数据核字(2016)第 295041 号

出 版 人　赵剑英
责任编辑　侯苗苗
特约编辑　沈晓雷
责任校对　周晓东
责任印制　李寡寡

出　　版　中国社会科学出版社
社　　址　北京鼓楼西大街甲 158 号
邮　　编　100720
网　　址　http：//www. csspw. cn
发 行 部　010 - 84083685
门 市 部　010 - 84029450
经　　销　新华书店及其他书店

印　　刷　北京明恒达印务有限公司
装　　订　廊坊市广阳区广增装订厂
版　　次　2016 年 10 月第 1 版
印　　次　2016 年 10 月第 1 次印刷

开　　本　710 × 1000　1/16
印　　张　16
插　　页　2
字　　数　231 千字
定　　价　60. 00 元

序　一

院校研究起源于美国，早期开展个人自发性的院校研究，1945 年起，全国性院校研究形成，1980 年开始走向专业化、国际化。现在，绝大多数大学都建立了院校研究机构。美国院校研究发展的一个突出特点是，其发展与高等教育和高等学校规模密切相关。从组织分析角度看，规模越大，功能越多，组织结构越复杂，管理也就越复杂。而个人的知识经验、能力、精力是有限的。因此，在学校从小到大、从简单到复杂的变化过程中，总会碰到管理复杂性超过管理者能力的情况，于是需要别人帮助搜集信息、分析问题、提供咨询。美国院校研究十分活跃，在学校起到了信息权威、政策分析、对外信息提供、决策支持的作用。美国大学的院校研究，在学校的决策、运行及发展中，起到了十分重要的作用。我国开展院校研究，需要借鉴美国院校研究的经验。

院校研究是高等教育研究的一个领域。院校研究是通过对本校管理问题开展系统和科学的研究，以提高本校管理、决策水平为目的的研究。院校研究是通过收集与分析数据，为决策过程提供支持的一种专门职业。通过数据收集、数据分析，为学校决策提供支持是院校研究的核心职能。因此，了解、研究美国院校研究，首先要研究其决策支持。基于此，魏署光博士以美国院校研究决策支持功能为博士论文的研究对象。在研究的过程中，得到美国指导老师，时任美国院校研究会执行主席兰迪·斯温博士的悉心指导。在兰迪·斯温博士的指导和支持下，系统学习了美国院校研究的课程，到有关大学参与实践，并围绕美国院校研究决策支持功能进行了一项大型、系统而深入的调研。通过调研，不仅帮助美国院校研究会全面了解了美国院校研究决策支持功能的现状，而且为院校研究提供了新的视角，发现了新的问题，对美国院校研究的发展，起到了一定的推动作用。这样的教育研究，在中国学者对美国教育的研究中，是少见的。

魏署光博士的研究，也促使我们开始进一步探索中国院校研究，思考如何发展院校研究，建立高校决策支持系统。对决策支持系统，不同国家、不同学科有不同的理解。我们认为，决策支持系统为决策者提供所需的数据、信息和背景资料，帮助决策者明确决策目标和进行问题的识别，建立或修改决策模型，提供各种备选方案，并且对各种方案进行评价和优选，为决策提供必要的支持。决策支持系统主要包括三个主要方面：数据、数据系统；知识、技术；人员、机构。决策支持系统是决策体系的重要组成部分，十分重要。

为了解我国高校决策支持系统建设的现状，近几年来，华中科技大学院校发展研究中心通过多种方式进行了调研。特别是 2014 年 5 月起，历时一年多，通过问卷、访谈、询问等多种方式，首次对全国 878 所高校的高教研究机构进行了一次全面、深入的调研。调研发现，决策支持系统不健全，是我国高校决策系统中存在的一个突出问题。

决策支持系统主要包括数据、数据系统，知识、技术，人员、机构三个方面。首先，在数据、数据系统方面，近几年来，虽然数据系统建设取得了一定进展，但问题仍然不少，如：国家级的教育数据库尚处于建设之中；大学的业务数据库互不联结，形成信息孤岛，导致数据分散、不一致；部分数据不公开，处于保密状态，研究人员不能取得相应的数据；大学基本没有建立起自己的分析数据库。其次，在知识、技术方面，决策的有关理论、知识比较零散，缺乏创新；高等教育理论有待深入探究；信息技术中，数据挖掘、在线分析处理、数据汇报等，几乎处于空白。最后，决策支持系统建设的重点在人员、机构，有了健全的机构和高水平的人才，就会努力去探索高等教育理论、决策理论、相关信息技术，也能推进数据库的建设。我国高校与决策支持相关的机构主要有高教研究所（室）、发展规划处。高教研究机构本应为学校决策提供支持，在这一方面，也做了一定的贡献，但由于种种原因，并未完全发挥这一作用。主要原因是：机构的定位、职能不清晰，未能进入学校的决策体系；没有形成为高校提供决策服务的长效机制，工作流程的科学性和规范性不高；由于制度和习惯的影响，高教研究人员对学校决策问题研究积极性不高，能力不足；高校决策中，经验决策的影响根深蒂固，高校领导对决策支持的需求不旺，对高教研究的重视不够。发展规划处则是近年来教育部重视学校战略规划的产物。大多数学校建立了发展规划处，他们在制订大学章程、战略规划等方面发挥了积极作用，但也存在一些问题。由于是纯行政部门，在工作中缺乏运用系统的科学方法；因是发展规划处，大多停留在规划的制订上，容易使规划制订、规划实施、规划评估脱节，规划停留在“纸上画画，墙上挂挂”；做了一些本属学校办公室、学科办、科技处等部门应该做的工作，造成一些工作相互推诿。发展规划处也难以担负学校决策支持的重任。

因此，应该大力发展院校研究，使之成为高校的决策支持系统。我们认为，教育部应重视和支持院校研究，使之成为高校决策体系的决策支持系统；加速国家教育数据库建设，并向院校研究人员开放；建立相应的制度，如院校研究具有机构的行政性和研究的专业性，需要建立相应的、适合院校研究人员的考核、晋升机制和制度；建立决策问责制度，促进校长提升科学决策的意识、水平和能力。

最后，向教育行政部门官员、高校领导、高等教育研究和院校研究人员推荐此书，从中可以了解美国院校研究决策支持的现状、经验和问题，并结合我国的现状，探索、发展中国特色的院校研究。

刘献君

华中科技大学教育科学研究院教授

中国高等教育学会院校研究分会会长

序二（译文）

决策支持是院校研究的核心功能。决策支持指为决策者提供决策所需要的数据与分析。院校研究人员及高校领导对院校研究的决策支持功能是非常认可的，但对于决策支持包含哪些因素存在很大分歧。在过去，院校研究人员认为，其角色仅在于提供数据和信息，从而保持中立，这是院校研究这一专门职业的优势所在，至于解读数据及提供建议，则被认为有违院校研究的中立性。毕竟如果院校研究人员对根据数据提出的行动方案持有偏见，又有谁会相信这些数据呢？近年来，院校研究人员认为有必要辅助决策者衡量各种备选方案及使用数据。这样的话，在与决策者合作的过程中，向决策者解释及指导决策者使用数据，成为与数据分析同等重要的事情。院校研究领域的这些进展表明，决策是由多个步骤组成的过程，在这一过程中，院校研究人员以不同的角色参与其中。

魏署光博士的研究引申出这样一个问题——如何制定决策？谁来制定？在魏博士开展的针对美国院校研究人员的全国性调查之前，人们对院校研究在决策过程中的参与情况一直缺乏了解。从根本上讲，魏博士的研究触及了这样一个问题——当前的院校研究实践中，负责数据处理及分析的院校研究人员是否扮演了与决策者类似的角色。这一研究向我们提供了新的重要信息，即在决策过程中，相关人员及过程是如何作为一个系统而存在的？此外，这一研究还向我们提供了新的视角，即高校是如何看待院校研究人员的。在实践中，院校研究人员是否具备相关的技能和能力，从而既为决策提供数据/信息，又将其应用于决策过程？

正如指导很多博士学位论文一样，对导师来讲，指导学生的研究也是一个非常有益的学习过程。在魏博士进行文献综述、研究设计及问卷制定过程中，我都期待着我们之间的每一次讨论。很高兴看到他的博士学位论文付梓出版。我建议读者关注这本书的核心发现，即院校研究与决策制定之间的互动。

此外，我建议读者在魏博士研究的基础上，从宏观层面思考院校研究。系统性视角（Bertalanffy，1973）要求我们将院校研究视为一个由各种要素所组成的系统。这样的话，数据、分析、信息、决策者、决策过程及最后的决策就被视为系统中的要素，这些要素彼此关联。这一视角跟大家熟知的彼得·圣吉提出的“第五项修炼”，是非常吻合的。当前，这些要素之间的交错关联可以用“数据生态系统”（Cubarrubia & Perry，2016）或院校研究的理想模式（Swing，2016）来描述。

通过考察院校研究的成果及其使用情况，魏博士启发我们深入思考数据生态系统中的互动及互联问题。魏博士的研究触及了该问题的深层背景，但其更大的价值却在于，启发我们立足更高层次、基于系统性视角，以理想愿景为导向，深入思考如何建立高效的高等教育数据生态系统。

兰迪·斯温（Randy L. Swing）

前美国院校研究会执行主席

前言

2011年起，我国将进入院校研究的“规范发展”阶段。作为一种专门的组织职能，院校研究将会更多出现于中国高校的组织架构中，院校研究人员将积极参与设计与建设学校管理信息系统。但建立院校研究机构和管理信息系统的目的是什么？要实现什么功能？这是在建立院校研究机构及管理信息系统前需要首先回答的问题。美国是院校研究的发源地，美国院校研究历史最为悠久，其院校研究实践最为成熟。因此，本书希望通过对美国院校研究决策支持功能的探析，为我国院校研究的开展提供某些参照。

院校研究有多种功能，本书选择其核心功能——决策支持功能作为研究对象，主要回答院校研究为哪些决策者提供支持、在哪些决策议题上提供支持、以什么样的方式提供支持。本书以组织智能理论及职业社会学作为理论基础，进行研究设计。在文献阅读基础上，对院校研究机构负责人进行深入的访谈，根据访谈结果设计问卷，并对问卷进行评审和修改。遵循严格的抽样程序，从美国院校研究会会员数据库中抽样，对美国院校研究人员进行问卷调查。本书主体部分从决策者、决策问题及决策过程三个维度对院校研究的决策支持功能进行分析。每一部分中，首先对院校研究的决策支持功能进行描述，然后从结构—功能分析的视角分析院校研究个人、办公室及学校特征等因素与院校研究决策支持功能之间的相关性，最后通过理论分析与模型构建对决策支持功能进行深入剖析。

通过对美国院校研究决策支持功能的实证分析与探讨，得出以下五个结论：

第一，院校研究主要由教务长主管，工作职责集中于入学管理及学生学习成果评估。院校研究机构大多向教务长汇报，教务长是院校研究的第一大“客户”。院校研究人员在学生学习成果评估、入学管理、教师及规划事务中参与很多，但职责主要集中于由教务长主管的入学管理及学生学习成果评估事务。

第二，院校研究的决策支持功能与院校研究个人、办公室及学校特征相关。院校研究为高层决策者提供数据分析支持的程度与院校研究人员的财务数据获取程度、办公室规模及学校规模相关。院校研究人员在决策问题中的职责与其职位、学位、工作经验，办公室组织定位及数据获取程度，学校层次与类型等因素相关。个人观念与组织支持是影响院校研究人员在决策过程中参与程度的主要因素。

第三，院校研究专业受认证机构及学校的影响，呈现出由分化到融合的发展趋势。20 世纪 80 年代中后期以来，认证机构日益强调学生学习成果评估、学校效能及规划，院校研究专业开始分化。但近年来各高校在评估、效能及规划活动中，越来越意识到需要院校研究人员的积极参与，这推动院校研究专业开始由分化走向融合。

第四，数据性、分析性、咨询性及领导性支持是决策过程支持的四个层次。数据性支持和分析性支持是决策过程支持的基础层次，咨询性支持和领导性支持是决策过程支持的高级层次。决策过程支持的层次越高，对院校研究人员技能与专业素质的要求越高。

第五，院校研究的决策支持功能因个人观念及组织支持而动态演变。因院校研究人员观念及组织支持程度的不同，院校研究的决策支持功能将呈现出充分发挥、部分被替代、无法发挥及发挥有限四种情况。因个人观念及组织支持的变化，院校研究的决策支持功能也发生了动态演变。

在数据分析的基础上，本书提出我国院校研究开展的相关建议。推动院校研究规范发展，建立院校研究专业认同，规划院校研究的组织架构，为院校研究提供组织保障；以学生事务为突破口，逐步建立学校分析数据库；培养院校研究人员，为院校研究开展提供人才保障。

本书是美国院校研究领域中第一次对院校研究的决策支持功能开

展的深入系统的研究。创新之处在于选择院校研究的决策支持功能作为研究问题，进行集中探索；引入新的视角，从组织智能理论及职业社会学视角进行研究；研究方法与过程严格遵循实证研究的范式；通过实证分析与模型构建，本书得出了一系列富有创新性的结论。

目　录

第一章　研究问题与文献综述

第一节　研究背景

一　各高校建立院校研究机构，要求首先厘清院校研究功能

院校研究是高等教育研究的一个专门领域和研究范式，是运用管理学和高等教育的相关理论和方法，对本校管理问题进行研究，并希望提高本校管理水平和效益的一种研究范式。系统地收集数据，科学地分析数据，为领导提供决策支持是院校研究的基本特征。我国“院校研究”一词最早出现于20世纪八九十年代程星、周川等学者发表的文章中，院校研究真正进入高等教育研究者和高校决策者的视野始于华中科技大学院校发展研究中心的呼吁和倡导。2002年该中心刘献君、赵炬明、陈敏三位教授发表《发展院校研究提高高校管理水平——关于高教所应如何为高校服务的思考》和《加强院校研究——高等学校改革和发展的必然要求》文章，引起学界广泛关注。华中科技大学发起成立了中国高等教育学会院校研究分会，通过开展专题研究、举办会议、开展培训、编写教材、出版案例集等方式，推动院校研究。

2011年中国高等教育学会院校研究分会年会的召开，标志着我国院校研究由“初步形成”进入“规范发展”阶段。[①] 前十年，因为高

① 刘献君：《中国院校研究将从初步形成走向规范发展》，《高等教育研究》2011年第7期。

校开始有了办学自主权，院校研究引起了高校领导的注意，院校研究开始在中国生根发芽。未来十年，随着高校办学自主权的不断扩大、社会对高等教育问责程度的加大等各种因素的交织酝酿，高校领导对院校研究的需求将逐步加大，寻求通过院校研究提高管理与决策的科学化水平，提高学校办学的质量与效益。这将推动中国院校研究进入规范化发展阶段。

院校研究机构开始出现于中国高校的组织架构中。有些高校的高等教育研究所开始承担院校研究的功能，有些高校的发展规划处开始进行院校研究，有些高校新建了院校研究机构。笔者对这些院校研究机构进行了分析，发现这些院校研究机构的定位并不清晰，尚未对其使命、目标、工作内容等做出明确界定。这些属于院校研究的组织架构问题。而功能决定结构，一个组织要发挥什么功能决定了其组织架构应该怎样设置。因此，要想在中国高校现有的组织架构中开展院校研究，必须首先对院校研究的功能进行探索与分析。

二　高校管理信息系统需要院校研究人员参与指导设计

各高校将逐渐开始建立自己的管理信息系统，通过数字化、科学化管理提高学校管理的效率和效益。2012 年 3 月由我国教育部发布的《教育信息化十年发展规划》（以下简称《规划》）中明确提出“加快学校管理信息化进程”。要求各高校“建立电子校务平台，加强教学质量监控，推动学校管理规范化与校务公开，支持学校服务与管理流程优化与再造，提升管理效率与决策水平，提高办学效益，支撑现代学校制度建设”。《规划》还提出“推动学校管理信息系统建设与应用……制定学校管理信息化标准与要求，通过分类指导、示范引领推动各级各类学校管理信息化建设……建立高校管理信息系统开源软件库，带动学校管理信息化水平的整体提升……推动电子学籍建设，完善学生综合素质评价。”通过自上而下的推动与自下而上的探索，未来十年，各高校将逐渐建立起自己的管理信息系统，并通过管理信息系统来提升管理效率与决策水平，提高办学效益。

管理信息系统这一概念，主要见于企业管理中，在国内还很少应用于高校管理领域。在企业管理中，管理信息系统可以定义为一个能够完成操作层的信息处理和结构化决策的人机系统，它反映企业的生产经营情况，从企业全局出发辅助企业进行管理与决策。① 如果将这一概念应用于高校管理领域，高校管理信息系统可以定义为一个能够完成操作层的信息处理和结构化决策的人机系统，它反映学校的日常运行情况，从学校全局出发辅助学校进行管理与决策。管理信息系统主要由硬件、软件、数据系统、相关人员、管理制度与规范等组成，其中数据系统是管理信息系统的中心。

高校数据系统由学校业务运行数据系统和决策分析数据系统组成。其中学校业务运行数据系统（Operational Database）是指学校在日常运作中使用的数据系统，例如学生招生、学生注册、学生毕业、人事管理、科研和财务等。决策分析数据系统（Analytical Database）指建立在业务运行数据系统之上的，为决策提供数据分析而建立的数据系统。目前，高校内部各职能部门都建立了自己的业务运行数据库，但仅有几所学校建成分析数据库。2011 年 5 月，华中科技大学教科院陈敏教授对湖北省 34 所普通高等学校逐一进行电话访谈调查，发现只有 1 所高校完成了分析数据库的建设，16 所高校正在建设阶段，7 所高校计划建设，10 所高校尚未有建设分析数据库的计划。②

在美国高校管理中，决策分析数据系统主要由院校研究部门和信息中心共同合作建立与维护。院校研究部门主要参与前期的分析与设计，以及决策分析数据系统的使用、反馈与建议；信息中心主要参与决策分析数据系统的开发、检测与改进，以及管理、维护与完善。院校研究部门是决策分析数据系统的设计者、使用者，而信息中心则负责提供技术支持。所以，未来高校管理信息系统的建设，需要院校研究部门与技术支持部门的通力合作。技术支持可以相对容易地实现，各高校的信息中心配有能够胜任这项工作的工作人员，但我国高校组织结构中却缺少负责管理信息系统设计与分析的院校研究部门。

---

① 蔡淑琴：《管理信息系统》，科学出版社 2011 年版，第 36—38 页。

② 陈敏、李守芳：《我国院校研究数据系统建设现状及发展建议》，《高等教育研究》2012 年第 5 期。

由此可见，我国高校管理信息系统建设的重要前提是成立院校研究机构，而组织结构建立的前提是明确其功能。因此，必须首先明确院校研究人员主要收集和分析哪些数据，可以为哪些决策者提供支持，主要在哪些管理问题上提供支持等。只有明确以上内容，才能明确管理信息系统建立的目的、定位、数据收集内容等。

三　美国院校研究实践中对院校研究功能认识不一

在世界各国高等教育中，美国院校研究的历史最为悠久，实践最为成熟，对美国院校研究实践及其功能的探讨，对我们国家开展院校研究，尤其具有重要参考意义。但美国院校研究最大的特点便是多样性，表现在两个方面：一是院校研究随不同历史时期高等教育的发展而发展；二是院校研究实践因学校不同而存有差异。

美国院校研究实践随着高等教育发展而不断演变，其功能也在不断变化。在院校研究机构诞生的最初阶段，主要焦点是有关学校的招生和学生需求方面的数据资料。在 20 世纪 50 年代和 60 年代，院校研究主要关心在校学生人数的增长、校园面积和课程规模以及管理组织的扩大。70 年代，院校研究从起初的收集、保存和发布信息，逐步扩展到进行院校之间的比较研究，并向校外机构公布研究报告。70 年代后期，政策分析和规划被包括进来，这些功能在 80 年代表现得更加突出，逐渐发展成为当前许多院校研究机构的一项主要任务。[①] 90 年代以来，院校研究人员开始广泛参与学生学习成果评估及认证活动，为学校效能提供支持。因此，院校研究的功能不断发生变化，比如由起初的数据支持发展为后来的规划支持、效能支持等。作为一个不断发展的行业，在现阶段及以后应该怎样定位院校研究的功能，才能有助于推动这一行业的发展？

不同高校的院校研究实践及功能也存在很大的不同。美国高等教育分权管理的模式造就了美国高校发展的多样化，不同性质、类型、层次和规模的高校构成了一个庞大的生态系统，每一所高校都有其发

---

① Carolyn V. Boyles, "Help Wanted: A Profile of Institutional Research, 1970 - 1985", *Research in Higher Education*, Vol. 28, No. 3, 1998, pp. 195 - 216.

展的独特性。作为为高校管理服务的院校研究部门，也因不同高校所面临问题的不同而呈现出差异性。四年制院校与两年制院校在提交外部报告、专题研究、评估支持方面表现出较大的差异性。① 具有博士学位授予权的大学和研究型大学中，院校研究更多地涉及学术和科研的研究，而在仅能授予学士学位的高校和两年制学院中，则更多地涉及环境分析研究和办学效益评估。② 所以，每所高校都对其院校研究部门有不同的使命要求，比如佛罗里达州立大学院校研究办公室的使命是通过为学校提供各种数据支持，而加州大学伯克利分校院校研究办公室的使命是成为学校的咨询部门。甚至同一所高校内，因为不同时期领导的决策与管理模式/风格的不同，对院校研究也会有不同的要求，院校研究的功能也就随之发生变化与调整。比如加州大学总校的院校研究已由起初的几位工作人员发展到后来的20余位。2013年，旧金山大学将院校研究办公室与规划、预算办公室合并，并新增学生学习与保障办公室、学校数据分析办公室，由学校规划、预算与效能副教务长直接领导。③

在美国院校研究文献中，对院校研究功能的界定也呈现出多样化。比如1970年，乔·索普和詹姆斯·蒙哥马利（Joe L. Saupe & James R. Montgomery）④ 在其出版的《院校研究的性质与角色：给高校的备忘录》中提到院校研究包括数据的收集、分析、报告及其他相关工作，目的在于辅助学校日常运行和决策制定。⑤ 宾夕法尼亚州立大学詹姆斯·弗里德里克斯·沃克文（James Fredricks Volkwein）在

---

① Stephen W. Thorpe, "The Mission of Institutional Resesarch", *Paper Presented at the 26th Conference of the North East Association for Institutional Research*, 1999, pp. 14－16.

② D. Reichard, et al., The Practice of Institutional Research: Toward an Operational Definition. Eric, ED220056, 1982.

③ University of San Francisco, Vice Provost for Institutional Planning, Budget and Effectiveness. http://www.usfca.edu/Provost/Vice_Provost_for_Institutional_Planning,_Budget_and_Effectiveness/.

④ 蒙哥马利是美国院校研究会1966—1967年的主席，索普是美国院校研究会1968—1969年的主席。

⑤ Saupe, J. L. & Montgomery, J. R., *The Nature and Role of Institutional Research: Memo to a College or University*, Tallahassee, FL: The Association for Institutional Research, 1970.

1999年提出了院校研究人员的四种角色：信息权威（Information Authority）、政策分析者（Policy Analyst）、公关顾问（Spin Doctor）、学者与研究者（Scholar & Research）。① 密歇根大学马文·彼得森（Marvin W. Peterson）于1999年提出了院校研究的新角色，即高等教育产业分析师（Postsecondary Industry Analyst）。② 前美国院校研究会执行主席兰迪·斯温提出院校研究应该成为学校改革的动力站。③ 还有学者提出院校研究的是学校的组织智能。④ 美国院校研究会在2009年2月明确提出其使命是"为高等教育提供高质量的数据与决策支持"。⑤

美国院校研究的多样化发展，有助于满足不同高校的需求，但同时也导致了人们对院校研究功能尤其是其核心功能的认识不一。这种实践和认识的多样化也影响了院校研究的专业认同，以至于20世纪80年代中期甚至现在，有些人从事着院校研究的工作，却并不认为自己是院校研究人员。⑥ 早在1985年，时任美国院校研究会主席的马文·彼得森就告诫院校研究领域"对于一门专业（profession）来说——即便是应用性的专业——也需要对其专业实践有一个共识"。马文·彼得森所谓的共识就是要对院校研究的任务、角色、功能、方法、知识基础、标准等有一个明晰的界定，提炼出院校研究的核心任务、核心角色、核心功能等。他认为"只有达成共识，院校研究这一

---

① J. Fredericks Volkwein, "The Four Faces of Institutional Research", *New Dircetions for Institutional Research*, San Francisco: Jossey - Bass, No. 104, 1999, pp. 9 - 19.

② Marvin W. Peterson, "The Role of Institutional Research: From Improvement to Redesign", *New Dircetions for Institutional Research*, San Francisco: Jossey - Bass, No. 104, 1999, pp. 83 - 103.

③ Randy L. Swing, Institutional Researchers as Change Agents, *New Dircetions for Institutional Research*, San Francisco: Jossey - Bass, No. 143, 2009, pp. 5 - 16.

④ Patrick T. Terenzini, "On the Nature of Institutional Research and the Knowledge and Skills It Requires", *New Dircetions for Institutional Research*, San Francisco: Jossey - Bass, No. 104, 1999, pp. 83 - 103.

⑤ AIR Board of Directors Meeting, Synopsis of February 6 - 7, 2009 Action and Motion Items, http: //www. airweb. org/AboutUs/LeadershipAndGovernance/GovernanceDocuments/Board%20Minutes/Archived%20Board%20Minutes/2008_ 2009BoardMeetingMinutes. pdf.

⑥ Gary Rice (Project Coordinator), Mary Ann Coughlin & Richard Howard (Co - Editor), *The Association for Institutional Research: The First 50 Years*, Tallahassee: Association for Institutional Research, 2011, pp. 26 - 31.

专业才能发展好”。[①] 但自马文·彼得森提出这一问题以来，虽然美国院校研究领域中，有不少学者进行了研究和讨论，但仍存在很多研究空白。

马文·彼得森“共识”建设所涉及的众多主题中，“功能”一词尤为重要。因为功能决定了院校研究的任务、角色、方法和技术等，所以对院校研究功能的研究对讨论院校研究专业“共识”、专业认同非常有意义。院校研究有哪些功能？核心功能是什么？这一核心功能的具体内涵是什么？这一核心功能有没有发生变化？如果有变化，为什么会发生这些变化？院校研究怎样才能更加充分地发挥这些功能？这些问题，既是美国院校研究关注的问题，也是中国开展院校研究所必须解决的问题。

2011 年 12 月至 2012 年 6 月，由华中科技大学及美国院校研究会联合资助，笔者曾在美国院校研究会总部访学。[②] 基于对以上问题的思考，笔者在中美双方导师的指导下，选择以院校研究的决策支持功能作为论文选题。

之所以选择以“院校研究的决策支持功能”作为论文选题主要是基于以下几个方面的原因。第一，院校研究有多种功能，比如数据报送、为规划提供支持、为认证提供支持、为决策提供支持，但决策支持功能是其核心功能。第二，在美国各高校院校研究办公室网站的使命陈述中，出现频率最高的也是决策支持，所以将决策支持定义为院校研究的核心功能符合美国院校研究的实际情况。第三，美国院校研究会是院校研究领域的专业协会，其使命便是为高等教育提供高质量的数据和决策支持。选择院校研究决策支持功能进行研究，与美国院校研究会的使命相一致。第四，决策制定过程是理解组织的关键所在，决策行为是管理的核心。[③] 对院校研究决策支持功能的研究，是

---

① Marvin W. Peterson, “Institutional Research: An Evolutionary Perspective”, *New Directions for Institutional Research*, San Francisco: Jossey - Bass, No. 46, 1985, pp. 5 - 15.

② 此次访学还得到佐治亚大学（University of George）和佛罗里达州立大学的支持和帮助，特此致谢。

③ ［美］西蒙：《管理行为》，机械工业出版社 2004 年版，前言。

理解高校管理和组织行为的关键突破口。

选定题目后，笔者在中国院校研究会会长刘献君教授及时任美国院校研究会执行主席兰迪·斯温博士的联合指导下，在美国院校研究会的支持下，对美国高校的院校研究人员进行问卷调查，收集了第一手的数据和资料。笔者希望通过对美国院校研究人员的决策支持功能的研究，为我们院校研究提供借鉴，更好地规划中国院校研究的发展。

四　研究问题

本书的核心问题是：院校研究的决策支持功能是什么？院校研究为什么能够发挥这些决策支持功能？院校研究怎样才能更好地发挥其决策支持功能？

具体而言，本书选择从决策者、决策问题及决策过程支持三个方面来探讨院校研究的决策支持功能。决策者是决策过程中最重要的因素，决策问题只有进入决策者的视野才会产生决策过程；决策问题是决策者进行决策的对象；只有在决策过程之中，决策者和决策问题才能发生作用，才会发生决策行为。这三个方面共同组成一个完整的框架，即在决策过程中，院校研究人员通过为决策主体提供支持，帮助决策者针对某一决策问题进行决策。所以，本书研究的分问题是：

第一，院校研究为哪些决策者提供支持？

第二，院校研究在哪些问题上为决策提供支持？

第三，在决策过程中，院校研究人员以什么样的方式提供支持？

第二节　研究意义

一　有助于深化对院校研究决策支持功能的认识

美国院校研究领域中，院校研究专业人员对院校研究功能的认识并不一致。有人认为院校研究的功能是报送数据，有人认为院校研究的功能是为决策提供支持。在决策支持一派中，人们对院校研究应该提供数据/信息，还是提供咨询建议等也有不同的看法。这些观念反映了美国院校研究的多样化，不同学校、同一学校不同时期的院校研究所发挥的功能有时也是不同的。通过本书，尤其是通过大范围的全国性调查，将有助于总体了解当前院校研究到底发挥了什么样的决策支持功能。

美国院校研究会认为院校研究人员应该更加积极地参与到决策过程之中，而且的确有些院校研究人员已经在决策过程之中发挥着非常积极的作用。在这种背景下，2008 年 9 月美国院校研究会召开的董事会开始考虑对美国院校研究会的使命进行修改。① 经过讨论，2009 年 2 月，美国院校研究会将其使命修改为“为高等教育提供高质量的数据与决策支持”。② 但自 2009 年以来，现有对美国院校研究人员的调查，几乎没有涉及院校研究人员在决策过程之中的参与情况。本书通过对美国院校研究人员的全国性调查，有助于了解院校研究人员除提供数据和信息外，是否在决策过程之中有参与，以及参与的程度如何。

当前，不少人（包括有些院校研究人员及高校管理者）认为院校研究人员的角色和功能就是向联邦政府、州政府、大学排名等报送数据，或者仅仅向决策者提供数据分析。本书有助于证明院校研究实践中，院校研究的功能到底怎样，从而有助于推动院校研究人员专业认同度的提高。

二　有助于为学校管理信息系统建设提供指导

2012 年 3 月由教育部发布的《教育信息化十年发展规划》中明确提出要推动学校管理信息系统建设，通过管理信息系统提升管理效率与决策水平。建设管理信息系统的目的是什么？我们希望它发挥什么样的功能？应该怎么建？高校管理信息系统的建设，是一个成本

① AIR Board Meeting, September 19, 2008 Minutes, http: //www. airweb. org/AboutUs/LeadershipAndGovernance/GovernanceDocuments/Board% 20Minutes/Archived% 20Board% 20Minutes/2008_ 2009BoardMeetingMinutes. pdf.

② AIR Board of Directors Meeting. Synopsis of February 6 – 7, 2009 Action and Motion Items, http: //www. airweb. org/AboutUs/LeadershipAndGovernance/GovernanceDocuments/Board% 20Minutes/Archived% 20Board% 20Minutes/2008_ 2009BoardMeetingMinutes. pdf.

高、耗时长、涉及面广的工程。所以，上面这些问题都是需要在建设之前考虑清楚的。也许本书不能够回答所有这些问题，却能够为我国下一步高校管理信息系统的建设提供某些建议。

在美国高校中，院校研究人员往往是管理信息系统建设的发起者、组织者、设计者和使用者，信息技术人员则是管理信息系统的具体设计者和维护者。管理信息系统建设好后，院校研究人员利用管理信息系统为决策提供支持。所以，对院校研究人员决策支持功能的探讨，有助于了解院校研究人员使用管理信息系统为决策提供了什么样的支持，从而有助于为我国管理信息系统建设提出相关建议。

三　有助于深化对高校决策的认识

院校研究是高校管理科学化的重要途径和重要手段。高校决策者在院校研究的支持下，结合自身的经验、理解、洞察力，做出相关决策。通过对院校研究决策支持功能的研究，有助于了解高校各类决策者基于数据进行决策的情况，了解高校决策科学化的程度和水平。

学术界对组织决策过程的研究很多，但对高校这一特殊类型组织的决策过程的研究相对较少，原因在于高校组织的复杂性，比如高校是一种松散耦合系统（卡尔·维克）、底部沉重系统（伯顿·克拉克）、科层文化和专业文化共存（罗伯特·伯恩鲍姆）等。美国高等教育研究领域也鲜见对高校决策过程的研究。本书通过考察院校研究的决策支持功能，有助于间接了解高校组织的决策过程，比如高校决策是理性决策、有限理性决策、象征性决策还是垃圾箱决策模式。再者，决策制定过程是理解组织的关键所在，决策行为是管理的核心。对院校研究决策支持功能的探讨，有助于了解高校决策，深化对高校组织的认识。

四　有助于为院校研究理论建设提供指导

院校研究是高等教育研究的一种范式，代表着经验研究的范式。罗伯特·默顿（Robert Merton）认为社会理论通过指明经验研究发现的存在条件，可限定其范围，并扩大经验发现的预测价值。[①] 适当的

---

① R. K. Merton, *Social Theory and Social Structure*, New York: The Free Press, 1968, p. 279.

理论能够使原本孤立的变量在经验研究中确立起一致的相关性；理论的进步会推动经验研究的发展；理论对经验研究具有规范和指导作用；理论可以预测经验研究的成果。[①]

院校研究还是一种专门性的职业，即专业（profession）。作为一门专业，必须要有一种专业认同意识，只有建立起这种专业认同，才能推动这一专业社会认可度和影响力的提高，才能够与外界进行交流。

院校研究所需要的理论应该包括两个层次：第一个层次是院校研究应该做什么，第二个层次是院校研究怎么做。第一个层次涉及的是院校研究的功能，第二个层次涉及的是院校研究的实践。只有首先明确院校研究应该做什么，其次才能回答院校研究怎么做，不然就会产生盲目性。本书主要回答第一个层次的问题，对这一问题的回答，有助于推动院校研究实践的深入和反思。

第三节　概念界定

一　院校研究

多样化是美国院校研究实践的重要特征。对院校研究定义也存在多样化。各种定义之间的区别表现在两个方面，其一是院校研究所做的事，其二是院校研究的归属。第一个方面指院校研究在提供数据、信息、知识、咨询等方面的界限；第二个方面指将院校研究定义为一种研究，不但是办公室职能，也是专业，还是组织过程。

我国学者大多采用种概念加属差的方式，将院校研究定义为一种高等学校管理研究。如刘献君认为，院校研究是通过对本校管理问题开展系统和科学的探索，以提高本校管理水平的一种研究。[②] 赵炬明将院校研究定义为：把高等教育与管理研究的成果应用于高等学校管

---

① 林聚任：《林聚任讲默顿》，北京大学出版社2010年版，第149页。

② 刘献君：《院校研究论略》，《高等工程教育研究》2006年第5期。

理，以提高和改进高校管理工作为基本目的的研究。① 但同时，他们也通过描述性的方式，对院校研究的定义进行说明。比如刘献君将院校研究的基本特征概括为自我研究、管理研究、咨询研究和应用研究。② 赵炬明将院校研究的基本特征概括为系统收集数据和科学分析数据，为学校管理提供决策支持。③ 蔡国春将院校研究界定为：院校研究是研究者基于本校情境、针对学校管理与运行中的实际问题所做的分析与自选研究，是高等学校为改进本校管理决策和运行状况而设定的专门实践领域。④

美国院校研究人员多采用描述性的方式，对院校研究进行界定。如美国院校研究领域流传最广的定义，当属乔·索普（Joe L. Saupe）的定义。他将院校研究定义为在某一学校开展的，通过提供信息，为学校规划、政策及决策提供支持的研究。⑤

中美两国学者的定义，区别仅在于中国学者强调高等学校管理研究，美国学者尝试去描述管理研究所包括的内容。以上定义还有一个不同之处，即中国学者还侧重院校研究的咨询功能，索普的定义则侧重院校研究的信息提供。

笔者通过文献阅读及访谈后，认为以上定义都不能很好地界定本书所指的院校研究实践。当前院校研究的实际情况是，院校研究人员的决策支持，并不仅仅限于数据信息支持和咨询，有些院校研究人员还在决策过程之中发挥协调、领导等作用，比如院校研究人员主持学校的战略规划委员会、预算委员会、评估委员会，向利益相关者通报决策情况，为决策寻求支持等。院校研究人员开始以各种方式参与到决策过程之中（但并不负责做决策）。这与传统的对院校研究功能的认识有很大区别。因此，需要对院校研究做出重新界定。结合本书的

---

① 赵炬明：《现代大学与院校研究》（上），《高等教育研究》2003 年第 3 期。

② 刘献君：《院校研究论略》，《高等工程教育研究》2006 年第 5 期。

③ 赵炬明：《科学管理与院校研究》，《高等工程教育研究》2007 年第 7 期。

④ 蔡国春：《院校研究与现代大学管理——美国院校研究模式研究与借鉴》，教育科学出版社 2006 年版，第 34 页。

⑤ Saupe, J. L., *The Functions of Institutional Research*, Tallahassee, FL: Association for Institutional Research, 1990.

研究问题，笔者将院校研究界定为通过系统收集数据，科学分析数据，为高校决策过程提供支持的一种专门性职业。

笔者对院校研究的界定包含这样几个要素：

第一，原先对院校研究的界定大多是为决策提供支持，但这种支持基本停留在数据和信息的提供上，很少涉及决策过程之中的参与。因此，笔者明确提出院校研究的功能在于为决策过程提供支持。

第二，将系统收集数据，科学分析数据这一基本特征保留在定义之中，因为这是院校研究最基本的功能，如果没有这一功能，院校研究将失去其科学性。

第三，院校研究是一种专门性的职业，即专业（profession）。专业意味着需要有专业化技能、行会、培训、职业道德等的支撑，以便更好地发挥其功能，赢得社会的信赖与尊重，提高社会的影响力。

第四，院校研究是一种组织职能与组织活动。院校研究这门专业是立足于组织中的专业，专业的发展动力来源于为组织发展服务。所以，院校研究也是一种组织职能、组织过程。判断某些人是否属于院校研究人员，不是看他所在部门，而是看他所发挥的职能，看他所参与的组织活动。

第五，院校研究也是一种研究范式，具有科学的方法论的指导，保证其数据收集、分析的规范化与科学化。

二　决策支持

本书要讨论的是院校研究的决策支持功能。但笔者查阅大量文献后，发现这样一个事实：现有文献中，有大量对决策支持系统（Decision Support System）的研究，却极少有对决策支持的研究。实际上，决策支持是比决策支持系统更为基础性的概念，因为决策支持系统的功能或目的就是为决策提供支持。但对决策支持系统的研究，也将有助于我们理解决策支持。

学术界对决策支持系统这一概念的界定较为一致。蔡淑琴认为决策支持系统是以数据、模型、方法为资源，以数据库、模型库和方法库为基础，采用定量方法，辅助半结构化决策问题的求解。[①]《工商管理大百科全书》对决策支持系统的定义是：决策支持系统是人机决策系统，支持管理判断和直觉，通过提供必要的信息，产生、评价和提出决策选择方案来解决管理问题。由各种已提出的定义来看，决策支持系统可以被描述为这样一个基于计算机的人机交互决策系统：支持决策者而不是取代他们；运用数据和模型；解决各种结构化程度的问题；在决策过程中，注重有效性而不是效率（促进决策过程）。[②] 由此，决策支持系统由决策者和计算机两个要素构成，计算机的作用就是辅助决策。

当前，计算机技术迅猛发展，计算机的信息存储和处理能力显著提高。赫伯特·西蒙在其《管理行为》第四版中强调，信息不再稀缺或迫切需要加强扩散，现在的世界与过去不同，信息极其丰富。对计算机技术的过度强调忽略了另一种新的稀缺资源，就是人类对流入信息关注时间的稀缺。信息革命使每个人能在组织中或世界范围内散播的信息量成倍增加，然而每个人每天拥有的时间没变，可用来消化信息的时间也没能增加。[③] 西蒙认为组织层级越高，注意力的“瓶颈”就越窄。在组织高层，不破坏这些高层首要协调的职能的前提下，进行并行信息处理的能力很难实现，所以在组织高层同时得到处理的议程项目只有少数几个而已。

基于决策支持系统的概念及西蒙的注意力理论，本书认为，院校研究是决策者和决策支持系统之间的桥梁和纽带。院校研究人员从决策支持系统中收集数据，分析数据，将数据转化为信息，提供给决策者，从而帮助决策者解决注意力稀缺的问题。但在目前高校所面临的复杂形势下，高校高层决策者的注意力资源尤其稀缺，这时决策者对决策支持的要求，可能并不仅仅局限于提供数据和信息。决策者可能

---

① 蔡淑琴：《管理信息系统》，科学出版社 2011 年版，第 12 页。

② ［美］约翰·科特顾问、［英］马尔科姆·沃纳：《工商管理大百科全书·4·信息管理、制造管理与运作管理、组织行为》，清华大学经济管理学院编译，辽宁教育出版社 1999 年版，第 43 页。

③ ［美］西蒙：《管理行为》，詹正茂译，机械工业出版社 2004 年版，前言。

还希望院校研究人员对信息做出解释，或辅助设计并选择备选方案，或辅助设计决策执行策略……正如以上对院校研究的界定，本书认为对决策支持的界定也应该与决策过程联系起来。

因此，决策支持指院校研究人员以各种方式参与到决策过程之中，辅助决策者做决策的行为。但需要特别指出，院校研究人员的参与或决策支持是有边界的，即院校研究人员仅仅是辅助决策者做决策，而不代替决策者做决策。院校研究人员参与决策过程，一定要基于对数据和信息的掌握，这是参与决策过程的基础和前提。一旦越界，便有悖于院校研究的职业道德，院校研究人员将有可能成为决策失误的替罪羊。

三　功能

“功能”是社会学的核心概念。但社会学中对功能的界定却一直非常混乱。结构—功能分析的集大成者罗伯特·默顿（Robert Merton）曾描述了当时的情形：从最初开始，社会学中的功能方法就陷入术语的混乱之中，常常一个术语表示不同的概念，正如一个概念用不同的术语表示的一样，对术语的随意使用断送了分析的明晰和交流的恰切。[①] 默顿分析了有关功能的各种定义，他指出：功能这一概念包含了观察者的观点，而不一定是当事人的观点；社会功能是指可观察的客观结果，而不是指主观意向（目的、动机、目标）；对客观的社会学结果与主观意向之间不能做出区分就不可避免地导致功能分析的混乱。[②] 默顿对功能的定义得到了学界的认可，社会学中的功能分析也获得了蓬勃的发展。目前，学术界对功能的界定与默顿基本一致，认为功能的产生是客观的，功能重在强调对社会产生的效用，注重“实然”效能的发挥。

功能概念是与结构概念相对应的，结构是指一个具有相对持久性的模式的系统，功能指结构内部的动态过程。系统的结构是系统的内

① ［美］默顿：《社会理论和社会结构》，唐少杰、齐心等译，译林出版社2006年版，第107页。

② 同上书，第109页。

部规定性，系统的功能是系统的外在表现。系统的功能所发挥作用之状况，往往既取决于系统的结构与其构成要素，以及它们之间的相互关系，同时又取决于系统同环境之间的相互联系与相互作用。[①] 所以，本书对院校研究功能的分析，将重点考虑结构性因素与院校研究功能之间的关系，以及结构性因素对院校研究功能的影响。

功能与职能经常混淆。职能是在事物本身所具有的客观功能基础上融入了主观的要求，如人的目的、期待等。因此，职能强调“应然”职责，它在对事物本身所具有的客观功能基础上融入了主观的要求，常常包含社会的价值取向。功能与事物的本质紧密相连，职能是事物的外在表现。当事物具有的功能包含被社会认可的价值部分，其功能就演化为相应的职能；同时，职能的发挥又可实现功能的最大化。综上所述，功能是由若干要素、成分按照一定结构有机合成的统一体，它是客观的、按系统和事物本身的逻辑存在和发展的一种表现；而职能是机构的职责和能力。[②] 因此，对院校研究功能的探讨，离不开对院校研究职能的分析，比如本书第四章中就是以院校研究在五大决策问题中的职能/职责为视角，考察院校研究的功能。

院校研究决策支持功能具有直接功能与间接功能之分。院校研究是一种为决策过程提供支持的专业，但这一专业扎根于组织，其发展动力来源于帮助高校应对管理中的挑战。因此，这里便涉及院校研究决策支持的直接功能与间接功能。直接功能在于为决策过程提供支持；间接功能在于通过为决策过程提供支持，帮助学校应对管理上的挑战，帮助高校组织适应环境，推动学校改革与发展。院校研究的根本目标是帮助学校应对管理挑战，推动学校改革与发展，但这一根本目标的实现，需要院校研究首先为决策过程提供支持。

本书选择院校研究决策支持的直接功能作为探讨对象，从院校研究人员这一视角切入，深入分析院校研究人员在决策过程之中扮演的角色和发挥的作用。至于院校研究决策支持的间接功能——院校研究

---

① 任燕红：《大学功能的整体性及其重建》，博士学位论文，西南大学，2012 年。

② 同上。

通过为决策过程提供支持而对学校发展的贡献，则留待日后研究。这样，既能够保证研究问题的集中，又能对研究问题进行深入分析。并且通过对院校研究决策支持的直接功能的研究，并在此基础上提炼出新的理论、框架和思路，将会极大地有助于下一步对院校研究决策支持的间接功能的研究。

院校研究决策支持的直接功能体现在对决策过程的支持上。在决策过程中，决策者与决策问题发生作用、互动，决策者在院校研究人员的支持下，解决决策问题。所以，本书对决策支持功能的考察将主要从院校研究对决策者、决策问题及决策过程支持的角度展开分析。

第四节　文献综述

一　关于高校决策的研究

1. 组织决策行为

高校是社会组织中的一种。因此，要对高校的决策行为进行考察，首先要对一般的组织决策行为与过程进行考察。

关于组织决策的研究，始于诺贝尔经济学奖获得者西蒙。在当时的主流经济学中，理性人假设是经济学体系的基础，做决策时，存有多种备选方案，经济人了解备选方案的收益情况，并具有完全的信息，经济人所做的事情就是从备选方案中选择收益最大的那个。所以，在早期的经济学中，不存在对组织决策行为及组织决策过程的研究。但西蒙挑战了这一假设，认为理性人假设并不完全成立。西蒙提出了有限理性学说，并开启了对组织决策过程的研究。他认为经济人的理性是一种有限理性，所做的选择不是最优决策，而是满意决策。

西蒙之后，詹姆斯·马奇（James March）进一步发展了有限理性理论，认为决策有时并不是基于选择的，而是基于规则的——决策者追求适当逻辑、识别情境、找出与情境匹配的合适行为、遵循规则、实现身份和角色。[1] 西蒙和马奇在其合著《组织》的再版前言中也提出，“我们会较少强调基于理性分析的行为，而较多强调基于规则的行为”。[2] 两位学者都是当代决策理论的大师，其区别在于，西蒙的有限理性学说，其实还是在为经济人假设补充修正，补充经济学中的均衡理论；而马奇则不同，更为强调决策中基于规则的行为，强调决策中的象征性。

2. 高校决策行为

那高校的决策行为是什么样呢？是基于经济人的完全理性假设，还是遵循西蒙的有限理性假设，还是基于决策中的象征行为？高校与企业的决策行为有什么异同？

1966 年美国教授协会（AAUP）、美国教育理事会（ACE）、美国高校董事会协会（AGB）联合发布了《大学治理声明》。这一文件虽然并不是为大学决策提供蓝图，但却列出了教师、管理者和董事会在治理决策中的角色。比如，管理投资问题主要由董事会决策，维护和创建新资源由校长主导，开设课程由教师主导。但没有哪一个决策是由单独某一团队决定的，所以学校要共治。这既对高校决策也对高校治理描绘了一个基本的框架，即大学的决策和管理，要遵循共同治理的原则。

但该声明也仅仅是提供了一个框架或建设性的意见，现实中的高校决策是什么样？关于高校决策的最有影响的研究，始于马奇在其经典著作《大学校长及其领导艺术》一书中提出的高校决策的垃圾箱模式。他认为“理解组织内部程序的关键，是把抉择的机会看作一个所有的参加者可以把各种各样的问题及其解决的办法都往里边堆的垃圾箱。……抉择的机会可能会导致以下的几种情况：首先，出现若干个可供选择的方案；其次，考察那些可供选择方案的结果；再次，考察那些与目标有关的结论；最后，做出一个决策”。这样一个模式，往

---

① ［美］詹姆斯·马奇：《马奇论管理》，丁丹译，东方出版社 2010 年版，第 24 页。

② ［美］詹姆斯·马奇、赫伯特·西蒙：《组织》，邵冲译，机械工业出版社 2008 年版，再版前言。

往很难对实际所发生的事情做出准确的描述。在垃圾箱情境下，一个决策就是在一个组织内部几个相互独立“支流”之间相互作用的一种结果（或一种解释）。我们把注意力限制在这种支流之间的四种相互关系上：问题、问题的解决、参与者和抉择机会。马奇指出大学的有组织无政府状态，使得垃圾箱的观念尤其适合于对高等教育内部组织机构抉择的理解。① 所以，马奇认为高校属于一种被称作“有组织的无政府状态”的组织机构，其基本特征是难以确定的目标，含混不清的技术，不断变化的参与。②

马奇著作出版后，很多人误解了他的观念，以为高校不存在决策过程，大学的决策都是垃圾箱模式。所以他在第二版序言中指出：我们没有说也不认为大学的绝大部分选择都是由问题与解决问题办法的垃圾箱模式的结合而产生的；相反，我们明确地表示出垃圾箱程序的一种主要特征是把选择的内容从决策的程序中明显地分离出来，绝大多数选择是通过一种称作“迁徙”或“忽略”的方式来确定的，即通过与问题、解决问题的办法或决策者的收集没有多少关系的日常程序来确定。③

3. 高校决策模式及变迁

马奇提出高校决策的垃圾箱模式后，带动了对高校决策的研究，学者们提出了高校决策的种种模式。其中最有影响的当属艾伦·查菲（Ellen Chaffcc）④、马文·彼得森及罗伯特·伯恩鲍姆（Robert Birnbaum）三人的研究。1983 年时任美国高等教育管理信息系统（NCHEMS）高级研究员的查菲专门对理性决策过程进行了考察，出版了《高等教育中的理性决策》（*Rational Decision - making in Higher Education*）。书中不局限于对理性决策的论述，还对五种决策过程进行了解释，包括理性模式、学院模式、政治模式、科层模式和有组织

---

① ［美］迈克尔·科恩、詹姆斯·马奇：《大学校长及其领导艺术》，郝瑜主译，中国海洋大学出版社 2006 年版，第 87—97 页。

② 同上书，第 3 页。

③ 同上书，第二版前言。

④ 她本身也是一位院校研究专家，曾任 1991—1992 年美国院校研究会主席。

无政府模式。她还以斯坦福大学的预算决策过程为例，深入描述了理性决策过程，她认为即使以理性决策为主的这一预算决策过程，其中也包含其他决策模式。[①] 马文·彼得森从内在目标、环境、技术、社会系统及组织间关系五个方面，分析了高等教育的组织模式，使对高校组织决策的研究开始超越内部治理模式的局限。[②] 伯恩鲍姆分析了大学组织的四种运行模式——学会、官僚、政党及无政府组织模式后，提出了大学的控制组织模式。[③]

以上三位学者虽然都提出了高校的决策模式，但其中只有查菲在对比了几种决策模式后，归纳提炼出了高校决策过程所涉及的基本要素和环节。她认为决策过程包括选择（Choice）、过程（Process）与变革（Change）三个要素。她认为对于组织来说，决策涉及从多种行动备选方案中进行选择的过程，只是不同决策模式下的备选方案选择的方式和过程有所不同而已。过程用来描述决策的动态性，涉及人与人之间的互动，以及人们之间的互动需要时间来展开。过程开始于需要制定的决策，止于决策对组织产生的影响。组织决策的结果是组织的变革。并且，选择的结果与反馈都属于决策过程的一部分，涉及对决策的再执行和修正。

20 世纪 80 年代正值美国高等教育财政压力增大的时期，各高校开始注重战略规划。著名高校战略规划专家乔治·凯勒（George Keller）也在其 1983 年出版的《大学战略与规划——美国高等教育管理革命》一书中就高校决策行为的转变提出了自己的观点。凯勒的观念与马奇的观点差别很大，而与查菲的观念相近。他认为高校决策中的理性成分越来越多，原因在于“外部联邦政府和州管理委员会对高校的信息需求不断增长，高校内部为应付财政削减的需要也需要大量信

---

① Ellen Earle Chaffee, *Rational Decision - making in Higher Education*, National Center for Higher Education Management Systems Publications Dept., 1983.

② Peterson, M. W., Emerging Developments in Post - Secondary Organizations Theory and Research: Fragmentation or Integration? *Education Research*, Vol. 14, No. 3, 1985, pp. 5 - 12.

③ ［美］罗伯特·伯恩鲍姆：《大学运行模式》，别敦荣译，中国海洋大学出版社 2003 年版，第 169—171 页。

息。新的形势要求校长和院长们采取更加理性的资源分配方式。与以往通过增加收入来提高（教育）质量不同，新的方式主要依靠控制、规划、评估和资源重新分配，在有限的财力下增强学校的实力。这种新的管理方式就是把松散的教师集体转变为目标一致的整体，运用更规范的方法做决策”。① 而目标一致是理性决策的首要前提。② 高校决策中理性成分的增加，与查菲的观点如出一辙。注意到高校决策中理性成分越来越多这一现实的不止凯勒，还有同时期的美国高等教育领域中的著名学者波多里奇（Baldridge，J. V.），他在 1982 年提出“共治正受到威胁，比如学术院系的权限日益下降，高校专业行政人员群体的崛起，教师评议会与教师工会之间的冲突，决策的集权化，都对高校的共同治理提出了威胁”。③

进入 21 世纪后，高校的决策行为与 20 世纪 80 年代相比，发生了很多变化。美国教育理事会（ACE）的彼得·埃克尔（Peter Eckel）与南加州大学的阿德里安娜·凯扎（Adrianna Kezar）教授，在其 2006 年出版的《高校学术决策前沿》一书中指出，“波多里奇在 1982 年所描述的共治受到威胁的情形，现在还存在，甚至比当时还要严重。新的形势下，州政府与学校之间的关系发生了变化，表现在州政府投入越来越少，而问责却越来越多；公共支持日益减少，高校日益卷入市场化的潮流之中，学校内部结构变化迅速；学术劳动力市场发生了变化，全职教师越来越少，兼职教师越来越多，同时终身制正在受到威胁”。④ 所以，尽管这些年美国高等教育的发展环境发生了很多变化，但社会问责、拨款削减等高等教育环境仍与 80 年代基本相似。

由此，高校决策过程绝不是经济人的理性决策，也非马奇所谓的

① ［美］乔治·凯勒：《大学战略与规划》，别敦荣主译，中国海洋大学出版社 2005 年版，第 86—95 页。

② Irene Rubin，“Universities in Stress：Decision Making under Conditions of Reduced Resources”，*Social Science Quarterly*，No. 9，1977，p. 247.

③ Baldridge，J. V.，“Shared Governance：A Fable about the Lost Magic Kingdom”，*Academe*，Vol. 68，No. 1，1982，pp. 12 – 15.

④ Peter Eckel，Adrianna Kezar，*The Shifting Frontiers of Academic Decision Making*，Praeger Publishers，2006.

有组织无政府状态或垃圾箱决策模式，而是集合了多种模式与要素。比如决策涉及不同的层次[①]；针对不同的问题，具有不同的决策方式；同一问题的决策过程中可能涉及多种决策模式。实际生活中的决策可能并不遵循某一个决策模式。所以，任何一种决策模式都无法准确描述高校的决策行为。

但以上诸模式能够帮助我们理解决策过程。这些模式是一些有用的分析工具，以此对决策过程进行分类，便于理解和评价。正如查菲指出的，“决策过程中的参与者需要这些概念工具，以此来分析和调整他们的组织行为。他们要知道对于一个特定的决策来说，哪一种模式是最有效的，这样他们可以采取措施，实现最佳效果。如果结果令人不满意时，他们可以借此明白问题出在哪里，从而做出相应的调整。”[②]

既然高校不存在一个完全一致和规范性的决策过程，那应该怎样定位院校研究在决策过程中的角色呢？美国院校研究文献中，只有理查德·霍华德（Richard Howard）在《院校研究新方向》[③] 中提到院校研究人员可以参照以下决策过程来为决策提供支持。这一过程是：寻找决策需要解决的问题；界定并厘清需要解决的问题；寻找解决问题的备选方案；确立标准，选择方案；为选定的方案寻求支持；制订行动方案；评估决策执行情况。[④] 这一过程实际上是他借鉴了西蒙等所提出的企业决策过程。仔细比较这一决策过程模型与查菲所提出的决策模型，可以发现，二者的基本要素是一致的，都抓住了各种决策行为的核心要素，因此可以用来分析院校研究的决策支持行为。[⑤]

---

① Gerald W. McLaughlin and Josetta S. McLaughlin, “Barriers to Information Use: The Organizational Context”, *New Dircetions for Institutional Research*, No. 64, 1989, pp. 21 – 33.

② Ellen Earle Chaffee, *Rational Decision – making in Higher Education*, National Center for Higher Education Management Systems Publications Dept., 1983.

③ 《院校研究新方向》（*New Directions for Institutional Research*）是美国院校研究会会刊，于1974年创刊。

④ Richard D. Howard, Conceptual Models for Creating Useful Decision Support, *New Dircetions for Institutional Research*, San Francisco: Jossey – Bass, No. 112, 2001, pp. 45 – 55.

⑤ 本书在访谈时，就是以此模型为参照，让被访谈者列出院校研究在决策过程中有哪些参与，详见第五章第一节。

本书认为只有将院校研究放在决策过程之中进行考察，检验其在决策过程中的参与情况，才能够真正对院校研究的决策支持功能有一个深入的研究，丰富并发展院校研究决策支持功能的内涵。如果经过检验，院校研究几乎没有在决策过程中的参与，那么院校研究的决策支持功能就站不住脚了；如果院校研究人员在决策过程中的参与很多，而且超出了原先的为决策提供数据和信息的功能，那么需要对院校研究的决策支持功能重新做出阐释和界定，甚至有可能要对院校研究的功能做出全新修正。

美国院校研究领域中，至今尚无人以决策过程为框架，从过程、动态的角度来研究院校研究的决策支持功能。中国院校研究领域需要了解美国院校研究人员在决策过程中以什么方式为决策提供支持。美国院校研究领域也需要这样一项研究，深入了解院校研究的决策支持功能到底发挥得怎么样。基于这一背景，本书希望通过对美国院校研究人员的调查，更好地了解院校研究的决策支持功能。

二　关于院校研究功能的研究

本书的研究问题是院校研究的核心功能——决策支持。美国院校研究领域中，大部分院校研究人员认为其角色就是为决策提供支持。但也有不少研究者提供了其他一些概念，来描述院校研究的功能。这些概念大都与“决策支持”有着千丝万缕的联系，甚至与“决策支持”有很多相似或重合之处。

1. 决策支持

对院校研究功能的阐述中，公认度比较高的是决策支持功能。对这一功能的阐述，可以追溯至1977年。当年，洛伊丝·托伦斯（Lois Torrence）（1974—1975年美国院校研究会主席）与伯纳德·希恩（Bernard Sheehan）（1975—1976年美国院校研究会主席）指出院校研究是一种对高校运行、环境及过程进行的研究与分析。① 希恩指出，除了提供数据以外，院校研究人员还有一个更重要的角色，那就是分

① Sheehan, B. S., & Torrence, L. E., “Institutional Research”, *International Encyclopedia of Education*, San Francisco: Jossey - Bass, 1977, pp. 2184 - 2193.

析数据，将数据转化成信息，为学校决策、政策和规划提供支持。1981 年，索普也对这一观点表示支持，他把院校研究界定为在某一学校开展的，通过提供信息，为学校规划、政策及决策提供支持的研究。所以，这里索普对数据和信息进行了区分。也有些院校研究人员认为很粗糙的数据价值不大，需要对数据进行筛选、组织和分析，赋予数据以一定的情境，这样数据才有用。换言之，他们强调使用信息的情境，主张院校研究人员在将数据转化为信息中发挥着重要作用，适切和相关的信息才有价值。他们认为有效的院校研究人员应该运用自己的才智，努力了解学校和学校面临的问题，了解当前的决策及规划过程，与不同个性和管理风格的决策者进行合作。这实际上将决策支持的功能进一步丰富和拓展了，即院校研究人员不应该仅仅为决策提供数据，还应该通过分析，将数据转化为信息，并且还要帮助决策者对信息做出解释，这就要求院校研究人员参与到决策过程中去。对院校研究功能的看法进一步拓宽，实际上与特伦兹尼的组织智能理论类似。

院校研究决策支持功能方面的论述中，影响最大的莫过于杰拉德·迈克劳林、理查德·霍华德（Gerald W. McLaughlin, Richard D. Howard et al.）等人总结的院校研究为决策者提供信息支持的流程。他们认为信息支持过程中涉及三种角色，分别是保管者、加工者和使用者。院校研究人员在信息支持过程中，担任保管者角色，从各种途径收集数据；院校研究人员担任加工者的角色，对各种数据进行加工处理；院校研究人员对数据进行收集和分析，最终提交决策者或管理者。他们认为院校研究人员在其中扮演或涉及五种功能，分别是厘清问题、收集数据、分析数据、发布信息和使用信息。这五种功能中，第五种的主体是决策者，其他四种功能的主体是院校研究人员。[①]

所以，持院校研究决策支持功能学说的一派，有一部分认为院校

---

① Gerald W. McLaughlin, Richard D. Howard, Lore Balkan Cunningham et al., *People, Processes and Managing Data*, Tallahassee: Association for Institutional Research, 2004, pp. 11–14.

研究人员主要是提供客观的数据和信息，另一部分认为院校研究人员应该对信息做出解释，并可以在适当的时候表达自己的观点，甚至包括以各种方式参与决策过程。

2. 组织学习

院校研究能够促进组织学习这一功能是由约翰·米拉姆（John Milam）于2005年提出的。① 2012年，印第安纳大学的维克托·博登（Victor M. H. Borden）与南加州大学的阿德里安娜·凯扎（Adrianna Kezar）对此进行了深入阐述。② 这一观点是针对院校研究的决策支持功能而提出的，持这一观点的人们认为院校研究的功能不仅仅在于为学校提供理性、客观的数据。他们认为高校中的决策未必全部都是理性决策，为决策者提供的支持未必都是理性数据；相反，他们认为高校中的很多决策并不是理性决策，院校研究人员需要提供数据，需要对数据进行分析转化为信息，需要对信息做出解释。此外，他们还认为院校研究人员积极参与认证活动、质量改进行动、问责与项目评估，这些与决策支持并无太大关系，但在这些活动中的参与有助于为学校这一组织的组织学习进程提供支持。

院校研究的确发挥着推动组织学习的功能，院校研究人员在认证、质量保障、问责等活动中的参与的确很多，而这些活动可能并不一定与决策支持相关，但的确也是院校研究的功能。只是本书所涉及的主要是院校研究的决策支持功能。

其实，持院校研究决策支持功能学说的很多研究者，也并不否认决策非理性的一面，也并不认为院校研究人员的功能就是单纯提供数据和信息。因此，院校研究的决策支持与组织学习功能并无实质性区别。

3. 决策咨询

其实还有一种关于院校研究功能的认识，这一观点主要是中国的

---

① John Milam, "Organizational Learning Through Knowledge Workers and Infomediaries", *New Directions for Higher Education*, No. 131, 2005, pp. 61 – 73.

② Victor M. H. Borden, Adrianna Kezar, " Institutional Research and Collaborative Organizational Learning", *The Handbook of Institutional Research*, San Franciso: Jossey – Bass, 2012, p. 32.

院校研究专家提出。他们认为院校研究是一种咨询研究，属于管理咨询的范畴。刘献君提出院校研究是一种咨询研究，发挥着信息中枢和智囊的作用。院校研究能够帮助学校行政部门对有关本校改革和发展的重大问题做出准确的预测，能够对具体决策的目标和价值进行论证，能够对政策环境进行分析。① 赵炬明进而提出院校研究是在高校内部进行、以改进本校管理为基本目的的一种管理咨询研究，提出最好使院校研究在组织上隶属于大学，在专业上独立于大学。② 需要指出的是，美国院校研究文献中则没有明确提出院校研究是一种管理咨询研究，但有一个事实是存在的，有些高校的院校研究人员经常为其他学校开展管理咨询。

其实将院校研究视为管理咨询，这一观点与决策支持和组织学习功能有某些类似之处，共同点是为学校提供咨询、建议甚至方案，为决策提供支持，但并不是代替决策者做决策。不同点在于，管理咨询功能的观点想把院校研究发展成为一门像医生和律师一样成熟的行业。现在美国的院校研究是否有管理咨询的特点，是否具备了管理咨询的某些特征，尚需深入研究和探讨。

4. 组织智能

美国院校研究领域还存在一种观点，这一观点将院校研究视为组织智能。“组织智能”一词最初是由组织社会学家威伦斯凯·哈罗德（Wilensky L. Harold）于 1969 年提出的，他认为智能（Intelligence）是一个收集、解释与沟通技术或政治信息的过程，是管理的一项基本职能，并提出组织智能专家扮演了三个角色：联系人、内部沟通专家、数据处理人员。③

1979 年，卡梅伦·芬彻（Cameron Fincher）将组织智能引入到院

---

① 刘献君：《院校研究论略》，《高等工程教育研究》2006 年第 5 期。

② 赵炬明：《管理咨询与院校研究》，《高等工程教育研究》2007 年第 2 期。

③ Wilensky L. Harold, *Organizational Intelligence: Knowledge and Policy in Government and Industry*, Basic Books Inc., 1969.

校研究领域。[①] 芬彻将院校研究视为组织智能的一种形式，主张院校研究人员应该成为学校的组织智能专家。这一观点提出后，在美国院校研究界引起了热烈讨论。

帕特里克·特伦兹尼（Patrick T. Terenzini）对组织智能进行了深入研究，将组织智能分为技术与分析智能（Technical and Analytical Intelligence）、事务性智能（Issues Intelligence）与情境性智能（Contextual Intelligence）。技术与分析智能，主要是指收集与分析数据、数据库开发、进行研究设计等的一种能力；事务性智能，是指了解学校重大决策问题或事务的能力；情境性智能，是指院校研究人员了解高等教育文化及所在学校文化，结合所在学校的具体情境及高等教育宏观环境为决策提供支持。[②] 特伦兹尼院校研究组织智能理论的含义是：院校研究要成为学校的组织智能——收集相关数据，通过分析将数据转化为信息，对信息做出解释，进而转化为见解（insight），[③] 赋予组织以合理的意义。

本书认为，特伦兹尼的组织智能理论，其实是立足于院校研究决策支持功能提出的。特伦兹尼进一步发展了院校研究仅仅提供数据和信息的决策支持功能，将参与决策讨论、提供建议与咨询、辅助决策实施的决策支持功能视为院校研究的情境性智能。如果将决策支持功能扩大到将参与决策讨论、提供建议与咨询、辅助决策实施等也视为决策支持功能，那么特伦兹尼的组织智能理论与决策支持学说是一致的。

5. 组织变革的动力站

近年来，有学者提出院校研究是学校变革的动力站，院校研究能够发挥引领学校变革的作用。2008 年，时任美国院校研究会执行主席

---

① Cameron Fincher, "Institutional Research as Organizational Intelligence", *Research in Higher Education*, Vol. 8, No. 2, 1978, pp. 189 - 192.

② Patrick T. Terenzini, "On the Nature of Institutional Research and the Knowledge and Skills It Requires", *New Directions for Institutional Research*, No. 104, 1999, pp. 21 - 29.

③ Insight 的意思是在特定情境中理解问题的因果关系，有领悟、洞察力、见解、见识的含义。

的兰迪·斯温提出，院校研究日益集数据处理、战略规划、成果评估、学校改进于一身，将会成为学校的高层领导或系统办公室的高层职员，进入校长内阁。未来的院校研究不只为决策提供信息支持，还将积极参与到管理和引领学校变革的过程之中，引领学校变革。① 根据他的观察，很多学校都已经出现了这种情况。这一观点提出后，引起对院校研究功能的讨论，并出现了不少院校研究专家对这一问题进行了阐述和解释。

奈特（William E. Knight）在 2012 年 5 月开展了一项研究，以特伦兹尼组织智能理论为基础，考察情境性智能中院校研究领导力的发展问题。该调查样本 483 人，回收 244 人，回收率近 51%。问卷分四个部分：院校研究办公室员工发展与管理，院校研究办公室规划与资源管理，了解学校文化与自身领导力发展。调查发现，院校研究人员对领导力问题非常关注，尤其关注自身领导的有效性，以及提升办公室在学校中的有效性。② 2012 年美国院校研究会年会上，雷默尔（Christina Leimer）提出要发展院校研究人员/学校效能办公室人员或多功能办公室工作人员（比如斯温所说的战略规划、成果评估、学校改进）的领导能力。③ 此外，还有学者（Sayers，K. W. & Ryan，J. F.，2009）建议通过整合院校研究、评估、战略规划与学校信息部门来拓展院校研究的角色，任命院校研究办公室主任为学校领导层的首席战略官（Chief Strategy Officer），扩展院校研究人员的任务与职责。④

由以上几种观点可以看出，院校研究是组织变革的动力站这种观

---

① Randy L. Swing，"Institutional Researchers As Change Agents"，*New Directions for Institutional Research*，No. 143，2009，pp. 5 - 16.

② William E. Knight，"Leadership Development Needs of Institutional Researchers：Results of a National Survey"，*Presentation at 52th Annual Forum of the Association for Institutional Research*，New Oleans，LA，US，2012.

③ Christina Leimer，"What Does IR/IE Leadership Mean？A Not - So - Modest Proposal"，*Presentation at 52th Annual Forum of the Association for Institutional Research*，New Oleans，LA，US，2012.

④ Sayers，K. W. & Ryan，J. F.，"The institutional Research Option：Transforming Data，Information，and Decision Making for Institutions at Risk"，*Turnaround：Leading Stressed Colleges and Universities to Excellence*，Baltimore：Johns Hopkins University Press，2009，pp. 211 - 220.

点与院校研究人员的领导能力有某些交叉或相似之处。院校研究领导能力或者院校研究引领学校变革，大多与院校研究功能的拓展或多功能办公室的成立密切相关。他们之间的关系到底是什么，为何呈现出这种变化，本书将对此进行分析。

以上梳理了对院校研究功能的几种表述，分别是决策支持、组织学习、决策咨询、组织智能、组织变革的动力站。通过前文对这几种表述的含义的分析，我们发现，组织学校、决策咨询、组织智能及组织变革的动力站都与决策支持有着某些相似甚至重合之处。但目前的院校研究文献中，还没有对这些功能表述进行剖析与区分，更没有通过实证检验这些功能表述之间的关系。这为本书的创新提供了空间和机会。

三　关于院校研究有效性的研究

美国院校研究领域中，还有一类文献与本书有关，这类文献主要是有关美国院校研究有效性（IR Effectiveness）的研究。有关美国院校研究的几项实证调查都在某些程度上涉及这一问题。这些研究将会为本书探讨院校研究的决策支持功能提供借鉴。本书模型构建中所涉及的自变量就建立在这些研究的基础之上。

凯瑟琳·奥格斯汀（Catherine H. Augustine）以“学术及行政决策中院校研究成果的使用情况”为研究问题，对美国院校研究会会员进行调查（回收率为482/1067＝45.1%）。奥格斯汀的调查对象为院校研究人员，集中讨论的是哪些因素影响院校研究成果的采纳情况，她所指的研究成果主要是院校研究人员为决策所提供的数据。研究表明院校研究成果被决策者采纳的程度与以下因素相关：院校研究成果发布的媒介，院校研究人员与决策者学科背景的一致性，院校研究办公室在学校中的定位/地位，院校研究人员与决策者之间交流的频率，质性方法的使用情况，是否就研究成果使用提供建议。① 奥格斯汀研究所得出的这些因素可以归纳为彼得·厄威尔在1989年所提出的影

① Augustine, C., *Factors Influencing the Use of Institutional Research Studies from the Researchers' Perspective*, Proquest Dissertation Abstracts, No. AAT 3016793, 2001.

响院校研究所提供的信息被采纳的四个因素：组织特征、院校研究人员特征、决策者特征及所提供信息的特点。①

德兰尼（A. M. Delaney）在院校研究有效性方面进行过重要探索。她1997年对美国东北部地区院校研究人员工作角色的调查（回收率为127/243 = 52.21%）发现，院校研究机构涵盖的职能范围、主管部门、办公室规模及院校研究人员的资历因学校规模、层次与性质而有显著差别。她还发现，院校研究人员在研究（与报送数据相区别）、规划和政策中的参与程度，因学校规模、层次、性质、办公室规模与人员资历而有显著差异。② 2000年的调查（回收率为221/304 = 72.6%）则主要研究：院校研究在影响学校决策方面的有效性，以及影响这一有效性的因素。她这次调查仍然针对美国东北部地区高校。调查发现，凡是认为自身有效性高的院校研究人员都认为自己有更自由及发挥领导力的机会，其成果也更易为决策者所采纳。这些成果包括就政策报告提供建议，开展追踪性研究，是强有力的专业团队中的一员。他们通常拥有博士学位，并认为自己的职位富有挑战性。③德兰尼的研究，样本较小，但他所得出的研究成果对本书的研究设计也具有参考价值。

威廉姆·奈特（William E. Knight）是院校研究有效性研究方面的知名学者。奈特等人在1997年的调查（回收率为695/1199 = 57.96%）中有一个与院校研究有效性的研究问题——院校研究人员自身的知识、技能、经验与活动可以在多大程度上解释院校研究人员的有效性？调查发现有效性较高的院校研究人员通常具有以下特征：工作经验丰富，拥有博士学位，拥有办公室副主任头衔，直接向校长

---

① Peter T. Ewell, "Information for Decision: What's the Use?" *New Directions for InstitutionalResearch*, No. 64, 1989, pp. 7 – 19.

② Delaney, A. M., "The Role of Institutional Research in Higher Education: Enabling Researchers to Meet New Challenges", *Research in Higher Education*, Vol. 38, No. 1, 1997, pp. 1 – 16.

③ Delaney, A. M., "Institutional Researchers as Leaders in Policy: Perspectives and Possibilities", *Paper Presented at the 40th Annual Forum of the Association for Institutional Research*, May 2000.

汇报。[1] 奈特是目前美国院校研究领域中唯一一位通过质性研究，对院校研究有效性进行讨论的学者。他通过对院校研究实践人员的深度访谈、观察和简历分析，来了解院校研究的有效性。该研究发表在美国院校研究会刊物《专业档案》（*Professional Files*）[2] 上。通过研究，奈特归纳了 10 个影响院校研究有效性的因素：从总体上了解学校，了解学校公众的各种观点及学校的学术；参与、形象、关系与信任；帮助领导解释院校研究成果及应用；将院校研究视为达成更高目标的途径；专业同行与专业发展；工作量、时间管理及工具；自我反思与积极主动；注重细节与质量监控；个人与专业能力；技术熟练程度。[3]

美国院校研究领域中，哈林顿（Harrington，C. F.）等人通过对决策者进行调查来讨论院校研究有效性。他们在 1996 年开展了一项专门针对大学校长的实证调查（回收率 261/485 = 53.81%），调查校长眼中院校研究的有效性。调查发现，96% 的校长认为院校研究提供了准确的数据和信息，90% 以上认为院校研究在报告数据方面非常有效。90% 的校长希望院校研究所提供的报告中，能够加入分析和解释。只有约 30% 的校长不希望院校研究提建议，近 30% 的校长特别希望院校研究能够在报告中提出建议。50% 的校长认为院校研究是被动的，90% 的校长希望院校研究更加积极主动。校长们认为影响院校研究有效性的因素之一就是院校研究人员缺乏主动性，而对数据做出解释，并提出建议就是积极主动的一种体现。[4]

以上梳理了有关院校研究有效性的研究，通过对文献的梳理，我们发现：第一，所有这些研究都没有对院校研究的有效性进行明确界

---

① Knight, W. E., Moore, M. E., & Coperthwaite, C. C., "Institutional Research: Knowledge, Skills, and Perceptions of Effectiveness", *Research in Higher Education*, Vol. 38, No. 4, pp. 419 – 433.

② 《专业档案》（*Professional Files*）为美国院校研究会出版物，1978 年创刊，电子刊物，每年四期，每期一篇文章，主要刊登院校研究实践及最新动向方面的文章。

③ Knight, W. E., "In Their Own Words: Effectiveness in Institutional Research", *AIR Professional File*, No. 115, 2010.

④ Harrington, C. F., Christie, R. L. & Chen, H. Y., "Does Institutional Research Really Contribute to Institutional Effectiveness? Perceptions of Institutional Research Effectiveness as Held by College and University Presidents", *Paper Presented at the 36th AIR Annual Forum*, May 1996.

定；第二，这些研究大多是通过对院校研究人员——而不是决策者——进行调查来了解院校研究的有效性（除哈林顿等人在1996年的研究）。所以，这些研究者所谓的有效性是院校研究人员自我报告的有效性（Self - Reported Effectiveness）。

本书认为，要讨论院校研究的有效性，首先要明确以下三个问题：第一，立场问题，即站在决策者还是院校研究人员的立场上，分别对应对决策者和院校研究人员进行调查；第二，评价对象，即考察院校研究在哪些方面或环节有效，比如为哪些决策者提供支持、在哪些决策问题上提供支持、在哪些决策过程中提供支持；第三，评价标准，即在多大程度上才是有效的，比如提供的数据越多就越有效，还是在相关决策问题中的参与越多越有效。因此，要讨论院校研究的有效性，必须首先明确院校研究有效性的含义。

本书认为有效性涉及对某一事物的评价，而要评价某一事物之前，应该首先对事物自身有一个较为清楚的把握。比如，要讨论院校研究的有效性，需要明确院校研究的工作本身的特点。院校研究为哪些人员提供服务？提供什么样的服务？怎样提供服务？这三个问题便涉及院校研究的服务对象、内容及方式。只有对院校研究工作本身有一个透彻的了解之后，才会涉及对院校研究的工作进行评价的问题。

本书将着重对院校研究实践进行讨论，研究问题为院校研究的决策支持功能，即对院校研究在决策中所产生的实际后果或院校研究在决策过程中的角色进行研究。只有首先把握了院校研究的实践，才能有助于下一步对院校研究有效性的探讨和评价。正是基于这一点，可以借鉴目前有关院校研究有效性的研究成果，为研究院校研究的决策支持功能提供帮助。我们可以从院校研究有效性方面的文献中汲取某些有价值的研究结论。院校研究人员自身特点（包括学位、工作经验、个人观念等）、办公室特征（规模、在学校组织架构中的位置等）、学校特征（规模、类型、层次等）、决策者特征及院校研究成果的形式等因素，对院校研究的有效性有重要影响。本书将借鉴这一结论，通过结构—功能分析范式，建立模型，考察院校研究的决策支持功能。

四 文献综述小结

以上较为全面地梳理了美国院校研究领域有关院校研究功能的观点和研究。对美国院校研究功能方面的研究呈现出这样四个特点：

第一，观点阐述多，实证研究少。美国院校研究领域中，有很多对院校研究的功能、角色和任务进行论述的文章，但这些论述大多建立在自身经验的基础上，而很少有实证研究数据的支撑。对院校研究的实证调查，仅靠个人的力量是根本无法完成的，必须要有美国院校研究会的协助。这可能是截至目前这方面的研究仍然比较少的原因之一。目前的几项大型调查都是在美国院校研究会的协助下完成的。本书就是在美国院校研究会的支持和协助下完成的，而且得到了时任美国院校研究会执行主席兰迪·斯温博士的全程指导。

第二，目前有关高校决策过程的研究相对较少，不存在一个广泛认同的高校决策过程模型。本书的重点不在于研究高校决策过程，而在于探讨院校研究的决策支持功能。因此，可以借鉴现有的决策过程模型，以此为框架，通过访谈明确院校研究人员在决策过程中的角色，并通过实证调查检验院校研究人员在这些过程中角色的发挥程度。

第三，美国院校研究界有关院校研究功能的主流观点是决策支持，但不同的院校研究人员对决策支持功能有不同的理解。而且，至今尚未对决策支持、决策咨询、组织变革的动力站等院校研究的功能表述进行深入研究。要想对院校研究进行界定，要想建立与提高院校研究的专业认同感，特别需要通过一项实证研究，对决策支持功能做出及时而全面的解读。

第四，有关院校研究有效性的研究，大多是讨论院校研究人员自我报告的有效性，极少研究决策者眼中的院校研究的有效性。而且院校研究有效性方面的研究文献，普遍缺少对院校研究有效性的界定。但这并不妨碍这些研究能够为本书提供借鉴，为建构统计分析模型提供思路。

第二章　理论基础与研究设计

本书将院校研究视为一种组织职能（Organizational Function）和一种专门性的职业（Profession），将从组织学及职业社会学的视角，对院校研究的决策支持功能进行讨论。本章将简要介绍本书的理论基础及研究设计。

第一节　组织智能理论

文献综述已对院校研究的组织智能理论进行简要阐述，本节将着重阐述这一理论的科学性与适切性。

首先，院校研究的组织智能理论是美国院校研究领域中发展脉络最为清晰的理论，经过了实证的检验。奈特在 1997 年开展的大型调查验证了特伦兹尼理论的适用性。奈特采用自己设计的问卷，从美国院校研究会会员数据库中抽样，围绕四个研究问题开展调查。这四个问题是：院校研究人员拥有的哪些知识和能力可以列为特伦兹尼的三种智能？通过因子分析，哪些知识和技能可以列为特伦兹尼的三种智能？院校研究在多大程度上拥有特伦兹尼的三种智能？院校研究人员自身的知识、技能、经验与活动可以在多大程度上解释院校研究人员的有效性？研究证实了特伦兹尼理论的有效性，并得出院校研究人员拥有大部分特伦兹尼所说的分析性智能和事务性智能，但在情境性智能方面却欠缺很多。[①] 奈特2010年使用该理论研究院校研究的有效性，进一步证实了特伦兹尼的院校研究智能理论。

其次，院校研究的组织智能理论，经过了历史的检验，被证明依旧适用于对院校研究功能进行探讨。2012年美国院校研究年会闭幕式上，特伦兹尼对其所提出的院校研究组织智能理论进行了反思和评价，得出这一理论仍然适用于对院校研究的功能进行探讨。他提出，院校研究人员的功能绝不仅仅限于提供数据和信息，参与决策非常重要。“如果院校研究人员整日埋头于技术，院校研究人员将逐渐被视为是学校的技术人员。尽管他们擅长技术操作，但在理解学校重大学术和管理问题上，视野非常狭窄。如果那样的话，院校研究人员将逐渐处在决策的边缘。尽管院校研究人员所提供的信息可能会很重要，但在对备选行动方案评估、决策沟通及制定时，校长办公会（president's council meetings）上将逐渐不再有院校研究人员的参与。”[②] 他指出，他对这一问题的担忧，比1995年第一次提出这一理论时的担忧还要大。

再次，院校研究的组织智能理论是一种组织学理论，可以用来分析院校研究的决策支持功能。本书将院校研究视为一种组织现象。院校研究是学校组织系统中的一个子系统，具有一定的结构，扮演一定的角色，发挥一定的功能。而组织智能便是对院校研究功能的描绘与刻画。将院校研究视为一种组织智能，有助于我们对其结构与功能的分析。从这一点上来说，这一理论与结构—功能分析范式有着密切的联系。

最后，作为组织智能的院校研究，与作为决策支持的院校研究是相通的，可以用来分析院校研究的决策支持功能。分析性智能的产出是单纯的数据，而没有将数据放在具体问题中转化为信息。所以对院

---

① Knight, W. E., Moore, M. E. & Coperthwaite, C. C., "Institutional Research: Knowledge, Skills, and Perceptions of Effectiveness", *Research in Higher Education*, Vol. 38, No. 4, 1997, pp. 419 – 433.

② Terenzini, Patrick, "On the Nature of Institutional Research' Revisited: Plusça Change?", *Research in Higher Education*, Vol. 5, No. 2, 2013, pp. 137 – 148.

校研究人员数据支持的分析，是了解院校研究决策支持功能的基础。事务性智能指了解学校重大决策问题或事务的能力。因此，对院校研究功能的探讨，在决策数据支持的基础上，便需要了解院校研究人员在决策事务中的参与情况。这是了解院校研究功能的中间层次。情境性智能需要院校研究人员了解高等教育文化及所在学校文化，结合所在学校的具体情境及高等教育宏观环境为决策提供支持。“情境性智能反映了组织的悟性和智慧，是组织智能的最高境界，依赖于前两种智能，但并不局限于数据和特定的分析工具。它帮助院校研究者聪明而创造性地运用技术与方法论智能，将一般性问题置于特定的情境中理解。依靠这一层次的智能，院校研究人员才能赢得支持、信任和尊重。”① 而这一智能只能在决策过程中才能够实现，通过决策过程中的参与、互动、交流、沟通及领导行为，来为决策提供支持。在了解院校研究功能中的决策数据支持和决策问题支持后，便需要进一步了解院校研究人员在决策过程中的支持程度。因此，这三种智能分别对应于数据分析支持、决策问题支持、决策过程支持，本书就是选择这三个角度来讨论院校研究的决策支持功能。第三章分析的是院校研究人员为决策者提供的数据分析，第四章分析的是院校研究人员在决策问题中的职责，第五章分析的是院校研究人员在决策过程中的参与。

第二节　职业社会学理论

本书将院校研究定义为一种专门性的职业，并将从职业社会学（Sociology of Profession）的视角对院校研究的发展与演变进行分析。本书将从专业②化及专业自主性这两个方面对院校研究专业发展与演变的过程进行深入分析。

---

① Terenzini, Patrick, “On the Nature of Institutional Research' Revisited: Plusça Change?”, *Research in Higher Education*, Vol. 5, No. 2, 2013, pp. 137 - 148.

② 本书将院校研究视为一种专门性的职业，故大多数情况下，本书中的“职业”与“专业”同义。

在英语中，从最原始的意义上讲，“专业”（profession）一词意味着声明或宣誓（professing）的行为与事实，它意味着专业从业者声称对某些事务具有较他人更多的知识，尤其是对其客户的事务具有较客户本人更多的知识。这些高度专业化的艰深知识往往由通过科学研究与逻辑分析而获致的抽象原则所组成，并且是社会能够持续运转的必要条件。[①]

职业社会学早期的研究普遍集中于对专业（profession）进行界定，以示其与一般职业的区别。20 世纪六七十年代，对专业的概念进行分类学定义的努力开始逐渐被另一个研究范式所取代，即关于专业化（professionalization）的研究。这一时期的学者们普遍认为，通过对特征的列举来理解专业，不如将注意力集中于专业化过程中知识的作用以及使某些行业团体能够实现其对专业化技能的垄断要求的社会条件。围绕着专业化这一核心问题，四种不同的理论视角在 20 世纪六七十年代共同构成了职业社会学的主流，即所谓功能学派、结构学派、垄断学派与文化学派。这四个学派中，只有结构学派直接把专业化作为研究的核心问题。这一学派认为专业化的过程存在相对确定的次序，如培训体系、职业团体、规章制度、道德准则等各种结构性制度的建立，与相对而言过于概括和模糊的专业知识或者职业伦理相比，这些结构性制度对专业化具有至关重要的意义。对各种结构性制度在专业化过程中的决定性作用的强调是结构学派的核心观点。[②]

但进入 20 世纪 80 年代后，对“专业化”的研究开始受到批判。芝加哥大学职业社会学家安德鲁·阿伯特（Andrew Abbott）是其中批判最为激烈的一位。他认为专业化是一个令人误解的概念，因为它忽视了专业活动的具体内容与不同专业之间的竞争。他认为处于同一工作领域的各个专业构成了一个相互依赖的系统，每个专业在这一系统中都对某些工作拥有“管辖权”（jurisdiction），专业的发展正是在处

---

① 刘思达：《职业自主性与国家干预——西方职业社会学研究述评》，《社会学研究》2006 年第 1 期。

② 同上。

于同一工作领域的不同专业对于管辖权边界的冲突中得以完成的。阿伯特对专业化的批判以及提出的“管辖权”代表着职业社会学中的芝加哥学派（生态学派）的观点开始引领职业社会学的研究。①

但阿伯特生态学派的职业社会学主要关注不同专业之间的关系，并没有对专业与外部主体关系给予足够的关注。对专业与外部主体之间关系的讨论主要集中于对“专业自主性”（professional autonomy）的研究，在这方面，特伦斯·约翰逊（Terence J. Johnson）的论述最为经典。他将专业的外部权力关系视为一种专业与客户之间的生产—消费关系，认为理解专业的关键在于哪个主体对这一生产—消费关系具有实质性的控制。相应地，专业的外部权力关系可以分为以下三类：（1）学院式控制（collegiate control），即专业与客户之间的生产—消费关系被专业自身基于专业权威的制度结构来控制；（2）赞助式控制（patronage），即在这一生产—消费关系中消费者（即客户）具有定义他们自身需要与满足这些需要的方式的能力；（3）调解式控制（mediation），即由国家而非生产者或消费者来决定专业行为的内容和对象。在这三种类型中，专业、客户与国家分别成为控制生产—消费关系的主体。这一分类为研究专业的外部关系提供了一个简明而清晰的理论框架，并且显示了专业与外部主体的权力关系对专业生活的影响。②

院校研究专业的发展过程即院校研究专业化的过程，院校研究专业化发展过程中，院校研究与其他专业形成一个生态系统，同时这一生态系统受到外部主体关系的影响，从而推动院校研究这一专业不断发展演变，院校研究对其专业进行定界探索。后文的分析便沿着这一思路，分析院校研究的定界探索过程。详见第四章第四节。

---

① 刘思达：《职业自主性与国家干预——西方职业社会学研究述评》，《社会学研究》2006 年第 1 期。

② 刘思达：《失落的城邦：当代中国法律职业变迁》，北京大学出版社 2008 年版，第 132—133 页。

第三节　研究设计

一　研究思路

本书从院校研究人员为哪些决策者提供数据和信息，院校研究人员为哪些决策议题提供支持，院校研究人员在决策过程中的参与程度如何三个方面展开研究。针对每一个分问题，又从三个层次展开（如图 2 - 1 所示）。

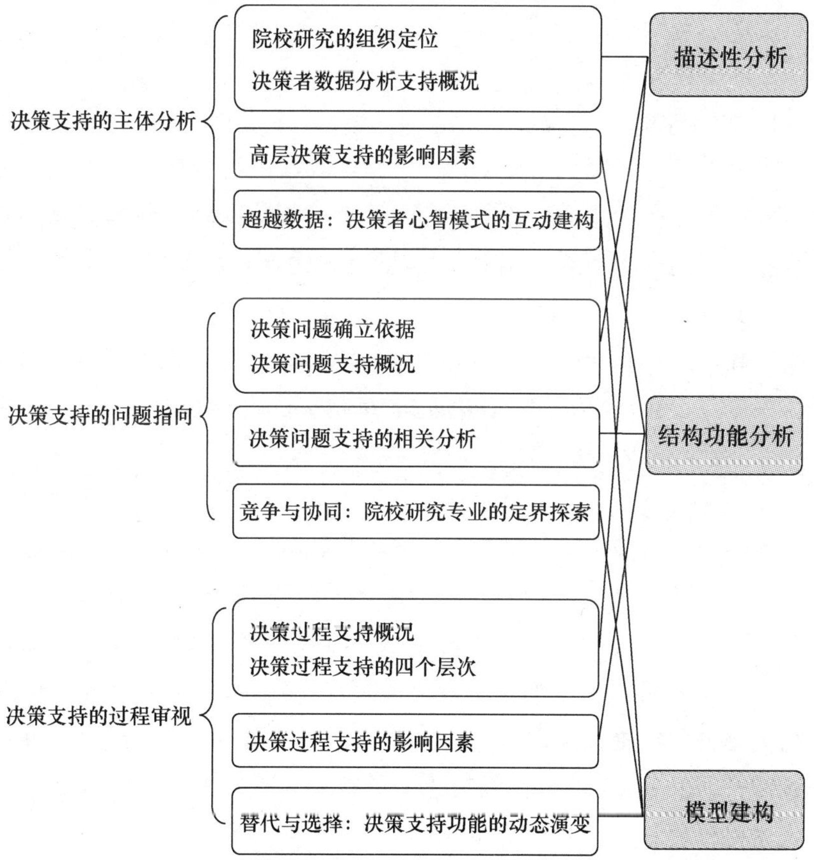

图 2 - 1　本书的基本思路

首先，通过描述性统计对院校研究的决策支持功能进行全景式描述与分析；

其次，通过相关性统计与回归分析，考察院校研究个人、办公室及学校等结构性因素与院校研究决策支持功能之间的相关性，考察这些结构性因素对院校研究决策支持功能的影响；

最后，基于统计分析，建立模型，对院校研究的决策支持功能进行理论剖析和解释。

具体而言，各章第一、二节主要为描述性分析，第三节主要为相关性分析（分析院校研究个人、办公室及学校等结构性因素与院校研究决策支持功能之间的相关性）。因为变量类型不同，所以可开展的分析层次也有所不同。

二 研究方法

1. 文献研究法

本书借助院校研究相关文献，对调查数据进行分析，提炼美国院校研究决策支持功能的模式与特征。笔者曾在美国院校研究会总部访学半年，利用这一优势，查阅了大量有关美国院校研究的文献，如《院校研究新方向》（*New Directions for Institutional Research*）、《美国院校研究导论》（*The Primer for Institutional Research*）、《美国院校研究会的第一个五十年》（*The Association for Institutional Research: The First* 50 *Years*）等。

2. 访谈法

本书通过访谈来验证研究设计及收集数据。笔者曾实地考察加州大学总校校长办公室（UCOP）、加州大学伯克利分校（UCB）、加州大学旧金山分校（UCSF）、加州大学戴维斯分校（UC Davis）、加州圣玛丽学院（SMCC）、旧金山大学（USF）等学校，对这些学校的院校研究办公室负责人分别进行深度访谈；还对加州大学总校校长办公室的院校研究处18位工作人员逐一进行了访谈。此外，笔者还在加州大学总校校长办公室、佛罗里达州立大学（FSU）、佛罗里达农机大学（FAMU）及塔拉哈希社区学院（TCC）等学校的院校研究办公室进行现场考察和访谈。以上学校类型包含公立高校、私立高校，四年制高校、二年制社区学院，学校层次也各有不同，具有较强的代表性。

3. 问卷调查法

本书主要通过问卷调查来收集数据。

（1）问卷设计过程中，得到了中国高等教育学会院校研究分会会长刘献君教授及时任美国院校研究会执行主席兰迪·斯温博士的深入指导。

（2）问卷评审过程中，美国院校研究会组织的匿名评审为问卷修改提供了诸多有益建议。

（3）调查抽样阶段，时任美国院校研究会执行主席兰迪·斯温博士依据随机分层抽样原则，在美国院校研究会会员数据库中进行抽样。首先，基于美国院校研究会会员数据库（4420 人）院校研究人员的职位进行分层抽样。其次，在 4420 人中随机抽样 956 人。

（4）问卷调查之前，时任美国院校研究会执行主席兰迪·斯温博士给被调查者发邮件，介绍调查的相关内容，邀请其参与调查。

（5）问卷调查中，通过著名网络调查工具 Survey Monkey 进行调查。调查持续时间为两周，回收率为 59.2%（566/956）。

（6）问卷调查结束之后，美国院校研究会从其会员数据库中调取被调查者的个人信息（如年龄、学位、学科背景、工作年限等），从美国高等教育综合数据系统（IPEDS）调查被调查者所在学校的基本数据（类型、层次、规模等），并将这两部分数据与问卷调查数据合并为一个数据文件，发给笔者。

三　问卷信效度分析

1. 信度分析

本书通过 Cronbach's Alpha 系数，分析问卷的内部一致性信度。由表 2－1 可以看出，决策过程模型中各因子的 α 系数分比为 0.728、0.893 和 0.879，所有因子的 α 系数为 0.902。本问卷具有很好的信度。

表 2-1 调查问卷的 Cronbach's Alpha 系数

维度	题项编号	Cronbach's Alpha 系数
决策过程	2、3、4	0.902
寻找与确定决策问题	2	0.728
决定与执行	3	0.893
评估决策执行情况	4	0.879

2. 效度分析

对于效度检验，本书采用内容效度与建构效度相结合的方式。问卷是在时任美国院校研究会执行主席及中国院校研究会会长的直接指导下设计的，问卷设计建立在对美国院校研究人员进行实地调研与访谈的基础上，问卷设计完成后，又经过了美国院校研究会的同行评审。因此，本问卷具有较好的内容效度。建构效度方面，由因子分析结果（见第五章第三节）可知，各因子的因子负荷量均大于 0.4，且萃取的维度与对应题项之内涵皆能符合研究者的研究设计，因此问卷具有良好的建构效度。

四 调查对象的学校分布

如表 2-2 所示，对比抽样数据与问卷回收数据可发现，在学校性质、层次及类型方面，抽样及回收样本中各类学校的百分比分布较为接近。本书中，被调查者有 56% 来自公立高校，44% 来自私立高校；78% 来自四年制高校，22% 来自二年制社区学院；来自副学士、学士、硕士及博士授予型高校所占比例分别为 23%、17%、25% 和 29%。

五 调查对象的特征描述

如表 2-3 所示，本书的调查对象涵盖了不同职位、学位、学科背景、工作经验及年龄段的院校研究人员。在职位方面，本书中有一半调查对象担任院校研究办公室主任一职，副主任占 13%，分析员占 26%。最高学位方面，86% 拥有硕士及以上学位，35% 拥有博士学位。学科背景方面，以教育类及社会科学类居多，各占 27%，其次为人文（20%）、工商管理（14%）和 STEM（12%），因此院校研究人员的学科背景呈现多样化。工作经验方面，一半以上的院校研究人员具有6年及以上工作经验，其中30%具有10年以上工作经验，3年以下工作经验的院校研究人员占1/5。年龄分布方面，院校研究人员的年龄集中于31—60岁，其中41—50岁所占比例最大，为28%。

表2-2　　抽样样本与回收样本对照表

学校特征		抽样样本		回收样本	
		数量	百分比	数量	百分比
学校性质	公立高校	557	58%	315	56%
	私立非营利高校	378	40%	239	42%
	私立营利性高校	21	2%	12	2%
	合计	956	100%	566	100%
学校层次	四年制高校	734	77%	440	78%
	二年制高校	222	23%	126	22%
	合计	956	100%	566	100%
学校类型	副学士授予型	233	24%	129	23%
	学士授予型	148	16%	95	17%
	硕士授予型	251	26%	139	25%
	博士授予型	265	28%	166	29%
	其他	59	6%	37	6%
	合计	956	100%	566	100%

表2-3　　调查对象的特征描述

		有效观测数	有效百分比
职位	主任	281	50%
	副主任	74	13%
	分析员	145	26%
	其他	66	11%
	合计	566	100%

续表

		有效观测数	有效百分比
最高学位	本科及以下	77	14%
	硕士	291	51%
	博士	198	35%
	合计	566	100%
学科背景	教育类	136	27%
	社会科学	139	27%
	工商管理	69	14%
	STEM	59	12%
	人文	104	20%
	合计	507	100%
工作经验	0—2 年	99	20%
	3—5 年	126	27%
	6—10 年	109	23%
	10 年以上	141	30%
	合计	475	100%
年龄	30 岁以下	28	6%
	31—40 岁	118	25%
	41—50 岁	131	28%
	51—60 岁	122	26%
	60 岁以上	71	15%
	合计	470	100%

注：学科背景中，教育类包括课程与教学论、教育领导与管理、教育评估与研究、高等教育及其他；社会科学包括心理学、公共管理、社会学及其他；STEM 包括计算机与信息科学、工程学、数据与统计学、生物学及其他。STEM 为 Science、Technology、Engineering、Mathematics 的第一个首字母，即科学、技术、工程与数学。

第三章　决策支持的主体分析

本章主要回答第一个研究问题，即院校研究人员为哪些决策者提供支持。首先，描述院校研究在组织中的定位，以及为各类决策者提供数据支持的情况；其次，分析院校研究为高层决策者提供数据支持的情况；最后，从决策者的角度阐述院校研究人员超越数据支持并与决策者心智模式的互动建构过程。

第一节　院校研究的组织定位

为决策者提供支持是院校研究的核心功能，而“结构有助于决定功能得以实现的有效性”①，功能的实现会受到结构性因素的影响。所以对决策支持的主体进行分析，首先要考察院校研究在组织中的定位。

院校研究在高校组织中的定位，可以从两个方面分析，一是院校研究机构在大学组织结构中的位置（organizational location/placement）；二是院校研究机构的主管部门，或院校研究向谁汇报工作（reporting line/level），有时也称为院校研究的汇报路线。

一　院校研究在高校组织中的位置

在院校研究领域，管理学家亨利·明茨伯格（Henry Mintzberg）的五行组织模型曾被用来说明院校研究在学校中的位置。明茨伯格认为组织由五个部分组成，分别是操作核心（operating core）、战略高层

---

① 林聚任：《林聚任讲默顿》，北京大学出版社2010年版，第182页。

(strategic apex)、中间线（middle line)、技术结构（techno structure）和支持人员（support staff)。[①]

对于美国高校来讲，操作核心指从事教学和科研工作的人员；战略高层对应于董事会、校长、校长办公室等；中间线位于战略高层和操作核心之间，包括副校长、院长及系主任，拥有正式的权力，监控操作核心的活动；技术结构包括预算、审计、公关部门，这些机构服务于战略高层和中间线，帮助组织提高绩效、实施变革及环境扫描；支持人员包括法律顾问、后勤人员、计算机技术人员、财务人员及学生事务人员，他们为教学和科研人员提供支持性服务。

根据这个概念框架，院校研究人员属于技术结构和支持人员。作为技术结构的一部分，院校研究的职责是就学校长远规划和环境扫描开展研究，提供信息；作为支持人员，院校研究要通过定量分析、计算机程序、信息技术、数据收集等提供专业服务，尤其是向校内外利益相关者发布信息。[②]

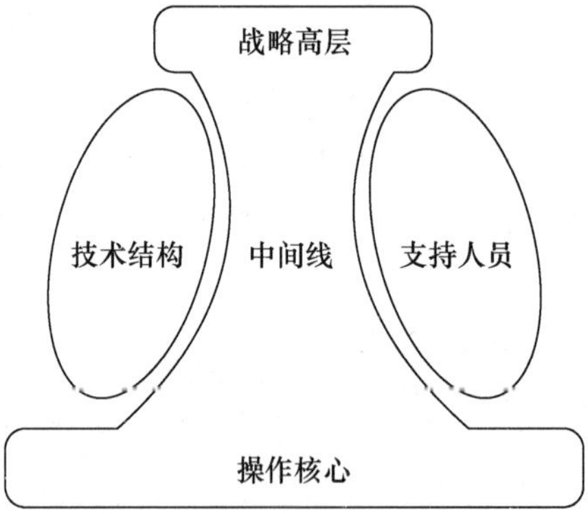

图3－1　组织的五个组成部分

---

① ［加拿大］明茨伯格：《卓有成效的组织》，魏青江等译，中国人民大学出版社2007年版，第120—140页。

② Alton L. Taylor, "Options for Location in the Organizational Structure", *New Directions for Institutional Research*, No. 66, 1990, pp. 27－34.

二 院校研究的主管部门

本书在问卷调查中列出了七类决策者，分别是首席执行官（校长）（Chief Executive Officer，President/Chancellor）、首席学术官［Chief Academic Officer（CAO）］、首席学术官以外的副校长或同级别决策者［Vice President（or equivalent）other than CAO］、董事会（Board of Trustees/Regents）、院长或高层部门领导（Dean/Senior Division Leader）、系主任或学术项目主任（Department Chair/Program Leader）、教师评议会/学校相关委员会（Faculty Senate/Institutional Committees）及其他。为了简单起见，本书将这七类决策者简称为校长、教务长、副校长、董事会、院长及系主任、评议会及其他。

如图 3－2 所示，对院校研究来讲，最常见的情形是由教务长（41%）主管，其次为副校长（30%）、校长（17%）、其他（8%）、院长及系主任（4%）。在美国高校中，一般而言，学校最关键的三个高级行政领导岗位是校长、教务长及财务副校长。① 因此，根据本调查，88% 的院校研究机构向高层决策者汇报。

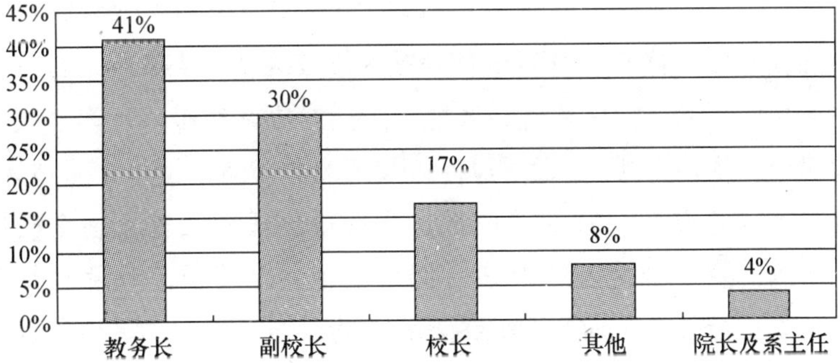

图 3－2 院校研究机构的主管部门

由于院校研究机构的主管部门不同，所参与的学校事务也存在差

① ［美］詹姆斯·杜德施塔特：《舵手的视界——在变革时代领导美国大学》，郑旭东译，桑新民校，教育科学出版社 2010 年版，第 125—129 页。

别。(1) 如果院校研究向校长汇报，院校研究办公室的名称中通常会出现“规划”一词。(2) 如果院校研究向教务长汇报，院校研究的工作任务通常会涉及教师工作量测量、教师薪资及同工同酬、学生评教、教师研究与学术生产力测量等。(3) 如果院校研究向财务副校长汇报，院校研究人员会较多涉及预算分析和资源分配事务。(4) 如果向筹资/发展副校长汇报，院校研究则在资金筹集和校友发展工作中参与较多。(5) 如果向学生事务副校长汇报，院校研究通常会涉及校园文化、住校生生活、大一新生体验、学生保持率、种族多样化、学生服务效果及改进等事务。院校研究的主管部门影响着各高校院校研究办公室的工作任务及职责。院校研究主管部门与其工作职责之间的关系，还将在第四章第二节中分析。

尽管院校研究机构的主管部门存在不同，院校研究机构的使命或目标陈述却有一共同特点——院校研究的服务对象是广泛的，不仅仅限于为主管部门提供服务。比如哈佛大学院校研究办公室（由教务长主管）的使命是达标性数据报送（compliance/mandatory reporting）和为校内决策提供支持，目标是为校内各部门提供及时、准确、易理解的信息，倡导基于信息的决策制定。① 印第安纳州立大学院校研究办公室（由首席战略官主管）的使命是为学校规划、决策及运行提供准确、有用的信息，提供客观、系统、广泛的协调性服务，为学校战略规划提供直接性支持。② 通过浏览院校研究办公室的网址，可以发现，大多数院校研究办公室的使命都是为决策、规划及政策制定提供信息。所以，院校研究虽然由某一部门主管，但其服务对象却是广泛的，比如包括本书所列的七类决策者，甚至还为教师、学生等提供数据、信息和相关支持。院校研究为校长等七类决策者提供支持的情况，见本章第二节。

---

① Mission, Objectives, Scope and Audiences of Harvard IR Office, http://www.provost.harvard.edu/institutional_research/.

② Mission Statement of Indiana State University IR Office, http://irt2.indstate.edu/ir/index.cfm/main/about/mission.

三　院校研究主管部门的校际比较

以往研究发现，院校研究主管部门可能与学校特征相关，为此本书检验了二者的相关性。表3－1显示，院校研究主管部门与学校特征中的学校层次、学校类型及学校规模显著相关。如果将显著性水平设为0.1，则院校研究主管部门与学校性质也显著相关。由此得出，院校研究主管部门与学校特征有关。不同层次、类型和规模的高校中，院校研究的主管部门存有显著差异。

表3－1　　院校研究主管部门与学校特征之间的相关性

		院校研究主管部门				
		校长	教务长	副校长	院长	合计
学校层次（Chi－Square = 14.542p < 0.01）	四年制	14%	46%	31%	9%	100%
	二年制	28%	22%	39%	11%	100%
学校类型（Chi－Square = 36.114p < 0.001）	学士授予型	21%	56%	14%	9%	100%
	硕士授予型	16%	50%	32%	2%	100%
	博士授予型	5%	37%	44%	14%	100%
学校规模（Chi－Square = 19.722p < 0.05）	0.5万人以下	23%	46%	24%	7%	100%
	0.5万—1万人	15%	39%	38%	8%	100%
	1万—2万人	15%	39%	41%	5%	100%
	2万人以上	8%	32%	41%	19%	100%

院校研究主管部门与学校层次显著相关。表3－1显示，四年制高校中，14%的院校研究机构由校长主管，而二年制高校中，校长主管的院校研究机构是四年制高校的两倍（28%）。与此趋势相反，二年制高校中，22%的院校研究机构由教务长主管，而四年制高校中，教务长主管的院校研究机构是二年制高校的两倍多（46%）。教学与研究是四年制高校的主要职能，主管教学与研究事务的正是学校的教务长。教务长主要负责监管学校学术项目，主要职责包括学术规划、

教学、研究、服务拓展及院系间事务协调，如招生、注册和图书馆。[①] 二年制高校或社区学院的使命是，提供向四年制高校转学的教育，或提供职业培训课程后直接就业的教育，是集大学教育、成人教育、职业教育和社区教育融于一体的美国高等教育中独特的组成部分。与四年制高校相比，二年制高校或社区学院在教学、研究与学术方面的职能较少，而四年制高校则面临较多的教学、研究及学术事务，所以四年制高校中由教务长主管的院校研究机构相对较多。

相对于四年制高校来讲，社区学院中校长主管的院校研究机构所占比例较大，缘于近年来社区学院院校研究的迅速发展。1999 年马文·彼得森等调查发现，社区学院的院校研究主要负责向联邦政府、州政府及认证机构报送数据。[②] 然而近年来，社区学院的院校研究功能有了较大的拓展。[③] 首先，自 2006 年《斯佩林斯报告》以来，联邦政府和州政府要求学校提供更多数据，说明学生的学习成果及学校绩效。其次，认证机构日益要求学校提供学生学习及学业完成方面的数据，并通过学校自评来收集这方面的数据。最后，2004 年以来，由卢美娜（Luminar）基金会发起了“社区学院梦想实现行动”（Achieving the Dream：Community Colleges Count initiative），旨在帮助社区学院学生尤其是来自低收入家庭以及少数族裔的学生更好地完成学业。这一行动要求社区学院通过推动基于证据（evidence - based）的学校改进等途径来提高学生的学业成就。由于政府的问责压力及认证、卢美娜基金会的学校改进行动，社区学院的院校研究逐渐拓展原先仅仅负责报送数据的职能。“社区学院梦想实现行动”明确要求，校长直

---

① CUPA - HR ADMINISTRATORS IN HIGHER EDUCATION SALARY SURVEY (AHESS), http://www.cupahr.org/surveys/files/salary2013/Administrators - Survey - Job - Descriptions.xls.

② Peterson, M. W., Einarson, M. K., Augustine, C. H. & Vaughan, D. S., *Institutional Support for Student Assessment: Methodology and Results of a National Survey*, National Center for Postsecondary Improvement, 1999.

③ Morest, V. S. and Jenkins, D., Institutional Research and the Culture of Evidence at Community Colleges, New York: Columbia University Community College Research Center, 2007.

接领导本校的“梦想实现行动”。[1] 2007 年“社区学院梦想实现行动”全国评估调查显示，该行动迅速将院校研究推向决策的中心，学校决策者日益依靠院校研究提供数据。[2]

院校研究主管部门与学校类型也显著相关（$p<0.001$）。表 3－1 显示，随着学校授予学位层次的提高，由校长和教务长主管的院校研究机构所占比例越来越低。与此相反，由副校长主管的院校研究机构所占比例越来越高。在卡内基分类当中，学士授予型高校的功能相对单一，博士授予型高校特别是研究型大学具有多重职能，既要探究新知，也要培养从本科到博士阶段的各类人才，还要提供社会服务，内涵十分丰富。2010 年卡内基分类规定，学士授予型高校的学士学位点要涵盖所有学位项目的 10% 以上，硕士学位点在 50 个以下，博士点在 20 个以下；硕士授予型高校的硕士点在 50 个以上，博士点在 20 个以下；博士授予型高校的博士点要在 20 个以上。[3] 学位授予层次越高，学校的职能就越丰富，校长行政领导团队所需要的高层管理人员也就越多，尤其体现在副校长职位的增多上。学校副校长所主管的院校研究部门也相应增多。

院校研究主管部门与学校规模之间也呈显著相关。随着学校规模的增大，校长和教务长主管的院校研究机构所占比例越来越低。与此相反，副校长主管的院校研究机构所占比例则越来越高。“组织越大，其结构就越精密细致——也就是说，任务更加专业化，单位更加差异化，行政管理部门更加发达……规模的扩大使单位内部的工作有了更多的共性，而不同单位的工作有了更大的多样性。结构差异越大，就越需要重视协调。因此，越大的组织所需要的协调机制就越多越复

---

① Brock, T. et al., *Building a Culture of Evidence for Community College Student Success: Early Progress in the Achieving the Dream Initiative*, New York: MDRC and Community College Research Center, 2007, pp. 57－74.

② Ibid..

③ Carnegie Foundation for the Advancement of Teaching, Classification Description, http://classifications.carnegiefoundation.org/descriptions/basic.php.

杂。"① 院校研究作为决策支持机构，在组织中发挥着重要的支持和协调作用。学校规模越大，越需要院校研究机构提供支持和协调。

由此，院校研究主管部门与学校类型、学校规模之间的相关性是非常相似的。其实学校类型与学校规模之间是高度相关的（Pearson Chi – Square = 207.544，$p < 0.001$）。由表 3 – 2 可知，一般来讲，学位授予层次越高，学校的规模也就越大。

表 3 – 2　　学校类型与学校规模之间的相关性

	0.5 万人以下	0.5 万—1 万人	1 万—2 万人	2 万人以上	合计
学士授予型	93%	3%	2%	2%	100%
硕士授予型	38%	32%	24%	6%	100%
博士授予型	1%	14%	26%	59%	100%

第二节　决策者数据分析支持概况

一　描述性分析结果

院校研究人员为各类决策者提供数据分析支持的程度与院校研究的主管部门并不完全一致。由图 3 – 3 可知，虽然院校研究机构由某一决策者主管，但院校研究的服务对象却不仅仅局限于上级主管部门，而是为校内各决策群体提供数据分析支持。由图 3 – 3 得出以下结论：

院校研究为决策者提供数据分析支持的程度可分为四个阵营，分别是：

（1）第一阵营为教务长和副校长。美国高校中，院校研究部门大多由教务长和副校长主管，院校研究为教务长和副校长提供的数据分

① ［加拿大］明茨伯格：《卓有成效的组织》，魏青江等译，中国人民大学出版社 2007 年版，第 141 页。

析支持也最多。68%的院校研究人员表示经常为教务长提供数据分析支持，60%的人表示经常为副校长提供数据分析支持。

（2）第二阵营为院长和系主任。尽管只有4%的院校研究机构由院长和系主任主管，但院校研究为这两类基层学术主管提供的数据分析支持却排在了校长之前，名列第三、第四，位于第二阵营。54%的院校研究人员表示经常为院长提供数据分析支持，48%的人表示经常为系主任提供数据分析支持。

（3）第三阵营为校长。除教务长和副校长外，17%的院校研究机构由校长主管。但从图3－3中可以看出，为校长提供的数据分析支持排在了第五位，位于第三阵营。40%的院校研究人员表示经常为校长提供数据分析支持。

（4）第四阵营为董事会和评议会。调查中没有发现院校研究机构由董事会和评议会主管。但院校研究机构仍然会为董事会和评议会的决策提供数据分析支持。25%的院校研究人员表示经常为评议会提供数据分析支持，13%的人表示经常为董事会提供数据分析支持。

由此可见，院校研究的主要服务对象是教务长、副校长及院长，一半以上的院校研究人员表示经常为教务长、副校长及院长提供数据分析支持。

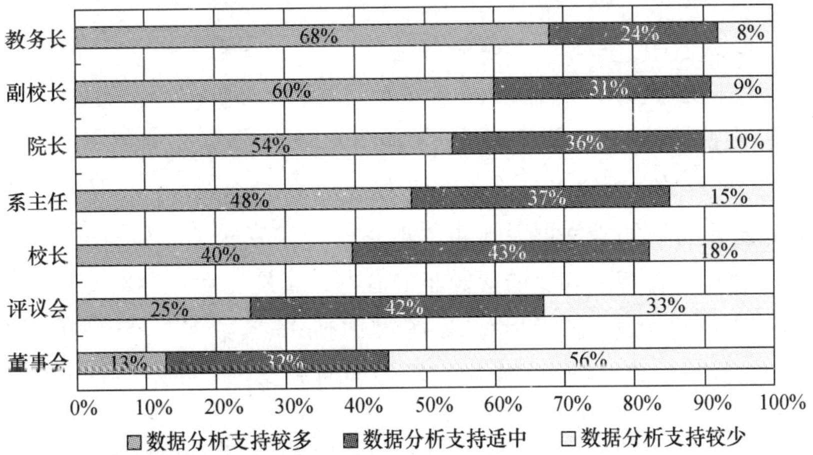

图3－3　院校研究为决策者提供数据分析支持的程度

院校研究为决策者提供数据分析支持程度的平均数排列顺序与频数分布图是一致的。标准差的排列顺序与平均数的排列顺序正好相反（见表3-3）。总体来讲，由教务长至董事会，平均数依次降低，标准差却依次增大。标准差可以分为两个阵营，教务长、副校长及院长为第一阵营，标准差小于1.00，系主任、校长、评议会及董事会为第二阵营，标准差大于或等于1.00。因此，院校研究人员为其主要服务对象即教务长、副校长和院长提供的数据分析支持普遍较多，而为系主任、校长、评议会及董事会提供的数据分析较少，但差异较大。

表3-3　院校研究为决策者提供数据分析支持的平均数和标准差

	平均数	标准差
教务长	3.82	0.93
副校长	3.68	0.93
院长	3.55	0.94
系主任	3.40	1.00
校长	3.29	1.03
评议会	2.84	1.01
董事会	2.32	1.08

二　相关讨论

1. 院校研究与校长决策支持

校长是学校行政管理层中的最高决策者。前密歇根大学校长詹姆斯·杜德施塔特（James J. Duderstadt）曾经对校长有这样的描述："作为拥有数千雇员和顾客、年度预算达数十亿美元、地盘有一个小城市大小、影响常常遍及全世界的这样一个大学的首席行政负责人，大学校长在管理上肩负的责任非常重大，比得上一家规模巨大之跨国公司的首席执行官。"① 组织有效性研究学者金·卡梅隆（Kim S. Cameron）关于学术组织的一项经验研究发现：学术机构的有效性

① ［美］詹姆斯·杜德施塔特：《舵手的视界——在变革时代领导美国大学》，郑旭东译，桑新民校，教育科学出版社2010年版，第3页。

与高级行政管理人员的决策具有密切的关系。[①] 因此，校长的决策与学校未来发展息息相关。院校研究代表着管理与决策的科学化范式。无论是通过分析院校研究，来考察校长的决策科学化程度，还是通过分析校长的决策制定情况，而为院校研究的发展提供建议，都是非常有价值的。

本书研究表明，由校长主管的院校研究机构占17%，位于教务长（41%）和副校长（30%）之后；2/5 的院校研究人员表示经常为校长提供数据分析，位于教务长、副校长、院长和系主任之后。由此得出，校长依靠院校研究进行科学决策的程度并不是最高的。

校长所面对的问题决定了其决策中的非程序化决策成分可能要高于其他决策者。诺贝尔经济学奖获得者西蒙曾经将经理的决策划分为程序化决策和非程序化决策。他指出："决策可以程序化到呈现重复和例行状态，可以程序化到制定出一套处理这些决策的固定程序，以致每当它出现时，不需要再重复处理它们。决策可非程序化到使它们表现为新颖、无结构、具有不寻常影响的程度。处理这类问题没有灵丹妙药，因为这类问题在过去尚未发生过；或因为其确切的性质和结构尚捉摸不定或很复杂；或因为其十分重要而需要用现裁现做的方式加以处理。"[②] 校长是学校的最高决策者，掌管整个学校运行，校长所面对的问题与日常管理者如教务长、副校长、院长有很大不同，其决策中的非程序化成分要高于其他管理者。管理既是一种科学，也是一种艺术，但校长的管理实践中艺术的成分要多一些。对于程序化和科学的成分可以依靠数据分析来提供支持，而非程序化和艺术的部分，则更多依靠校长的经验、直觉和智慧。因此，校长决策的特点，决定了校长所依靠的并不完全是客观性的数据分析。这也向院校研究人员的决策支持提出了更高的要求，要求院校研究人员要超越数据，通过与校长互动，帮助校长建立决策的心智模式。本章第四节将会以案例

---

① Cameron, K. S., "A Study of Organizational Effectiveness and Its Predictors", *Management Science*, No. 32, 1986, pp. 87 – 112.

② ［美］赫伯特·西蒙：《管理决策新科学》，李柱流等译，中国社会科学出版社 1982 年版，第 39 页。

的形式，进一步阐释。

校长的决策数据分析需求程度还与校长工作时间的分配密切相关。美国教育理事会（American Council on Education，ACE）[①] 自1986年开始，每隔几年都会对美国大学校长进行一次大规模调查。ACE大学校长调查已成为了解美国大学校长现状最为权威的调查资料。2001年ACE大学校长调查发现，50%以上的大学校长认为占用自己时间最多的工作是筹款、规划和预算。[②] 2006年调查发现，约60%的校长表示大部分时间和学校内部公众在一起。而2012年调查发现，校长的大部分时间用在筹款上，只有16%的校长表示大部分时间是和学校里面的人打交道[③]，他们认为如何处理与立法者及州治理董事会（governing boards）等的关系是最大的挑战。[④] 尤其近年来，经济危机导致高校经费压力巨大，校长的工作重心放在了筹款和处理外部关系上，而校内事务多交给教务长打理，所以这导致校长并不是院校研究数据分析的第一大客户。

近年来，美国高校高层决策者权力发生重组，校长的很多学校内部决策权力，开始转移给教务长和副校长，而校长则更多集中于筹款和处理与政府的关系。这可能是影响近年来院校研究在组织中的定位，以及院校研究数据分析需求变化的最重要的因素。

2. 院校研究与教务长和副校长决策支持

美国高校中，典型的学术等级序列有五个，分别是校长、教务长、院长、系主任和教师。主管学校课程、教学、学术和研究事务的副校长或教务长是大学的首席学术官员，大学各学院院长以及跨学科

---

① 美国教育理事会（American Council on Education），成立于1918年。ACE是美国高等教育系统中主要的协调及认证机构，代表美国1600多所学院以及大学，并与美国200多所机构及教育联盟有着密切的合作关系。

② 卡里根：《谁在当美国大学校长——2002年全美大学校长调查报告》，文东茅编译，《中国高教研究》2004年第4期。

③ Association for American Colleges and Unviersities，The American College President 2012，http：//www. aacu. org/aacu_ news/aacunews12/june12/facts_ figures. cfm.

④ Amercian Concil on Education. Leading Demographic Portrait of College Presidents Reveals Ongoing Challenges in Diversity，Aging . http：//www. acenet. edu/news – room/Pages/ACPS – Release – 2012. aspx. March 12，2012.

和学术的支持部门，诸如图书馆、学生服务中心、注册与录取以及信息技术的负责人通常向教务长报告或者向教务长和校长共同报告，而教务长则依次首先对大学校长负责并最终向董事会负责。在许多大学，教务长是仅次于校长的第二号行政人物，并在校长职位空缺或校长休假时代行校长权责。教务长有时也被称为高级副校长（senior vice president）或执行副校长（executive vice president）。

近年来高校所面临的巨大财政压力，导致高校内部高层决策者之间的权力悄悄发生着重组。校长开始将很多行政权力分给教务长，包括统筹学校的财务和预算。教务长开始在很多财务问题上拍板，有时还参与筹款和游说工作。有时还分管非学术部门，而原先这些部门归财务副校长领导。正如ACE主席、威斯康星大学麦迪逊分校前教务长戴维德·沃德（David Ward）所说："今天美国高校中教务长的权力比以往任何时候都要大。"[①] 这方面的例子有很多，比如，（1）迈阿密大学校长唐纳·萨拉拉（Donna E. Shalala）认为"校长的角色发生了重大变化，现在教务长所做的工作实际上就是原先校长的工作"。（2）南加州大学校长史蒂文·萨姆普（Steven B. Sample）认为"筹款时代的校长所面临的压力与日俱增"。他将学术工作和很多日常学校管理工作都交给了教务长。（3）约翰霍普金斯大学学术事务首席副校长兼教务长经常与州政府打交道，代表学校出席城市相关活动。[②] 约翰霍普金斯大学校长董事会修改了细则，赋予教务长更多权力，将校长角色定义为对外代表学校，希望校长是一位优秀的公共演说家，能够与立法机构、校友、基金会及公司董事会打交道，开展募捐活动。[③]（4）在亚利桑那大学，尽管主管行政事务的副校长直接向校长汇报，但校长又成立了一个在行政事务副校长层级之上的财务委员会，并任命教务长担任委员会主席，委员会成员包括校长、行政事务副校长及其他内阁成员。（5）很长一段时间以来，耶鲁大学教务长就一直掌管

---

① Basinger, Julianne, "More Power for Provost", *The Chronicle of Higher Education*, April, 2003.

② Ibid..

③ Ibid..

学校财务，担任学校预算委员会主席，负责每年的运行经费和资本预算事务。并且，教务长权力的增加，还得到了董事会和州治理董事会的默许或支持。其实，不少董事会更愿意聘任来自非学术机构的候选人担任校长。比如普渡大学（Purdue University）新近聘请前印第安纳州州长米奇·丹尼尔斯（Mitch Daniels）为学校校长，丹尼尔斯之前曾担任小布什总统的联邦管理及预算办公室主任。①

因此，如今，教务长分担了很多校长在预算和规划方面的权力，其角色已经远远超出首席学术事务官的权力范围。可以说教务长与校长一道成为学校最重要的决策者。本书中，41%的院校研究机构由教务长主管，便可以发现随着教务长承担事务的增多，需要有更多院校研究人员来收集和分析数据，为其决策提供支持。

除教务长外，直接向校长汇报工作的学校高级行政负责人是副校长。他们承担着各种各样的职能，如学生事务、事业发展与财务、筹款、政府关系、社区关系、校园多样化等，是校长的得力助手。杜德施塔特认为“大学校长的成败依赖于被任命到这些岗位上的人的素质。校长最重要的职责之一就是招募高级行政负责人，把他们打造成一支高素质团队，并领导他们”。② 2008 年沃克文（James Fredericks Volkwein）调查发现，院校研究在组织中的定位除教务长和校长外，还有各副校长，依次为：行政/事务/财务（Administration/Business/Finance）副校长、规划/评估/学校效能（Planning/Evaluation/Effectiveness）副校长、学生服务（Student Service）副校长、发展/提升/市场事务（Development/Advancement/Market）副校长及信息系统/信息技术副校长。③ 沃克文的调查显示，以上副校长中，将院校研究定位于行政/事务/财务副校长、规划/评估/效能副校长的情况最为常见。

---

① Kevin Kiley, Purdue's Outsider, Inside Higher Ed., http://www.insidehighered.com/news/2013/04/02/purdues-mitch-daniels-challenging-higher-education-leadership.

② [美] 詹姆斯·杜德施塔特：《舵手的视界——在变革时代领导美国大学》，郑旭东译，桑新民校，教育科学出版社 2010 年版，第 126 页。

③ Volkwein, J. F., Liu, Y. and Woodell, J., "The Structure and Functions of Institutional Research Offices", *The Handbook of Institutional Research*, San Francisco: Jossey-Bass, 2012.

当前高校财务压力不断增大的情况下，很多财务或预算副校长依靠院校研究人员从事财务分析、预算分析和成本控制研究。而规划/评估/学校效能副校长则是近年来出现的副校长类型，这类副校长大多负责学校的战略规划制定、学生学习成果评估及学校效能提升等事务。高等教育中的战略规划兴起于20世纪80年代政府经费削减时期。1983年，著名高等教育战略规划研究专家乔治·凯勒（George Keller）在《大学战略与规划——美国高等教育管理革命》一书中提出，高校管理正在向高校经营转变，“采用新的管理方式的大学领导正在做的事情，就是把建立在个人目标和偏见基础上的私人计划转变为公开的、建立在数据资料、明确的目标和理性的战略基础上的规划……越来越多的高校正向战略分析和规划投入更多的时间和资金”。①

长久以来，美国高等教育质量保障的重要途径和方式是认证。但20世纪80年代中期以来，由于政府和认证机构的推动，评估尤其是学生学习成果评估（Learning Outcomes Assessment）已经成为美国高等教育质量保障的重要方式。同时，近年来各大认证机构强调学校效能（Institutional Effectiveness，IE），学校效能的核心是实现学校使命，而其重要途径是学生学习成果评估。所以，学校效能运动与学生学习成果评估运动有很多共同之处。为了回应政府和认证机构的要求，很多高校开始设立主管效能的副校长（Vice President for IE）。这些副校长大多主管评估、规划、项目评审、认证事务等。学校效能办公室通常是在原先院校研究机构的基础上成立的，院校研究是学校效能办公室的重要组成部分，而且很多学校效能副校长就是原先的院校研究人员。

3. 院校研究与院长和系主任的决策支持

本书发现大约有4%的院校研究机构由院长和系主任主管。但院长和系主任却是院校研究人员的第三和第四大“客户”。一半左右的

---

① ［美］乔治·凯勒：《大学战略与规划》，别敦荣主译，中国海洋大学出版社2005年版，第86—91页。

院校研究人员表示经常为院长、系主任提供数据分析服务。院长和系主任的数据分析需求程度名列教务长和副校长之后，但位列校长之前。本书认为这主要受美国高校内部治理结构、运行特点及学生学习成果评估运动的影响。

美国高校中，院系是学校的基层学术管理部门，享有较大的管理权和自主权。有研究者发现，高校中大约80%的决策由院长和系主任一级的领导人员做出，这些决策涉及教师招聘、终身制考核、预算方案编制及院系长期学术规划等。① 对绝大多数大学而言，院长是负责学术质量的关键学术领导人。他们选拔系科主任，招聘和评审教师，为了自己的学院在校内（争取学校资源分配的数额）和校外（私人捐助和争取研究资助）四处拉资源。作为学校教师管理这条线上的关键，一般来说，他们拥有与肩负之重大责任相适应的巨大权威。院长和系主任肩上的压力是现在的大学校长承受之压力的一个缩影——预算、规章、人事、募款、教师政治等。②

院长和系主任是高校的基层学术管理人员。其主要角色有教师发展领导者、管理者和学术领导者。作为教师发展的领导者，负责教师招聘和考核，鼓舞教师士气，培养提高教师的基本技能和职业素质，促进教师专业发展。作为管理者，负责维护院系日常运行，比如编制预算方案和经费管理，以及给教师分配工作任务，管理学术支持人员，维护设施和设备等。作为学术领导者，负责院系长期规划，参加学校内部院系会议，主持召开院系内部学术会议。院长和系主任还是一名教师，还要时刻关注本学科最新动向，保持学术敏感度。最后，院长和系主任还要关注外部事务，比如探索新的招生市场、寻求与外

① John W. Creswell and Marijane E. England, "Improving Informational Resources for Academic Deans and Chairpersons", *New Directions for Institutional Research*, San Francisco: Jossey - Bass, No. 84, 1994, pp. 5 - 18.

② ［美］詹姆斯·杜德施塔特：《舵手的视界——在变革时代领导美国大学》，郑旭东译，桑新民校，教育科学出版社2010年版，第42—43页。

部企事业单位的合作，寻求外部捐赠等。[①] 院长和系主任的决策中，程序化决策的成分可能要远远大于非程序化决策，而为程序化决策提供数据分析支持，正是院校研究人员的优势所在，所以院长和系主任索要数据较多，也就不奇怪了。

在当前财政压力下，很多美国高校转向分散式的内部财务模式。比如美国弗吉尼亚大学 2011 年 10 月底宣布正在尝试把内部财务改革成分散式，将各院系的收支分别计算。该模式通常被称为“责任中心管理”（Responsibility Center Management）、“收益责任管理”（Revenue Responsibility Management）或者“作业预算”（Activity - Based Budgeting）。[②] 在这个模式系统中，单个学院可以保留大部分收入，但同时也需自行负担各项费用。在理想的情况下，这一模式将促使院系和教师创造新的专业、课程和研究项目，以吸引更多学生和提高收入，院系可以保留这些收入并再投资。管理人员希望这一模式可以提高空间使用率、扩大教学班和减少日常开支。财务模式的下移，要求各个院系管好自己的财政收支，院长和系主任便需要院校研究人员来辅助进行预算、收入与投资分析。

2006 年《斯佩林斯报告》以来，学生学习成果评估运动成为学校的工作重点。院校研究人员与各个院系进行沟通、咨询与协调，提供技术及调查指导，帮助院系了解本院系的学生学习情况。很多院校研究办公室的使命或目标陈述中公开阐明为院系评估活动提供协调与咨询。比如俄亥俄大学院校研究办公室网址上直接阐明“本办公室将为院系的评估活动提供支持，为评估活动开发量表，进行数据分析和解释”。[③] 鲍尔州立大学（Ball State University）学校效能办公室表示

---

① John W. Creswell and Marijane E. England, “Improving Informational Resources for Academic Deans and Chairpersons”, *New Directions for Institutional Research*, San Francisco: Jossey - Bass, No. 84, 1994, pp. 5 - 18.

② Kevin Kiley, Inside Higher Ed, It's Your Money, Spend It, http://www.insidehighered.com/news/2011/10/27/u - virginia - gives - colleges - ability - spend - money - they - generate. 2011 - 10 - 27.

③ Ohio University, Office of Institutional Research Functions, http://www.ohio.edu/instres/insres/functions.html.

"本办公室将为学生的学习评估提供领导和支持"。[①] 乔治·华盛顿大学学术规划与评估事务办公室的使命中明确表示"本办公室将协助和管理学校的学生学习成果评估活动及过程，改进教与学"。[②] 可以说，学生学习成果评估已经成为院校研究人员的主要职责。

4. 院校研究与董事会和评议会的决策支持

本书没有发现由董事会和评议会主管的院校研究机构。这源于董事会和评议会与其他决策者（校长、教务长、副校长、院长、系主任）有很大的不同。

董事会是美国大学治理的最高权力机构，正是基于董事会的存在，美国大学既独立于外部政府的严密控制，又免于内部某一主体的主宰，并在大学内外各利益相关者之间保持适当的平衡。董事会构成美国大学治理结构的基石。[③] 美国大学董事会的主要职责包括保持信托的完整性；聘任大学校长；筹措与管理学校资源；审批长远规划、年度预算以及教育计划；监控学校运作；在学校与社会之间发挥桥梁与缓冲器的作用。虽然董事会的职权相当宽泛，但由于董事会成员大多来自校外非教育界人士，所以很多学校具体工作和日常事务管理权，都是委托给校长及其管理团队，因而董事会实际发挥了立法监督的作用。正是由于董事会大多是校外人士，并且权力委托给校长，所以不直接参与学校具体管理工作，而只负责学校办学方向和重大决策的审批。所以，董事会的数据分析需求较少。

学术评议会/教师评议会（Academic Senate/Faculty Senate）是美国高校中代表教授参与学校集体谈判和协商的机构，教授凭借学术评议会这一规范性组织取得学术事务广泛的立法权，并对其他非学术事务施加重要的影响。另外，当今美国高校管理中，有很多专门针对某

---

① Ball State University, Office of Institutional Effectiveness, http: //cms. bsu. edu/about/administrativeoffices/effectiveness.

② George Washington University, Office of Academic Planning and Assessment, http: //academicplanning. gwu. edu/about.

③ 欧阳光华：《董事、校长与教授：美国大学治理结构研究》，高等教育出版社 2011 年版，第 120 页。

一问题的委员会（Committee）/特别工作组（Task Force）。比如加州大学圣巴巴拉分校设有专门针对评估问题的评估委员会（Council on Assessment），该校学术规划、院校研究与评估事务办公室的副主任就是该委员会的咨询委员（consultant）。① 评议会是代表教授与学校集体谈判的组织，本身不是像校长及教务长那样的决策者，评议会有时扮演着咨询的功能，所以其数据分析需求也不多，1/4 的院校研究人员表示经常收到评议会/委员会的数据分析需求。

第三节　高层决策支持的影响因素

校长及其高级行政管理团队是帮助学校应对挑战的最重要的力量。院校研究如果能够有效为这些高层决策者提供支持，将会极大地体现院校研究对学校发展的作用和价值。为了更好地了解院校研究为高层决策支持的功能，有必要探索影响院校研究高层决策支持程度的因素。

一　分析框架

第二章的理论基础和研究设计部分构建了院校研究决策支持功能的影响因素，即院校研究的决策支持功能受院校研究个人、办公室及学校特征等因素的影响。本节主要回答影响院校研究为高层决策者提供数据分析支持的因素。

统计方法：结合因子分析，归纳出学校的高层决策者，确定因变量；通过独立样本 t 检验和单因素方差分析（ANOVA）了解院校研究高层决策支持是否因其个人、办公室及所在学校特征不同而有显著性差异；通过多元线性回归分析，了解高层决策支持行为的影响因素。

均值检验用来检验两组或两组以上样本数据的平均值是否具有显著性差异，以此来推断它们是否来自具有相同均值的总体。均值检验

① University of California, Santa Barbara, Office of Institutional Research, Planning and Assessment. Institutional Research Staff, http://bap.ucsb.edu/IR/IR－staff.html.

一般有两种检验方法，即 t 检验与方差分析。t 检验用于对两组样本数据的均值进行显著性检验。t 检验分为配对样本 t 检验（Paired－Samples t Test）和独立样本 t 检验（Independent－Samples t Test），配对样本 t 检验适用于对两组配对样本数据之间的均值进行显著性检验，独立样本 t 检验适用于对两组独立样本数据之间的均值进行显著性检验，本节主要采用独立样本 t 检验。如果需要对两组以上的独立样本进行均值检验，则需要借助方差分析（ANOVA）来完成。方差分析又称为变异数分析，有时也称为 F 检验，可用于多组均数之间的显著性检验。方差分析也包括多种，本节主要采用单因素方差分析（One－Way ANOVA），检验由单一因素影响的因变量。

研究假设：院校研究高层决策支持程度受其个人、办公室及学校特征等因素的影响。第一，院校研究个人特征包括：职位、最高学位、学科背景、工作经验、年龄、观念（关于参与决策过程的观念）。第二，办公室特征包括：组织定位、办公室规模、数据获取程度（学生、学生资助、人事及财务数据）及报送数据所占时间。第三，学校特征包括：学校性质（公立/私立）、学校层次（四年制/二年制）、学校类型（副学士授予型/学士授予型/硕士授予型/博士授予型高校）及学校规模。

变量解释：因变量为院校研究人员为高层决策者提供数据分析支持的程度，高层决策者包括校长、教务长、副校长和董事会（通过因子分析得出）。将每一类决策者的数据分析支持程度赋分（很少＝1，较少＝2，适中＝3，较多＝4，很多＝5）。因为因子分析得出校长、教务长、副校长及董事会的数据分析支持程度为一个因子，并且 Cronbach's Alpha 系数大于 0.6，故可以直接将其得分相加，从而得到均值比较和回归分析的因变量。自变量包括 3 个一级变量，17 个二级变量（其中数据获取程度包括学生、学生资助、人事及财务数据获取程度 4 个变量），详见表 3－4。

变量转化：因为大部分自变量属于分类变量，所以在进入多元线性回归模型之前，需要先将分类变量转化为虚拟变量。例如，将“学科背景”这一分类变量转化为虚拟变量，需要重新编码为虚拟变量

(0，1)，同时需要设定一个“学科背景”作为参考类别。这里我们选择“教育”作为参考类别，也就是说，各学科背景所有回归系数大小以及显著程度都是与“教育”这一学科背景的院校研究人员相比较的。以此类推，各虚拟变量的参考类别见表3-4最后一列。

表3-4　　院校研究高层决策支持影响因素变量

一级变量	二级变量	变量解释	参照变量（回归分析）
个人特征	职位	主任、副主任	副主任
	学位	博士、博士以下	博士以下
	学科背景	教育、社会科学、工商管理、自然科学、人文	教育
	工作经验	0—2年、3—5年、6—10年、10年以上	0—2年
	年龄	30岁以下、31—40岁、41—50岁、51—60岁、60岁以上	连续变量
	观念	消极影响、既非积极影响也非消极影响、积极影响	连续变量
办公室特征	组织定位	校长、教务长、副校长、院长	院长
	办公室规模	0—1.99人、2—3.99人、4—5.99人、6人以上	连续变量
	数据获取程度	较少、较多	连续变量
	报送数据所占时间	20%以下、20%—39%、40%—59%、60%—79%、80%及以上	20%以下
学校特征	学校性质	公立、私立	公立
	学校层次	四年制、二年制	四年制
	学校类型	副学士、学士、硕士、博士授予型	副学士授予型
	学校规模	0.5万以下、0.5万—1万、1万—2万、2万以上	0.5万以下

二　决策者数据分析支持的因子分析

因子分析是用少数几个因子来描述多个指标或因素之间的联系，以较少因子来反映原资料大部分信息的统计学方法。因子分析的主要作用有两个，一是寻求基本结构（Summarization）；二是数据化简

(Data Reduction)。本节主要通过因子分析进行变量化简，用得出的因子代替原变量进行均值比较和回归分析。

如表3－5所示，统计检验显示KMO值为0.718，效果较好。Bartlett球形检验值为539.052，值非常大，相应的显著性水平p<0.001，属于高度显著，所以通过检验。KMO值及Bartlett球形检验表明本书的数据适合进行因子分析。

表3－5　KMO值与Bartlett球形检验

Kaiser－Meyer－Olkin Measure of Sampling Adequacy		0.718
Bartlett's Test of Sphericity	Approx. Chi－Square	539.052
	df	21
	Sig.	0.000

如表3－6所示，总方差解释表给出了各因子的特征值和方差贡献率。其中第1个公因子和第2个公因子的特征值大于1，因此尝试提取前两个公因子。由总方差解释表可得，两个公因子共解释总方差的60%。

表3－6　总方差解释

变量	初始因子			旋转后因子		
	特征值	方差贡献率（%）	累计贡献率（%）	特征值	方差贡献率（%）	累计贡献率（%）
1	2.615	37.364	37.364	2.107	30.100	30.100
2	1.587	22.672	60.037	2.096	29.937	60.037
3	0.778	11.115	71.152			
4	0.635	9.078	80.229			
5	0.555	7.932	88.161			
6	0.500	7.140	95.301			
7	0.329	4.699	100.000			

由表3－7旋转后因子载荷矩阵（载荷系数小于0.4的未显示）可知，公因子1的支配性指标为院长、系主任和评议会的决策数据分析支持程度，公因子2的支配性指标为校长、教务长、副校长及董事会的决策数据分析支持程度。而校长、教务长、副校长与董事会都是学校的高层决策者，院长和系主任是基层决策者，评议会为代表教师与学校谈判，发挥学术咨询作用的特殊“决策者”。因此将公因子2命名为“高层决策者的数据分析支持程度”，将公因子1命名为“其他决策者的数据分析支持程度”。下文中的均值比较和回归分析就以“高层决策者的数据分析支持程度”为因变量。

表3－7　　　　　　　　旋转后公因子载荷矩阵

变量	公因子1	公因子2
校长		0.774
教务长		0.715
副校长		0.681
董事会		0.692
院长	0.846	
系主任	0.872	
评议会	0.722	

三　高层决策支持的差异性分析

以高层决策者的数据分析支持程度为因变量，以院校研究个人特征、办公室特征及学校特征为自变量进行独立样本t检验或单因素方差分析。由表3－8可得，院校研究为高层决策者提供数据分析支持的程度，因院校研究个人的工作经验、院校研究办公室规模、学生资助数据获取程度、人事数据获取程度、财务数据获取程度、学校性质及学校规模而有显著性差异。

表 3－8　　高层决策支持的差异性分析结果

个人特征	F/t 值	办公室特征	F/t 值	学校特征	F/t 值
职位	－0.227	组织定位	2.591	学校性质	2.866**
学位	－0.840	办公室规模	6.564***	学校层次	0.223
学科背景	2.027	学生数据获取程度	0.221	学校类型	1.801
工作经验	3.732*	学生资助数据获取程度	－3.350***	学校规模	7.934***
年龄	0.227	人事数据获取程度	－2.622**		
观念	1.555	财务数据获取程度	－4.903***		
		报送数据所占时间	0.326		

注：* 表示 $p<0.05$，** 表示 $p<0.01$，*** 表示 $p<0.001$。

院校研究的高层决策支持程度因以上 7 个因素呈现什么样的差异呢？将差异性分析中的描述性数据整理可得表 3－9。第一，院校研究人员的工作经验越丰富，高层决策者数据分析支持的平均值就越大，而且标准差呈下降趋势。说明院校研究人员的工作经验越丰富，为高层决策者提供的数据分析支持就越多。第二，院校研究办公室的规模越大，为高层决策者提供的数据支持就越多，4 人以上的办公室为高层决策者提供的数据分析支持明显高于 4 人以下的院校研究办公室。第三，院校研究人员可获得的人事、学生资助及财务数据较多的情况下，为高层决策者提供的数据分析支持较多。第四，公立高校的院校研究人员为决策者提供的数据分析支持较多。第五，学校规模在 1 万人以上高校的院校研究人员，为高层决策者提供的数据分析支持要高于 1 万人以下规模高校的院校研究人员为高层决策者提供的数据分析支持。

四　高层决策支持的影响因素分析

通过以上的独立样本 t 检验和单因素方差分析，我们了解了院校研究为高层决策者提供数据分析支持的程度因院校研究个人、办公室及学校特征不同而呈现的差异。但以上的差异性分析只是考虑单个因素的影响程度，并没有同时考虑多个因素对高层决策支持的影响程度。所以得出的结论，从一定程度上讲，无法很好地囊括现实世界的

表 3-9 基于不同因素的高层决策支持差异

		高层决策者数据分析支持			
		有效观测数	平均值	标准差	标准误差
工作经验	0—2 年	38	12.05	3.238	0.525
	3—5 年	63	12.68	2.787	0.351
	6—10 年	63	13.51	2.455	0.309
	10 年以上	107	13.59	2.848	0.275
办公室规模	0—1.99 人	77	12	2.743	0.313
	2—3.99 人	94	13.28	2.718	0.280
	4—5.99 人	55	13.2	2.94	0.396
	6 人以上	55	14.11	2.787	0.376
人事数据获取程度	较少	146	12.664	3.020	0.250
	较多	180	13.489	2.654	0.198
学生资助数据获取程度	较少	125	12.424	3.142	0.281
	较多	200	13.545	2.569	0.182
财务数据获取程度	较少	219	12.64	2.973	0.201
	较多	106	14.11	2.302	0.224
学校性质	公立	170	13.56	2.951	0.226
	私立	147	12.66	2.621	0.216
学校规模	0.5 万以下	131	12.37	2.71	0.237
	0.5 万—1 万	62	12.77	2.544	0.323
	1 万—2 万	66	14.02	2.974	0.366
	2 万以上	66	13.94	2.739	0.337

复杂情况。为讨论高层决策支持的影响因素，我们将院校研究个人、办公室及学校特征中的 17 个自变量加入同一个回归方程，分析这些因素对院校研究高层决策支持的影响程度差异。

本书选用逐步回归法（Steward），以院校研究高层决策支持程度为因变量，以院校研究个人特征、办公室特征及学校特征中的 17 个因素为解释变量，应用线性回归模型分析上述解释变量对高层决策支持的影响程度。由表 3－10 可知，进入方程的解释变量有：院校研究办公室规模、财务数据获取程度及学校规模三个变量。多元相关系数

$R=0.415$，联合解释变异量即判定系数 $R^2=0.172$。因为回归分析的重点在于寻找影响院校研究高层决策支持的因素，而不是得出回归方程，所以本书就不再列出回归方程。

第一，对院校研究高层决策支持的影响因素中，财务数据获取程度的影响程度最大，标准化回归系数为0.337，表示可获得的财务数据越多，为高层决策提供的数据分析支持就越多。第二，学校规模因素的标准化回归系数为0.156。因为学校规模变量是作为虚拟变量进入回归模型的，学校规模中的参照类别为“0.5 万人以下”，而回归模型中的影响变量为“学校规模：1 万—2 万人”，表明与0.5 万人以下规模高校的院校研究人员相比，1 万—2 万人规模高校的院校研究人员为高层决策提供的数据分析支持较多。所以，并不能够得出学校规模越大，其院校研究人员为高层决策提供的数据分析支持就越多。差异性分析结果也表明，2 万人以上规模高校的院校研究人员为高层决策提供的数据支持比1 万—2 万人规模高校的院校研究人员为高层决策提供的数据支持要少。第三，院校研究办公室规模的标准化回归系数为0.120。因为院校研究办公室规模是以连续性变量进入回归模型的，所以可以得到院校研究办公室的规模越大，院校研究人员为高层决策者提供的数据分析支持就越多。

表3-10　　院校研究高层决策支持的影响因素分析结果

自变量	非标准化系数		标准化系数	t 值	显著性	多重共线性诊断	
	B	标准误差	Beta		水平	容许度	方差膨胀因子
常数项	10.079	0.399		25.246	0.000		
财务数据获取程度	0.729	0.108	0.337	6.727	0.000	0.988	1.012
办公室规模	0.106	0.046	0.120	2.298	0.022	0.913	1.096
学校规模：1 万—2 万人	1.098	0.363	0.156	3.029	0.003	0.936	1.068

注：$R=0.415$，$R^2=0.172$，调整后的 $R^2=0.162$。

因此，回归分析表明，院校研究为高层决策提供数据分析支持的多少，受院校研究办公室规模、财务数据获取程度及学校规模三个因素的影响。

五　相关讨论

1. 办公室规模与高层决策数据支持

上文中的多元线性回归模型表明，院校研究办公室规模越大，为高层决策者提供的数据分析支持也就越多。院校研究办公室规模是影响院校研究人员为高层决策提供数据分析支持多少的重要因素。

首先，院校研究机构的人员规模直接决定机构人员是否有充足的时间和精力为高层决策提供支持。很多1—2人的院校研究机构，几乎没有时间去考虑开展校内决策支持方面的研究或项目，大部分时间主要用于达标性的数据报送（compliance/mandated reporting）。[①] 本次调查显示（见表3－11）平均规模在2.3人左右的院校研究办公室花费在数据报送上的时间占80%以上，而平均规模在4.2人左右的院校研究办公室花费在数据报送上的时间占20%—39%。在调查中，一位院校研究人员表示：

我们应该在决策过程中发挥作用，但是我们办公室的人手不够，而且有很多达标性的数据报送工作，几乎没有时间从事分析性活动。（No. 64）

表3－11　院校研究办公室规模与数据报送所占时间之间的关系

	办公室规模		
数据报送所占时间	平均数	标准差	标准误差
20%以下	3.526	3.062	0.569
20%—39%	4.178	3.579	0.382
40%—59%	3.766	3.455	0.356
60%—79%	3.515	3.492	0.433
80%以上	2.267	1.990	0.514

① 赵炬明：《科学管理与院校研究》，《高等教育研究》2007年第7期。

美国院校研究领域中，沃克文提出的院校研究机构生态学理论非常形象地概括了当今美国高校院校研究机构的概况。他将美国院校研究机构概括为四种模式：个体手艺模式（Craft Structure）、专门小组模式（Small Ad - Hocracies）、科层专业模式（Professional Bureaucracies）和精致丰富模式（Elaborate Profusion）。①

个体手艺模式的院校研究办公室有1—2名员工，其职责主要是提交向校外报送数据和校内相关数据统计，员工大都没有博士学位，属于这一模式的学校规模基本在5000人以下。

个体手艺模式逐渐演化发展成为专门小组模式。这样的办公室有2—3人，其特点是科层平缓、结构简单，专业化程度较低。办公室的职责因学校而异，大多以所在部门为中心，例如，学术事务、财务、学生事务。办公室职员的专业化水平也因学校而异。有的拥有博士学位，但大多拥有硕士学位及工作经验。

专门小组模式常常发展成为科层专业模式。院校研究职能集中于一个办公室，规模在4人以上。院校研究人员中至少有一人拥有博士学位及至少10年工作经验。就科层、劳动分工和专业化程度来说，这类办公室已经发展成为科层结构了。这类办公室经常承担着学校大型的研究项目，而且是由院校研究机构集中承担，而不是与其他部门共同承担，或院校研究作为辅助人员协助其他部门。

精致丰富模式在研究型大学，尤其是私立研究型大学最为常见。在这些学校，很多副校长可能都需要有院校研究人员来协助开展不同的研究。有时候，院校研究的职责，比如注册管理、预算规划、校园文化和学生生活等，都是松散协调的。科层专业模式中，很多院校研究活动能够得到很好的协调，或者由研究团队合作参与，但在精致丰富模式中，只有单个院校研究人员独立负责某些研究任务。

沃克文表示，科层专业模式是一种最有效的院校研究实践模式，并且院校研究机构主管还应该直接向校长汇报工作。尽管有些学校

---

① J. Fredericks Volkwein, "The Foundations and Evolution of Institutional Research", *New Directions for Higher Education*, San Francisco: Jossey - Bass, No. 141, 2008, pp. 5 - 20.

中，院校研究由几个部门来承担，但如果能够将院校研究的职能集中在一个办公室，可以发挥规模经济效应，防止职员更替、请假或外出造成的工作停顿。沃克文认为，美国大约有1/4的院校研究机构属于这种组织。①

2. 财务数据获取程度与高层决策数据分析支持

前文分析结果显示，院校研究人员为高层决策者提供数据分析支持的程度因其人事、学生资助及财务数据获取程度而有显著差异，这表明人事、学生资助及财务数据的获取程度都有可能影响高层决策数据分析支持程度。回归分析显示只有财务数据对院校研究高层决策支持有显著影响，这表明人事及学生资助方面的决策问题，可能都与财务数据有关，或者最后都会归结到学校的财务问题上。院校研究人员即便可以获得大部分人事及学生资助数据，但可能因为无法获得较多的财务数据而无法为高层决策者提供更好的支持。

自20世纪80年代中期以来，美国高校尤其公立高校就一直面临着巨大的财务压力。一方面政府拨款总体呈下降趋势，同时入学人数持续增加，迫使高校通过提高学费来弥补收入减少。2012年，《高等教育内参》组织的大学校长调查，让大学校长从14个选项中选择未来2—3年学校将面临的重要挑战。校长们选择的前四项都与财政和经费问题有关，分别是联邦政府学生资助项目可能会被削减、预算不足、州政府支持下降、学费上涨空间有限。在巨大的财务压力下，高校的大多数决策可能都与经费、预算有关。

根据2011年《高等教育内参》大学校长调查，为应对经济压力，高校采取的主要措施有：学校整体经费削减，削减某些学术项目和活动的经费，削减某些管理运行经费，削减某些学生服务经费，削减某些体育项目经费，削减或砍掉某些学术项目，削减或砍掉某些行政岗位，临时解雇某些教学或学术人员，临时解雇某些管理人员，调整健康保险或退休金收益，增加兼职教师人数，创建自筹经费项目，拓展

① J. Fredericks Volkwein, "The Foundations and Evolution of Institutional Research", *New Directions for Higher Education*, San Francisco: Jossey - Bass, No. 141, 2008, pp. 5 - 20.

网上教学项目，增加学费等。[①] 可以说，以上十几项措施几乎涉及高校所有管理领域，院校研究人员作为决策分析和支持人员参与其中。院校研究人员能够在多大程度上获得学校的财务数据，直接影响着其为高层决策提供数据支持的程度。比如2008年的经济危机给加州带来了重大创伤，加州政府对高校拨款急剧减少，为应对经济压力，加州大学总校校长办公室的院校研究人员受校长委托开展的教职工休假项目（furlough program），涉及加州大学十所分校的1/4的员工，共为加州大学节省2.4亿美元经费。

3. 学校规模与高层决策数据分析支持

学校规模越大，职能也就越多，管理越复杂，高校也就越需要院校研究为决策提供支持。所以，回归分析结果表明1万—2万人规模高校中的院校研究人员，比0.5万人以下规模高校的院校研究人员为高层决策提供的决策支持多。由表3－12可知，随着高校规模的增大，2人以下、2—4人规模的院校研究机构所占比例逐渐降低。与此相反，6人以上规模的院校研究机构逐渐升高，在2万人以上规模的高校中，80%的院校研究机构的规模在6人以上。

表3－12　学校规模与院校研究办公室规模之间的相关性

学校规模	院校研究办公室规模				
	0—1.99人	2—3.99人	4—5.99人	6人以上	合计
0.5万人以下	52%	41%	7%	0	100%
0.5万—1万人	23%	47%	26%	4%	100%
1万—2万人	7%	25%	47%	21%	100%
2万人以上	0	6%	14%	80%	100%

院校研究机构规模越大，其职能可能就越健全，为高层决策提供的支持就越多。但回归分析并未显示：2万人以上规模高校中的院校

① Presidential perspectives: The 2011 Inside Higher Ed Survey of College and University Presidents, https://www.insidehighered.com/news/survey/perspectives－downturn－survey－presidents.

研究机构为高层决策提供的支持，比 1 万—2 万规模高校中的院校研究机构为高层决策提供的支持多。这与院校研究机构在学校中的组织架构有关。如图 3 – 4 所示，学校规模越大，院校研究办公室的组织定位越低（Pearson Chi – square = 19.722，$p < 0.05$）。2 万人以上规模高校中，由副校长和院长主管的院校研究机构占 3/5 以上（61%），正如沃克文所言，较大规模高校中，院校研究职能较为分散，尽管院校研究办公室人员较多，但因为可能集中于某种职能，比如财务分析、学生事务等，从而影响其为高层决策提供数据支持的程度。

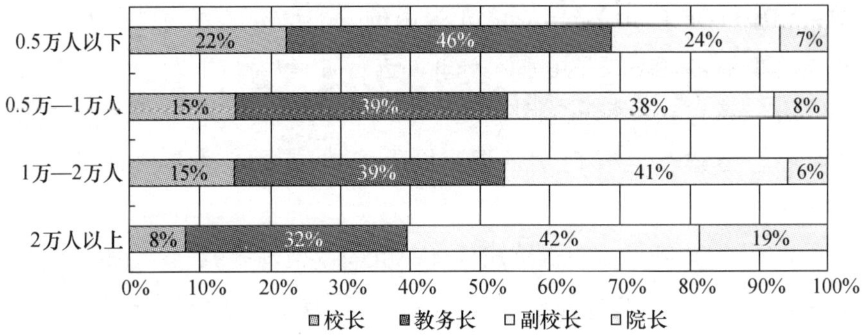

图 3 – 4 院校研究办公室的组织定位与学校规模之间的相关性

第四节 超越数据：决策者心智模式的互动建构

前文对院校研究决策支持功能的分析，主要集中于院校研究人员为决策者提供数据分析的角度。实际生活中的决策支持，并不仅仅限于提供数据或数据分析。决策过程本身还是一个帮助决策者建构、反思和实践自己心智模式的过程。因此，本节的分析，将超越数据分析，从院校研究人员与决策者心智模式的互动建构方面，更深入地考察院校研究的决策支持功能。

一 心智模式的概念

首先介绍“心智模式”这一概念。学习型组织理论大师彼得·圣吉（Peter Senge）认为，“在管理的许多决策模式中，决定什么可以做或什么不可以做，常常是一种根深蒂固的心智模式（mental model）。心智模式就是根深蒂固于心中，影响我们如何了解这个世界，以及如何采取行动的许多假设、成见，甚至图像、印象”。[①] 心智模式是人们在大脑中构建起来的认知外部现实世界的“模型”，它会影响人们的观察、思考以及行动，其中包括决策者的决策行为。

心智模式概念源于心理学理论，是由苏格兰心理学家肯尼斯·克雷克（Kenneth Craik）于1943年提出的，他认为心智模式将现实建构成“小型的模式”并用它来对事件进行解释、归因以及做出预测。1994年，圣吉在《第五项修炼——学习型组织的艺术与实务》一书中把心智模式引入管理学领域，提出了他的系统思考和组织学习理论。

如图3-5所示，心智模式具有三类关键活动/功能：它能帮助个体对社会环境中事件发生的意义和现状进行描述；解释事件发生的归因；对事件未来的发展趋势进行预测。心智模式允许个体和周围环境发生频繁的互动，洞察和回忆环境中各因素之间的关系，对未来的事件构建期望。面对外界环境，通过心智模式对社会事件的三类活动（描述、归因和预测），个体将做出适应性的行为选择，行动的结果一方面检验了自身的心智模式；另一方面结果所反馈的信息能充实和扩展原有的心智模式。[②]

本书通过心智模式的三种关键活动或功能，来分析院校研究人员的决策支持行为。决策者进行决策的过程，就是根据其自己头脑中的心智模式，描述决策问题的现状，解释其产生的原因与趋势，形成对未来发展的预测，进而做出选择，并检验或修正先前心智模式的过

---

① ［美］彼得·圣吉：《第五项修炼——学习型组织的艺术与实务》，郭进隆译，杨硕英校，上海三联书店2009年版，第9页。

② 吕晓俊：《组织背景中心智模式的自我管理》，《上海交通大学学报》（哲学社会科学版）2003年第2期。

程。在这一过程中，院校研究人员的职责就是根据对决策者心智模式的了解，帮助其构建决策情境，反思和修正心智模式的过程。

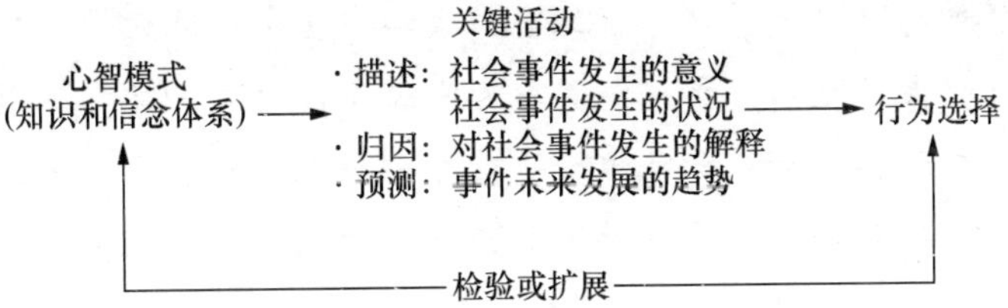

图 3－5　心智模式的关键活动/功能

为更好地说明院校研究人员帮助决策者构建心智模式的过程，本书将通过案例的形式来展示。以下这一案例，摘自威斯康星大学绿湾分校校长珀金斯为 2001 年《院校研究新方向》冬季号（总第 112 期）所写的《在决策过程中使用质性和量化数据》一文。选择这一案例的原因在于：首先，写作这一案例的作者曾是院校研究人员，为决策提供过支持，在工作了 25 年后成为学校校长，在院校研究的支持下做决策；其次，作者在案例描述过程中，不但有对过程的详细介绍，还有自己对每一过程的反思和评论，有史有论，史论结合；最后，案例中的决策是一种战略决策，案例具有复制性和推广价值，特别适合中国语境。为保持案例的完整性和准确性，案例描述部分，完全由文中作者原话摘录而成，并保持作者的第一人称叙述方式。

二　案例描述

1998 年秋，威斯康星大学绿湾分校的教师评议会要求我从战略上思考学校学术项目及学校定位问题。对我来说，这是个好消息，因为这表明教师开始主动寻找学校发展的出路和机会。我将教师评议会的要求概括为两个根本性问题：第一，我们自身的现状是什么？第二，我们的目标是什么？

就第一个问题而言，我让院校研究人员站在他们自己的立场，从总体上描述我们处在一个什么位置。我的院校研究人员马上告诉我说“我们是一所四年制综合性大学，在卡内基分类及威斯康星大学系统处于……位置”。

我思考后继续追问：“我们在所有公立大学中的地位是怎样的？”他们分析后告诉我“我们是全国501所四年制公立大学之一，并且是全国272所综合性大学之一（综合性大学占全部公立大学的54%）”。

认真思考过之后，我想知道与其他综合性大学相比，绿湾分校的入学、项目提供、硕士学位授予等处在一个什么位置。于是，立足于这个情境，院校研究人员提供了更为详尽的信息——绿湾分校的入学率明显低于一般综合性大学的平均水平；学位授予项目仅有22个，低于威斯康星大学系统内的其他综合性高校；而且作为综合性大学，必须能够提供至少20个硕士学位项目，但绿湾分校不具备这种能力。

经过分类比较后，我还想了解我们的消费者即学生和家长的观点。于是，我们开始关注《美国新闻与世界报道》的大学排名。分析发现，威斯康星州只有博士授予型和综合型高校，绿湾分校是11所综合性高校之一。我们还分析了中西部与威斯康星人口差不多的州，发现三分之二的州至少拥有三种类型的高校——博士授予型、综合型和学士授予型。考虑到我们在全国跨学科、问题导向的教与学，入学及项目提供情况，我们更像是一所文理学院或学士授予型高校。但学校其他人可能并不这么看，他们可能倾向于认为我们是综合型大学。我知道要在学校达成共识，还需要时间和精力，需要慢慢向校内公众解释现在我们自身的实际情况。只有这样，才能够共同思考我们以后的目标。

仅靠简单的数据分析并不能达成共识。共识的形成，需要在反思的基础上进行探索性数据分析，需要在每一环节与院校研究人员讨论最新的发现。在情境建构的每一步，我们都赋予信息以价值。最终所形成的知识能够有力证明：我们实际上并不是一所真正的综合型大学。而在这一过程中，院校研究人员与校长之间互动性、探索性的数据分析和讨论，对战略反思和决策心智模式的形成极其关键。

思考学校未来的定位需要通过反思超越我们建构的心智模式。基于这些定性判断，我们开始了解面临的战略机遇期。我们仍然遵循同样的过程，通过互动性、探索性的数据分析来了解我们曾经的定位。

通过各种途径收集相关数据，与其他高校进行比较，并且与学校领导保持沟通是非常关键的。通过与州内及各州之间数据的对比，我们形成了一个更为广阔的情境。这就为我们提供了一个新的心智模式，推动我们思考在威斯康星州、卡内基分类、《美国新闻与世界报道》及全国所处的位置。

通过反思新的心智模式，我们建立了一个框架，就威斯康星州高等教育提出了重要的公共政策议题，找到了能够发挥绿湾分校优势的市场定位。后来的这些探索性分析验证了我们早期的假设，为我们提供了更为丰富的情境，让我们思考未来的战略可能性——进入美国中西部地区、公立、学士授予型高校中的第一矩阵或第二矩阵。

现在应该跟学校公众分享我们建构的这些情景或模式了，看他们是否认同这一定位及摆在面前的战略机遇期。建构决策情境的这一步，实际上就是圣吉和其他人所提出的“要让他人了解我们的思考，要分析与其他人想法的异同”。通过这种对话，我们进一步丰富了先前建构的情境，增加了对新的战略定位（即成为一所公立学士授予型高校）所涉及的挑战和优势的了解。在这一过程中，我们增加了很多质性数据，比如我们调查了教师、职员和学生的观点与看法。

大家都很关注将绿湾分校定位为一所公立学士授予型高校这件事，因为每个人理解的学士授予型高校是不一样的。他们的心智模式启发我们不必局限于既有的专业项目和有限的学位授予点。他们一旦明白这并不是我们个人的意愿，并且了解了54%的公立文理学院也可以授予硕士学位后，他们就一致同意将我们学校建成一所公立学士授予型高校，并且成为81所富有特色的公立文理学院中的一员。通过与校内公众对话，我明白要实现这一目标，需要寻求新的资源，提升学生的就读经验和培养质量，吸引公立财政的支持。

通过与院校研究人员进行互动性、探索性的数据（定性和定量）分析，我们最终决定将绿湾分校建设成为一所公立文理学院。在确定这一战略的过程中，我一直在与院校工作人员紧密合作，共同建构决策的心智模式和情境，这种关系对学校的成功运作非常重要。

三 案例分析

院校研究是决策者心智模式活动三个阶段（描述、解释与预测）的重要参与者。首先，描述阶段。决策问题由教师评议会提出后，珀金斯与院校研究沟通了至少四次，描述学校所处的位置。第一次描述的是学校总体上处于什么位置，第二次描述的是在公立大学中所处的位置，第三次为在各个具体指标上与其他综合型大学相比所处的位置，第四次为与威斯康星州和中西部高校比较所处的位置。通过院校研究人员与决策者的互动，初步明确了学校实际所处的位置，即可能并不是一所综合型高校，更像是一所学士授予型高校。

其次，解释阶段。在描述的基础上，决策者与院校研究人员继续互动，解释前阶段所形成的心智模式。关注威斯康星州、中西部地区、卡内基分类和大学排名，寻找自己的实际位置，并分析新定位涉及的挑战与优势，收集师生员工的意见，向公众解释公立文理学院也可以授予硕士学位。其实，解释阶段与预测阶段是交叉进行的，体现在预测校内公众可能会对校长形成的心智模式的反应。

最后，预测阶段。在前阶段描述和解释的基础上，确定将学校建成公立文理学院的目标，预测学校将来在美国中西部地区、公立、学士授予型高校中的地位。经过描述、解释与预测三个阶段，校长与校内达成共识，确立战略目标，付诸行动。在这三个阶段，院校研究人员与决策者进行了多轮沟通和交流，尤其院校研究人员进行了多次数据分析，而且是深入的探索性、比较性分析，并将分析结果与决策者沟通，帮助决策者建构心智模式，并根据决策者形成的心智模式，展开新一轮数据的收集与分析。

院校研究是决策者心智模式建构途径（反思、辩护和探询）的重要支撑。圣吉在组织学习理论大师阿吉里斯①所提出的组织学习技巧的基础上，提出了心智模式建构的三个途径，分别是反思（reflection）、探询（inquiry）和辩护（advocacy）。他认为“反思的技巧主

---

① 克瑞斯·阿吉里斯（Chris Argyris），被誉为“当代管理理论的大师”，是组织学习理论的主要代表人物之一。主要著作有《组织学习》、《个性与组织》等。

要用于放慢思考过程，使我们因而更能发觉到自己的心智模式如何形成，以及如何影响我们的行动。探询的技巧是关于我们如何跟别人进行面对面的互动，特别是处理复杂与冲突的问题。辩护指善于提出与辩护自己的主张”。①

案例中的问题首先来自教师评议会，决策者将其概括为两个问题，即我们现在哪里，我们要走向哪里，这代表着决策者反思活动的开始。接下来，决策者提出相关问题，院校研究人员开始收集、分析、提供信息，并与决策者相互讨论，院校研究人员提供的分析帮助决策者建立自己的心智模式，并启发新的思考，于是提出新的问题，院校研究人员又开始新一轮的信息搜集与分析工作，如此循环往复进行下去。

如图3－6所示，正是院校研究人员的数据收集、分析与提供，并与决策者互动讨论，推动着决策者的反思行为，帮助决策者反思与检验形成的心智模式。圣吉认为当我们运用纯粹辩护的时候，会倾向于选择性地使用原始资料，只提出能够印证自己观点的原始材料，或只采取较有利的推论来使我们的说法成立，而避开较为不利的推论。所以，圣吉提倡将辩护与探询合并使用，并称之为相互探询。所谓相互探询是指每一个人都能把自己的思考明白说出来，接收公开检验。而院校研究人员在相互探询的过程中，也发挥着重要的作用。案例中，校长与院校研究经过分析讨论后认为学校更像是一所文理学院，但预测教师可能不这么认为，院校研究人员与校长在反思的基础上进行探索性数据分析，讨论最新的发现，赋予信息以价值，建构与丰富决策情境。院校研究人员还帮助校长收集了大量教师、职工和学生的观点。这些都为校长为自己的心智模式进行辩护提供了论据，推动校长与教师间相互探询的过程。

---

① ［美］彼得·圣吉：《第五项修炼——学习型组织的艺术与实务》，郭进隆译，杨硕英校，上海三联书店2009年版，第220—227页。

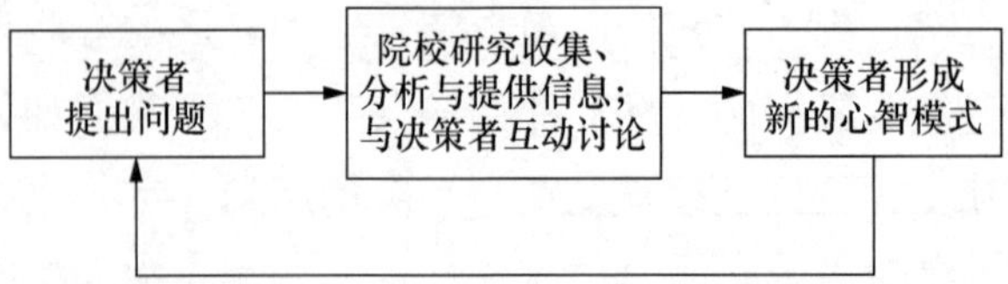

图3－6　决策者心智模式的互动建构

质性与量化信息相结合，是院校研究人员帮助决策者建构心智模式的重要方式。量化数据揭示的是事物之间的普遍联系，是一种共性，但无法形成更为具体的情景化的认识。质性研究方法则是深入到研究对象的内部，最终形成的是关于被研究对象的整体性的、高度情境化的人事。也就是说，这种高度整体性和情境化的研究，揭示了某个特定对象所包含的三种特质：普遍共性（everything）、局部共性（something）和个性（nothing but itself）。量化研究得到的是一种抽象的认识，而质性研究得到的则是一种具体的认识，两种研究方法各有所长，也各有所短。[①] 案例中，院校研究为决策者提供的是量化与质性数据相结合。比如在描述阶段，所提供的大多是量化数据，在解释和预测阶段，则通过收集校内主要公众的观念为决策者提供了大量的质性信息。珀金斯认为：

作为校长，我有时非常惊讶定性和定量数据对我反思的影响。定性的数据带给我很多启发，帮助我了解学校各个群体对学校战略事务的观点、态度和情感。尽管在我专业背景的基础上，通过使用数据，也可以提出问题的解决方案，但我非常坚信通过与他人交流，找对数据分析的方向，建构起思考学校战略选择的心智模式。通过帮助学校领导构建丰富的定性和定量的决策情境，院校研究能够提升学校重大的规划和决策过程，这时的院校

① 刘献君：《院校研究》，高等教育出版社2008年版，第135—170页。

研究便能够实现其巨大的价值。[1]

四 案例讨论

本节通过威斯康星大学绿湾分校案例，详细分析了院校研究人员在决策过程中，帮助决策者建构心智模式的过程、路径与方法。该案例表明，院校研究在决策过程中的角色或职责绝不仅仅限于提供数据或分析，更主要的是通过与决策者互动讨论，帮助决策者建构自己的心智模式。珀金斯认为，“与院校研究人员的互动与合作，提高了对话的有效性。这也就避免了院校研究人员层级汇报的烦琐，比如院校研究办公室主任先向副校长汇报，副校长再向我汇报，从而才将最后的正式报告提供给我。我发现校长与院校研究人员之间的有效互动，通过定性和定量数据相结合，能够帮助校长构建决策情境”。[2]

最后，珀金斯提出为更好地发挥院校研究的优势，使院校研究帮助自己建构决策心智模式，校长们应该对以下问题进行反思：第一，院校研究在学校的定位是什么？第二，院校研究办公室与校长办公室的远近程度（地理位置上与组织架构上）如何？是否有助于校长与院校研究人员的互动和交流？第三，院校研究被视为一个数据报送与数据提供的机构，还是一个能够帮助领导构建决策情境的机构？第四，校长怎样看待自身在构建决策情境中的角色与责任？第五，院校研究机构是否拥有相关技能、态度及资源，为决策心智模式构建提供支持？

基于此，本书提出院校研究人员一定要与决策者互动、交流与沟通，通过互动、交流与沟通，才能够超越仅仅提供数据和分析，更有效地为决策者提供支持。最后以珀金斯的话来结束本节讨论。

> 25 年前，我做了很多院校研究，有些研究成果可能从未被校

---

① Mark L. Perkins, “The Use of Quantitative and Qualitative Information in Institutional Decision Making”, *New Directions for Institutional Research*, San Francisco: Jossey - Bass, No. 112, 2001, pp. 85 - 95.

② Ibid. .

长办公室采用。现在我明白了，尽管当时的那些研究对我来说是大项目，但仅仅是一些简单的信息条目。而在准备那些信息的过程中，我没有去了解校长所关注的问题，也不知道他当时领导学校所面临的挑战。

当尝试去了解学校的决策情境时，院校研究人员的分析技能就能够发挥对学校的巨大价值，对学校发展做出贡献，并且也会使自己的院校研究事业蒸蒸日上。正如最近我的院校研究人员告诉我的，她对我所要解决问题的情境了解越多，在帮助我构建决策的心智模式时就越有效。①

第五节　本章小结

本章主要回答院校研究人员为哪些决策者提供数据分析支持。为此，首先，考察了院校研究机构在学校组织架构中的位置；其次，描述了院校研究为学校内部各主要决策者提供数据分析支持的程度；再次，通过回归分析探究了影响院校研究人员为学校高层决策者提供数据分析支持程度的影响因素；最后，通过一个案例，从学校高层决策者的角度，阐述院校研究人员的价值在于基于数据分析，帮助决策者建构决策情景，促进决策者心智模式的建构。

在学校组织架构中，院校研究人员属于明茨伯格组织五要素中的技术结构和支持人员。第一，汇报路线方面，对院校研究来说，最常见的情形是向教务长汇报。41%的院校研究办公室向教务长汇报，其次为副校长（30%）、校长（17%）、其他（8%）和院长（4%）。院校研究的主管领导不同，所参与的学校事务也有所区别。如果院校

① Mark L. Perkins, "The Use of Quantitative and Qualitative Information in Institutional Decision Making", *New Directions for Institutional Research*, San Francisco: Jossey - Bass, No. 112, 2001, pp. 85 - 95.

研究机构由教务长主管，更多参与学校教学和学术事务；如果由财务副校长主管，更多参与学校预算和资源分配事务。第二，院校研究的主管部门或领导，与学校特征中的学校层次、类型及规模显著相关。四年制高校中，14%、46%的院校研究机构分别由校长、教务长主管，二年制或社区学院中，则28%、21%的院校研究机构分别由校长、教务长主管。学校所授学位层次越高，由校长和教务长主管的院校研究机构所占比例越来越低，而由副校长主管的院校研究机构所占比例则越来越高。学校规模越大，由校长和教务长主管的院校研究机构所占比例也越来越低，而由副校长主管的院校研究机构所占比例则越来越高。

虽然院校研究机构由某一高层决策者主管，但为校内各类决策者提供数据分析支持。院校研究为决策者提供数据分析支持的程度可以分为四个阵营，第一阵营为教务长和副校长，第二阵营为院长和系主任，第三阵营为校长，第四阵营为董事会和评议会。60%以上的院校研究人员表示经常为教务长和副校长提供数据分析支持。40%的院校研究人员表示经常为校长提供数据分析支持。

院校研究人员为高层决策者提供数据分析支持的程度，受院校研究人员对财务数据的获取程度、办公室规模及学校规模的影响。院校研究人员可获得的财务数据越多，为高层决策提供数据分析支持就越多。与学校规模在0.5万人以下的院校研究机构相比，学校规模在1万—2万人的院校研究机构为高层决策者提供数据分析的支持较多。院校研究办公室规模越大，院校研究人员为高层决策者提供的数据分析支持就越多。

本章探讨了院校研究人员为决策者提供数据分析支持的程度，但院校研究人员的决策支持功能，绝不仅仅限于提供数据分析。院校研究人员通过与决策者互动讨论，能够帮助决策者建构自己的心智模式。只有与决策者互动、交流与沟通，院校研究人员才能超越仅仅提供数据和分析，从而更有效地为决策者提供支持。

第四章　决策支持的问题指向

本章将集中回答“院校研究在哪些决策问题上为决策者提供支持”。本章的讨论内容属于特伦兹尼组织智能中的第二种智能——事务性/问题智能（Issue Intelligence）。首先，描述院校研究在五大决策问题中的职责；其次，分析院校研究人员、办公室及学校特征与决策问题支持之间的相关；最后，从职业社会学视角探讨院校研究专业变迁的基本逻辑。

第一节　决策问题确定依据

一　决策问题支持的多样性

院校研究人员在很多决策问题中都有参与。2009 年，威廉姆·奈特（William E. Knight）开展了一次质性研究，调查院校研究的有效性。奈特在分析被调查者的简历及现场访谈中发现了一个共同点，那就是所有被调查者的工作和职责都非常多，而且差异性很大，即他们都承担着很多任务，而且是不同的任务。这些任务包括学校战略规划与学术项目评估协调，学校数据仓储和管理信息系统管理与维护，校内外数据报送，问卷调查，学生学习评估咨询，入学管理研究，财务问题研究，教师工作量分析，教师工资研究等。有的院校研究人员所从事的工作都似乎与院校研究没有关系，比如负责监管学校信息技术，统筹考试中心，担任校长的人事主管等。① 2008 年，沃克文在调

① Leimer, C.，“The Rise of Institutional Effectiveness, IR Comp. etitor, Customer, Collaborator, or Rep. lacement?”, *AIR Professional File*, 2010, p. 115.

查院校研究人员所从事的活动时，列举了 77 项院校研究人员的任务与职责。[①] 所以，奈特用“我们什么都做”（We do it all）来形容院校研究人员在决策问题中的职责。

院校研究人员工作职责的广泛性有着深厚的历史背景。院校研究是为帮助高校应对管理上的压力和挑战而兴起的，并且因为不同时期高校所面临的管理压力的不同而不断演变，最终形成了今天院校研究人员在决策问题中的职责。要确立院校研究人员在哪些决策问题上为决策提供支持，首先需要考察 20 世纪 50 年代末以来高校管理面临的挑战及院校研究兴起、发展和演变的历史。

二　决策问题支持的历史考察

美国院校研究起源于殖民地学院时代，但真正兴起于 20 世纪 50 年代末期高等教育大扩张时期。赵炬明将美国院校研究的历史分为诞生期和成熟期两个阶段。诞生期从哈佛大学建立到第二次世界大战结束。其间又可以分为两个小阶段：个人自发研究阶段（1636—1900 年）和科学管理运动及学校调查阶段（1900—1945 年）。成熟期从退伍军人法案到现在，其间也可以分为两个小阶段：有组织的全国性院校研究形成（1945—1980 年）和专业化与国际化阶段（1980—2000 年）。考雷（H. Cowley）在 1959 年西部州际高等教育协会（Western Interstate Commission for Higher Education）上讨论院校研究历史时的演讲题目是“两个半世纪以来的院校研究”。[②] 但作为有组织的院校研究，真正开始于 20 世纪 50 年代末期。1950 年以前，只有中西部地区的几所大规模高校，比如伊利诺伊大学（1918 年）、俄亥俄州立大学（1918 年）、明尼苏达大学（1924 年）、密歇根大学（1927 年）建有类似院校研究的学校教育或研究委员会，但只有伊利诺伊大学使用了院校研究这一名称。[③] 所以，1950 年以前属于院校研究的萌芽时期

---

① Daniel Teodorescu, " Examining Faculty Recruitment, Retention, Promotion, and Retirement", *The Handbook of Institutional Research*, San Franciso: Jossey - Bass, 2012, p. 32.

② 赵炬明：《现代大学与院校研究》（上），《高等教育研究》2003 年第 5 期。

③ Peterson, M. W. , *Quo Vadis AIR? Past Developments—Future Challenges*, Presentation at the North East Association for Institutional Research Conference, November 2008.

(Mutations)。

1955—1965年为美国院校研究的酝酿阶段（Gestation)。20世纪50年代，美国高等教育开始迈入大众化阶段。1950年高校学生占18—24岁年龄组的入学率为14.3%，1955年这一比例达到了17.7%，[①] 按照高等教育大众化理论提出者马丁·特罗（Martin Trow）的定义，美国进入高等教育大众化阶段。这一时期是美国高等教育的大扩张时期，院校研究的人员主要为政策制定者提供学生、项目及教师、空间和资源需求的数字。这时的院校研究人员主要来源于教师，并且直接向校长或执行副校长汇报。这一时期的院校研究主要在以下问题上为决策者提供支持：学校自我研究；空间利用、校园规划；招生、入学及学生特征研究；教师活动与认证研究；收支分析。可以看出，这一阶段的院校研究主要是围绕高等教育大扩张而进行研究，主要体现在空间利用、校园规划、招生等问题。这一时期的院校研究专业人员面临的问题是“什么是院校研究？院校研究人员包括哪些人？什么样的组织可以代表院校研究这一职业？”[②]

1965—1975年为美国院校研究的童年期（Early Childhood)。这一时期高等教育仍处于“黄金时代”，校园扩张，政府保持经费投入。20世纪70年代初期，美国爆发经济危机，政策制定者开始关注学校的资源和成本问题。1972年的《高等教育法修正案》对高等教育发展有重要影响。联邦政府改革其学生资助体系，将经费直接支付给学生，而不是学校。同时，这一时期，美国高等教育管理信息系统中心（National Center for Higher Education Management Systems，NCHEMS）建立，开始为学校管理信息系统设计服务。这一时期的院校研究主要在以下问题为决策提供支持：教师及项目评估、成本与资源分配研究、经济收益分析、长远规划、规划—项目—预算系统（PPBS)、管理信息系统、零基预算、目标管理及全面质量管理。这一时期标志着

---

① 赵炬明：《现代大学与院校研究》（下），《高等教育研究》2003年第7期。

② Gary Rice (Project Coordinator), Mary Ann Coughlin & Richard Howard (Co - Editor), *The Association for Institutional Research: The First 50 Years*, Tallahassee: Association for Institutional Research, 2011, pp. 14 - 20.

院校研究在决策问题中的参与，开始由为高等学校大扩张服务转向为高等教育资源节约与充分利用服务。这一时期的院校研究人员所面临的问题是“院校研究人员都做什么？院校研究人员包括哪些人员？”①

1975—1990 年为美国院校研究的青年期（Adolescence）。这一时期，高等教育入学率下降，各高校为抢夺优质生源展开激烈竞争。经济危机仍在持续，所以这一时期是资源和生源紧缩时期。这一阶段的学校开始开展市场调查，重新定位学校使命，进行长远战略规划，解决面临的经费紧张、资源重新分配及节流问题。1985 年由几位高等教育研究专家编辑的《投身学习》（*Involvement in Learning*）发布，报告指出美国高等教育质量正在下降，并提出了三点建议：提高学生参与度（Engagement），增加教师行动学习策略的使用，评估学生学习质量。第三点建议引起州高等教育政策制定者及各大认证机构的兴趣和重视，由此掀开了美国高等教育评估运动的历史。这一时期院校研究人员在以下决策问题提供支持：战略、使命及项目规划，市场调研与招生，学生评估与成果测量，预算分配战略，管理信息系统及决策支持系统的有效性问题。从这一阶段开始，院校研究人员由集中关注生产率（productivity）和效率问题（efficiency）转向质量（quality）和学校效能（effectiveness）。②

1990—2005 年为美国院校研究的成年前期（Early Adulthood）。尽管 20 世纪 90 年代经济开始回暖，但是公共财政优先安排其他支出，学校成本及学费上涨，学生资助日益成为生源竞争的重要因素。虽然已经渡过了经济衰退，但仍没有摆脱财务的压力，尤其在日益强调质量和学校效能时代。对教育质量的关注，开始由教转向学，学生入学及多样化日益成为关注的焦点。为应对这些挑战，院校研究人

① Gary Rice (Project Coordinator), Mary Ann Coughlin & Richard Howard (Co - Editor), *The Association for Institutional Research: The First 50 Years*, Tallahassee: Association for Institutional Research, 2011, pp. 21 - 25.

② Ibid., pp. 26 - 30.

员日益参与各种类型的评估活动，尤其是关于学生及学习的评估活动。①

2005年至今为美国院校研究的成熟期（Maturation）。这一时期，作为实践领域的院校研究，一直在帮助学校应对管理挑战，所承担的职责日益增多，并且复杂程度日益增加。美国院校研究专业领域及学校内部一直存在一种张力，这种张力是与院校研究相关的活动的分散分裂（proliferation & fragmentation）及合作整合（coordination & integration）需要的张力。所以，有人在探讨院校研究的未来时，经常问到院校研究是日益成为一个成熟的领域，还是进入了中年危机？

由以上对美国院校研究尤其20世纪50年代末期以来高校管理面临的挑战及院校研究决策问题参与的演变进行了分析。我们发现，院校研究的职责和任务随高等教育宏观环境的变化而变化，院校研究所承担的职责越来越多，并且类似院校研究的机构也在承担着这些职责。当前，院校研究在各项决策事务中的职责和参与究竟怎样呢，需要通过调查来了解现实情况。

三　决策问题支持的文献梳理

美国院校研究文献中，有三份文献有助于确定院校研究在哪些决策问题中有参与。对这三份重要文献的梳理与分析，有助于我们了解院校研究在决策问题中的参与情况。

第一份文献，美国院校研究会专业发展委员会（Professional Development Committee）于2008年9月制定的院校研究知识矩阵（IR Knowledge Matrix）。② 该知识矩阵共分七个部分，每一部分都列出了院校研究人员从事决策支持工作所需要的理论、知识、方法、技术和工具。如表4－1所示，前四项可以视为院校研究所参与的决策事务，分别为学校效能、问责及评估，学生问题，教师问题，预算/财务及学校设施问题。

---

① Gary Rice (Project Coordinator), Mary Ann Coughlin & Richard Howard (Co－Editor), *The Association for Institutional Research: The First 50 Years*, Tallahassee: Association for Institutional Research, 2011, pp. 31－40.

② 该知识矩阵由时任美国院校研究会执行主席兰迪·斯温博士于2012年1月31日提供。

表 4 - 1 院校研究知识矩阵

序号	内容
1	学校效能、问责及评估
2	学生问题
3	教师问题
4	预算/财务及学校设施
5	人际沟通、团队合作、领导与职业发展
6	技术：数据管理、数据仓库、网络与计算机
7	分析：研究方法、数据分析、商务智能、教育政策与实践

第二份文献，美国院校研究会会刊《院校研究新方向》（*New Directions for Institutional Research*）1999 年（总第 104 期）的编者按。主编沃克文与斯蒂文·拉纳沙（Steven LaNasa）总结了自 1974 年创刊以来所有期数的主题及具体内容（见表 4 - 2）。前五项可以视为院校研究所主要从事的任务与工作，分别为入学管理、评估与效能、学术项目与教师事务、资源管理、规划。第六项和第七项为院校研究的理论与实践。

表 4 - 2 院校研究新方向主题分布（1974—1999 年）

序号	主题
1	入学管理及相关问题
2	学校效能、评估、问责与改进
3	学术项目与教师事务
4	资源管理
5	政策、规划与治理
6	院校研究理论、实践、职业道德
7	技术、工具与技能

第三份文献，美国院校研究会出版物《院校研究：高等教育决策支持》（*Institutional Research: Decision Support in Higher Education*）及美国院校研究会年会的分论坛主题（AIR Forum Tracks）（见表 4 - 3）。

《院校研究：高等教育决策支持》的编写主要参考了美国院校研究会年会分论坛的主题，书中各章内容与2002—2010年美国院校研究会年会主题相一致，其中前五项可以视为院校研究人员的职责。2011—2012年分论坛主题基本与2002—2010年相一致，只是将教师、财务与设施统称为资源问题。从这11年的分论坛主题中，我们可以提炼出学生就读经验、评估与效能、教师、财务、规划五大问题。

表4－3　2002—2012年美国院校研究会年会分论坛主题

序号	2002—2010年分论坛主题	2011—2012年分论坛主题
1	学生就读经验	学生：入学与就读经验
2	学生学习与项目评估	评估：问责、学校效能与认证
3	学术项目、课程与教师问题	资源：教师、财务与设施
4	学校管理与规划	协作：学校内外部沟通
5	高等教育协作、政策问题与问责	分析：院校研究方法与数据分析
6	院校研究理论、技术、工具与职业道德	技术：数据管理、数据仓储、网络与计算机

通过对以上三份重要文献的归纳和分析，并与时任美国院校研究会执行主席兰迪·斯温博士进行讨论，最后确定院校研究人员五大职责，即院校研究人员能够在哪些问题上为决策提供支持。如表4－4所示，这五大主要问题或院校研究的五大工作领域，分别是学生学习成果评估与项目评估、入学管理研究、教师研究、环境扫描/规划、财务管理/预算分析。下文分析中分别简称为：评估问题、入学管理、教师问题、规划问题及财务问题。

以上只是通过历史或文献梳理得出五大决策问题，实际是否如此？为此，笔者在2012年3月到加州进行学校调研和深度访谈时，访谈提纲中专门设置了这一问题，让被访谈者列出院校研究人员参与较多的几个问题和领域。问卷设计完成后，接受了美国院校研究会的匿名评审过程。经过访谈和评审，进一步确定了这五大决策问题。那么院校研究人员在这五大决策问题中的职责与参与情况是怎样的呢？第二节将通过描述性分析进行阐述。

表4－4　　美国院校研究的五大工作领域

序号	决策问题（中文）	决策问题（英文）
1	学生学习成果评估与项目评估	Student Learning Outcomes Assessment & Program Review
2	入学管理研究	Enrollment Management Research
3	教师研究（如教师工资和生产率测量）	Faculty Studies（e. g.，Salary & Productivity Analyses）
4	环境扫描/规划	Environmental Scanning/Planning
5	财务管理/预算分析	Financial Resource Management/Budget Analyses

第二节　决策问题支持概况

第一节通过历史考察、文献梳理、访谈和评审确立了高校决策的五大问题。本节将通过描述性分析和案例展示，以了解院校研究人员在这五大决策问题中的职责与参与情况。

一　研究视角

在时任美国院校研究会执行主席兰迪·斯温博士建议下，本书从院校研究人员职责（responsibility）的角度来考察院校研究人员在五大决策问题中的参与情况。之所以选用这一视角，是因为这一视角比单纯考察院校研究人员的参与情况（participation/involvement）所传达的信息量要大很多。比如，院校研究人员在某一问题中参与很多，但绝大多数参与可能是协助性的，这一问题并不是由院校研究机构具体负责。而如果院校研究人员具体负责某项事务，或者说院校研究是该事务的主要责任人，那么院校研究在该事务中的参与将会很多，而且是主导性参与，即由院校研究机构主导或推动该事务。相比之下，从职责角度考察院校研究人员在决策问题中的参与，能够更深刻地揭示院校研究在各种决策事务中的重要程度或主导程度，从更深层次了解院校研究在决策过程中的功能。

问卷调查中，变量值共设五个层次，分别为“职责很大”（very high responsibility）、“职责较大”（high responsibility）、“职责适中”（moderate responsibility）、“职责较小”（low responsibility）、“职责很小”（very low responsibility）。在本节描述性统计分析中，笔者将“职责很大”和“职责较大”两个维度合并，统称为“主要由院校研究负责”（Activity centralized in IR office/Major responsibility in IR），将“职责适中”称为“院校研究与其他部门共同负责”（IR activity shared with others），将“职责较小”和“职责很小”两个维度合并，统称为“主要由其他部门负责”（Major responsibility in other departments）。①

二 描述性分析结果

院校研究在入学管理、评估、教师及规划事务中参与较多。如图4－1所示，在入学管理、评估、教师及规划事务中，主要由院校研究人员负责的比例均大于共同负责或其他部门负责的比例，由院校研究负责和共同负责所占比例之和均在64%以上，表明院校研究人员在这四项事务中的参与非常多，而且其职责或重要程度要大于其他部门。

院校研究人员在入学管理和评估事务中的参与非常多。在入学管理（50%）和评估事务（45%）中，由院校研究负责所占比例远远大于共同负责或其他部门负责所占比例，而且由院校研究负责和共同负责所占比例之和高于70%。这表明院校研究人员在与学生直接相关的入学管理和评估问题中的参与非常多，而且重要程度或职责远远大于其他部门。

院校研究人员在财务问题中的参与相对较少。相比之下，只有财务问题的主要职责在其他部门，14%的院校研究人员表示财务与预算事务分析由其负责，25%表示由院校研究与其他部门共同负责，61%表示财务分析主要由其他部门负责。

① Volkwein, J. F.,“Gaining Ground: The Role of Institutional Research in Assessing Student Outcomes and Demonstrating Institutional Effectiveness”, *National Institute for Learning Outcomes Assessment Occasional Paper*, No. 11, 2011.

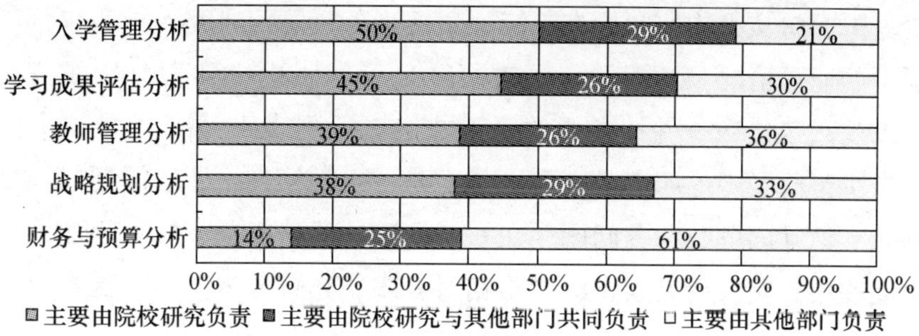

图4－1　院校研究人员在五大决策问题中的职责

协作性是院校研究工作的重要特征。由图4－1可知，25%—29%的院校研究人员表示，由院校研究机构与其他部门在决策问题支持方面协作完成。入学管理事务可能会与学生事务办公室协作，评估问题可能与评估办公室或院系协作，教师问题可能与人事部门、教务长办公室或院系协作，规划问题可能与规划、预算办公室协作，财务问题可能与规划、预算办公室及院系协作等。本次调查发现（见表4－5），仅有15%的院校研究人员表示完全由自己设计研究过程，21%的人表示主要由院校研究设计研究过程。而相比之下30%的院校研究人员表示通过团队开展研究，16%的人表示由其他部门设计研究过程。通过这一数据，说明院校研究人员经常是以合作的方式，与其他部门合作进行研究设计。

表4－5　院校研究人员研究设计的确立方式

研究设计方式	百分比
完全自主进行研究设计	15%
主要由院校研究进行研究设计	21%
主要由院校研究与其他部门共同进行研究设计	30%
主要由其他部门进行研究设计	16%
其他	18%

以上从频数分析的视角考察了院校研究在五大决策问题中的职

责。下面将从平均数和标准差统计角度来分析院校研究人员在决策问题中的职责情况。对问卷变量进行赋值（职责由小到大分别赋值为1、2、3、4、5），并按平均数高低排名，得到表4－6。院校研究人员在决策问题中的职责由大到小依次是：入学管理、评估问题、规划问题、教师问题及财务问题。在入学管理、评估问题、规划问题及教师问题中，院校研究人员的参与相对较多，在财务事务中，院校研究人员的参与较少。

表4－6中，平均数最大的是入学管理，标准差相对较小（倒数第二），表明院校研究人员在入学管理问题中的参与普遍较多。院校研究人员在评估问题中职责大小的平均数较高（排名第二），但标准差最大。所以，院校研究人员在评估问题中的参与，因其个人、办公室或学校特征而存在很多差异。至于哪些因素可能会对院校研究人员在评估问题中的职责大小或参与程度产生影响，详见本章第三节的分析。平均数和标准差最低的是财务问题。这表明院校研究人员在财务问题中的参与普遍较少。

表4－6　　院校研究人员在五大决策问题中的职责大小分布

	平均数	标准差	有效观测数
入学管理	3.44	1.14	338
评估问题	3.28	1.31	336
规划问题	3.07	1.25	339
教师问题	3.03	1.29	337
财务问题	2.30	1.07	339

三　院校研究在决策问题中的角色

1. 入学管理

入学管理（Enrollment Management）是美国高校管理事务中的一个特定词语，并不是中国语境下的新生入学教育。入学管理事务所涵盖的范围相当广泛，包括学校招生宣传、招生、录取、注册、就读经验、学生参与、保持、辍学、毕业、就业等所有环节。下面将主要从这几个环节简要介绍院校研究人员的主要工作内容。

（1）招生环节：院校研究帮助回答以下问题：哪些学生是能招到的？我们想招什么样的学生？学生是怎样选择学校的？

（2）录取：院校研究可以与招生办公室合作，设计测量学业表现的指标，从而帮助学校选择那些生源好的学生。院校研究可以帮助分析不同录取标准下不同群体的学生所占比例。院校研究可以帮助分析在扣除学生资助后的纯学费收入。

（3）学生资助：院校研究分析学费及学生资助的力度可能对学校学生资助预算及学生多样性产生的影响。设计学业成就指标，决定奖学金的分配。

（4）学费预测：录取和注册与学校纯学费收入直接相关，并进而影响学校预算和财政。院校研究人员能够帮助预算部门提前预测学生入学情况及带来的学费收入，还可以帮助确定教师配备，预测课程注册率，评估与规划学生录取工作，进行战略和资本规划。

（5）学生保持与毕业：当前社会问责及大学排名日益关注学生保持率及毕业率，因为这直接关系学生成就的测量。院校研究人员通过分析影响学生毕业率的因素能够帮助学校提高毕业率。

（6）毕业后：院校研究通过将学生毕业后的工资收入与学生数据相连，能够展示获得学位可能带来的经济收入，考察学生不同时段的工资变化情况，了解学生就业区域、工种、行业等。①

入学管理变得越来越重要，原因主要有三个：第一，高等教育成本上升，州政府拨款下降，对学生的竞争直接关系着学校的学费收入；第二，大学排名注重选择性和学术准备情况，各高校为吸引优秀学生展开激烈竞争；第三，联邦政府对学生多样化的规定，使高校必须关注少数群体学生所占比例情况。可以预见：第一，入学管理将会越来越重要。第二，院校研究对入学管理来说，将越来越重要，因为院校研究为入学管理方面的决策提供研究支持。第三，因为州政府拨

---

① John Cheslock and Rick Kroc, "Managing College Enrollments", *The Handbook of Institutional Research*, San Franciso: Jossey - Bass, 2012, pp. 221 - 236.

款越来越少，学校对学费的依赖越来越大，而入学管理与学费直接相关，所以入学管理直接与战略规划和预算过程联系在一起。第四，入学管理和学生评估之间的联系将不断加强。评估研究能够帮助学校了解学生的课程学习情况，帮助学校设计更好的招生策略，并且更好地了解学生。

2. 评估问题

学生学习成果评估是20世纪80年代中后期以来形成的美国高等教育质量保障的重要方式。美国高等教育管理信息系统中心（NCHEMS）主席彼得·厄威尔（Peter Ewell）是研究评估方面的权威专家，他认为“评估指通过一系列系统性的方法，收集可靠和有效信息，了解学生在其学术生涯的不同阶段所知所学……作为教师和学校要明确列出学生的学习成果”。[①] 评估一般包括以下步骤：第一，制定明确的学习目标，即学生在完成某一课程、学位项目、通识教育要求或其他特定教育经历后，应该展现的知识、技能和能力；第二，通过课程、项目和教育经历提供或创造机会使学生达到既定的学习目标；第三，评估学生是否达到了既定的学习目标；第四，使用评估结果改善教学，并将评估结果作为规划制定和资源分配决策的依据。[②] 图4－2为康奈尔大学评估流程图，图4－2中包括确立学生学习目标、提供学习机会、评估学生学习、使用评估结果四个环节。[③]

院校研究人员在评估问题中承担的角色主要包括以下五个方面。第一，将学生数据与评估过程中通过调查收集到的数据连接起来，更全面地了解学生学习信息。第二，将学生个人综合档案数据（unit records）与州学生数据库、劳动力市场数据相连，更系统地对学生学习进行测量。第三，院校研究人员凭借其拥有的统计学专业知识与技能

---

① Peter Ewell, *Making the Grade: How Boards Can Ensure Academic Quality*, Washington, D. C.: Association of Governing Boards of Colleges and Universities, 2006, p. 10.

② 马彦利、胡寿平、崔立敏：《当今美国高等教育质量评估的焦点：学生学习成果评估》，《复旦教育论坛》2012年第4期。

③ Cornell University, Assessment of Student Learning, http://www.cornell.edu/provost/assessment/practice.cfm.

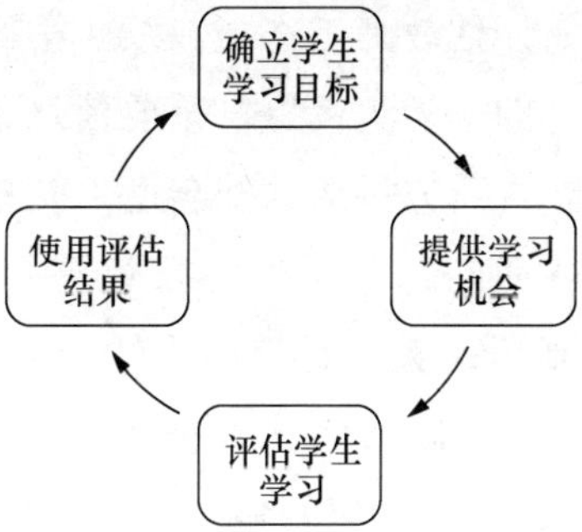

图 4－2　康奈尔大学评估流程

深入分析评估结果。第四，帮助教师选择评估工具，分析各种评估工具或量表的真实性、潜在成本及效果。第五，院校研究人员能够为各院系有效呈现评估结果。此外，院校研究人员还能够帮助决策者解释各个院系学生学习成果评估的结果与信息，而且因为其所持有的客观立场而得到好评。在当前认证标准及问责要求下，不管学校是否愿意，都将必须公开学生学习成果，并使其具有可比性，在这个过程中，院校研究人员将发挥核心作用。①

3. 教师问题

院校研究所从事的与教师问题有关的工作大体分为以下四类。第一，对外报告本校教师情况。比如向联邦、州政府、大学排名机构等报告教师工资、福利、不同性别/种族/年龄/职称的教师所占比例。第二，对内报告本校教师情况。比如向校长、教务长、副校长、院长、系主任等报告各系教师聘用水平、教师教学工作量、研究工作量、教师补偿、教师评价。第二，教师资料的内部分析。在这方面，院校研究人员能够通过数据分析回答以下问题：与其他学校相比，本校教师酬劳补偿是否有竞争力；教师待遇在性别/种族/年龄/民族等方面是否有不平等；不同职称教师所占比例是否发生变化；未来教师

---

① Bers, Trudy H., "The Role of Institutional Assessment in Assessing Student Learning Outcomes", *New Directions for Higher Education*, San Francisco: Jossey - Bass, No. 141, 2008, pp. 21 - 30.

退休情况；学校应如何评估教师工作与成绩。第四，有关教师问题的学术研究。这类研究有助于为决策提供重要信息，在学校利益相关者中建立可信度，提高院校研究机构的知名度。院校研究人员通常参与以下研究：教师工资待遇问题（个人特征对教师工资待遇有何影响，在对这些因素加以控制后，教师是否因为性别和种族/民族而受到不同待遇）；教师时间分配问题（个人特征和学校特征对教师在教学、研究与服务方面的时间分配有何影响）；兼职教师与全职教师问题（各高校聘用兼职教师越来越多，原因何在）。①

如果按照教师在学校的流动情况来考察的话，院校研究在教师招聘、教师保持、教师晋升与终身职等问题中扮演着重要角色。(1) 教师招聘方面，院校研究人员可以在教务长办公室的协助下，设计数据收集项目，由教务长办公室从各个院系收集教师招聘信息，分析教师招聘情况。还可以和公平机会项目（Equal Opportunity Program）办公室合作分析招聘过程中的公平问题。比如，院校研究人员能够帮助回答以下问题：过去十年间招聘的女性终身制教师人数及所占比例变化趋势；女性与男性获得终身职概率的对比；与全国性统计数据相比较，在过去十年间，哪些院系招聘的女教员要多一些。院校研究人员可以建立回归模型，寻找影响教师招聘成功率的最重要影响因素。如果学校有几个校区，院校研究人员还可以帮助回答以下问题：教师招聘成功率与起薪之间的关系；教师招聘成功率与住房成本之间的关系；在控制了起薪变量后，科研启动费与教师招聘成功率之间的关系。(2) 教师保持方面，院校研究设计问卷，教务长办公室收集数据，院校研究分析数据，主要回答以下问题：教师流向；过去三年间，其他学校的邀请是否有所增加；如果有所增加，那么突出表现在哪些学科和领域；虽然其他学校发出邀请，但我们学校的教师仍然保持住了，这些教师占多大比例；过去三年间是否下降；哪些学科领域的教师保持率特别低；工资待遇是否是教师辞职的原因；教师辞职的

① 赵炬明、余东升主编：《院校研究与现代大学管理讲演录》，中国海洋大学出版社2006年版，第111—124页。

非财政性因素有哪些。院校研究人员可以针对教师进行质性访谈，更深入地了解问题，还可以对现任教师进行教师满意度和教师氛围调查。关于教师保持方面的研究，不需要进行复杂的统计分析，只需用逻辑回归和生存分析就能够对教师保持做出判断。(3) 教师晋升和终身职方面，院校研究人员可以帮助回答以下问题：助理教授中获得终身职的比例有多大；与其他学校相比，我们学校终身职晋升比例偏高还是偏低；不同学科、姓名及少数族裔晋升终身职的情况是怎样的；副教授在五年内晋升教授的比例有多大；不同学科、性别及少数族裔的副教授维持副教授的时间怎样。①

4. 规划问题

高等教育中的规划真正出现于20世纪80年代的资源短缺时期。尽管20世纪70年代，著名管理学家、卡内基—梅隆大学校长理查德·赛特（Richard Cyert）在卡内基—梅隆大学尝试开展了战略规划，但那时的战略规划还并未普及开来。20世纪70年代中期，詹姆斯·马奇和迈克尔·科恩发现，多数学校有某种形式的财务规划，有的学校还有学术规划，但几乎没有管理者认为学术规划对制定政策是有用的，原因在于“这些规划没有考虑资源不足的问题”。② 战略规划真正在高等教育中盛行是在20世纪80年代初高校资源面临严重短缺之时。著名高等教育研究者乔治·凯勒（George Keller）1983年出版了《大学战略与规划》，至今仍是高等教育领域有关规划方面的经典之作。乔治·凯勒在书中指出：“采用新的管理方式的大学领导正在做的事情，就是把建立在个人目标和偏见基础上的私人计划转变为公开的、建立在数据资料、明确的目标和例行的战略基础上的规划。制定规划就是让那些模糊的、不清晰的和私人的计划变得明朗、清晰和

---

① Daniel Teodorescu, “Examining Faculty Recruitment, Retention, Promotion, and Retirement”, *The Handbook of Institutional Research*, San Franciso: Jossey－Bass, 2012, pp. 165－182.

② ［美］乔治·凯勒：《大学战略与规划》，别敦荣主译，中国海洋大学出版社2005年版，第133页。

公开。”[①]

院校研究人员在规划问题中，主要参与环境扫描及对规划执行情况进行评估。院校研究人员还积极参与同类型学校间的基标比较，分析招生、录取、收支情况，研究教师工资与教师流动，评估学生学习成果，收集人口统计学与经济预测方面的数据，监控空间设施的使用情况，评估项目与政策的影响。院校研究人员还负责设计关键绩效指标，并对这些关键绩效指标进行跟踪测量。除进行具体的数据分析与信息提供外，院校研究人员有时还负责协调战略规划过程，或者领导战略规划的制定。[②]

5. 财务问题

院校研究人员在财务及预算分析事务中的职责主要包括如下几项。第一，计算学校收支情况。美国高校的收入主要分为：学费和杂费，政府拨款，政府转款与合同，私人赠礼、转款及合同，以及捐赠收入。支出可以分为：教学，学术支持，学生服务，学校支持，固定资产运行与维护，研究，公共服务，奖学金和助学金，以及附属机构支出。不同类型的高校，收入与支出的类别及比例各有不同。院校研究人员需计算学校年度收支情况。[③] 第二，分析学校各院系投入产出情况。在高等教育领域，高校的“产出”异常复杂、难以量化，无法简单照搬工商企业中的投入产出模型来计算及分配资源。院校研究人员需要借助自己掌握的有关高等教育组织的相关知识，创造性地借用相关技术，来分析学校内部不同部门的投入产出情况。[④] 第三，根据学分学时（credit hour）来计算资源分配。学分学时是州向公立院校拨款的基本要素。在学校内部，学分学时是确定教师与学生工作量的

---

① ［美］乔治·凯勒：《大学战略与规划》，别敦荣主译，中国海洋大学出版社 2005 年版，第 90 页。

② James F. Trainer, “Models and Tools for Strategic Planning”, *New Directions for Institutional Research*, San Francisco: Jossey - Bass, No. 123, 2004, p. 133.

③ 赵炬明、余东升主编：《院校研究与美国大学管理讲演录》，中国海洋大学出版社 2006 年版，第 153—155 页。

④ Richard D. Howard, *Institutional Research: Decision Support in Higher Education*, Tallahassee: Association for Institutional Research, 2001, p. 108.

关键因素，通过对学分学时的计算，进行资源分配。① 第四，根据学生、教师及职员的全时当量（FTE）进行教学预算，可以用学分学时除以30（使用两学期制）或除以45（使用四学期制）计算而得。② 第五，学生学费收支计算。高校为了吸引优质生源，有时会以学生资助的方式进行学费“打折”。院校研究人员需要计算学费的实际收入，有时需要进行不同学期、不同学校之间的学费比较分析。

需要特别指出，高校决策事务涉及各类管理职能（如认证、评估、规划及财务等），很多情况下，院校研究人员在某项决策议题中的参与也涉及多项职责。当前，认证正成为一种很重要的推动力，将院校研究人员所涉足的评估、规划及学校改进活动整合起来（如图4－3所示）。

第一，认证强调学生学习成果评估，而很多院校研究办公室就负责开展学生学习成果评估活动，所以院校研究可以与认证结合起来。

第二，认证标准也可以指导学校的评估、规划和资源分配活动。正如学校使命和目标指导着学科专业的发展、资源的分配和人事决策活动，同样也可以指导认证过程中的自评活动。

第三，认证又有助于学校的战略规划，学校自评就是一种全校范围内的战略规划活动。战略规划过程中所收集的绩效数据又可用于自评活动。

如图4－3所示，可以将学校效能和问责视为三个“过程”的最终“成果”。“过程”包括认证过程中的自评与同行评估，规划，学习成果评估与学科专业评估。“输入”包括认证标准及其他外部影响，学校使命与目标，学生学习及其他成果数据。“输出”环节包括认证结论（通过/不通过），资源分配，学校改进及学科专业提升。这一模型将认证视为规划、评估和学校改进的重要组成部分。所有这些功能一起促进学校效能提高，回应社会问责。③

---

① 赵炬明、余东升主编：《院校研究与美国大学管理讲演录》，中国海洋大学出版社2006年版，第156页。

② 同上书，第157页。

③ Ann H. Dodd, Accreditation as a Catalyst for Institutional Effectiveness, In Michael J. Dooris, John M. Kelley, James F. Trainer edited, Successful Strategic Planning, 2004, Issue 123, 13－25.

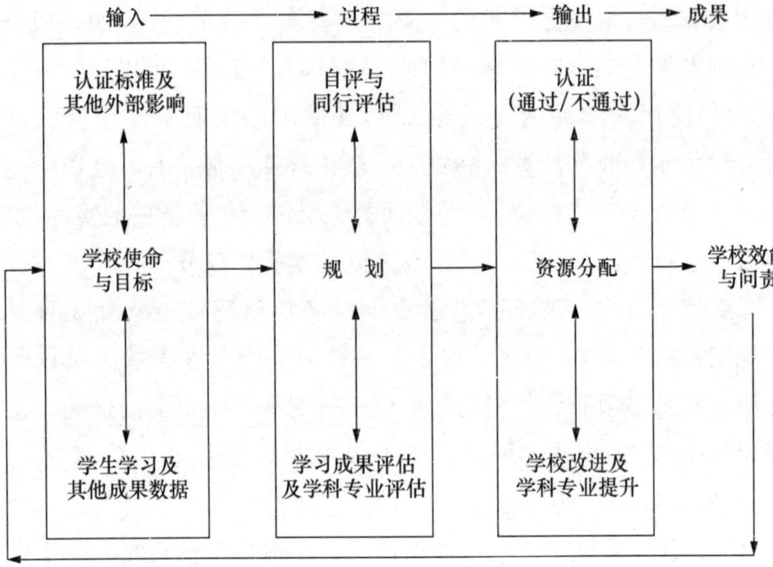

图 4-3 院校研究与认证、评估、规划及财务等职能整合

第三节 决策问题支持的相关分析

本章第一节分析了院校研究人员在五大决策问题中的职责。那么院校研究人员在这些决策问题中的职责，与其个人、办公室及学校特征之间有何关系？本节将对这一问题进行探讨。

一 分析框架

研究问题：院校研究人员在决策问题中的职责与院校研究者个人、办公室及学校特征中哪些因素相关？

统计方法：本节分析中，对院校研究人员在决策问题中职责这一变量的处理与描述性分析相同，可以视为分类变量，而且因为有些院校研究个人、办公室及学校特征也属于分类变量，因此本节的分析将采用卡方检验，考察院校研究个人、办公室及学校特征与院校研究人员在决策问题中职责大小的相关性。

变量选择：院校研究个人特征、办公室特征及学校特征的变量（同表 3-4）。

研究假设：院校研究人员在决策问题中的职责与其个人特征、办公室特征及学校特征相关。

二　分析结果

卡方检验的结果见表4-7。由该表可得，院校研究人员的个人特征中，院校研究人员的职位、学位及工作经验三个因素与其在决策问题中的职责相关。院校研究办公室特征中，办公室的组织定位、人事数据获取程度、学生资助数据获取程度及财务数据获取程度与院校研究人员在决策问题中的职责相关。院校研究人员所在学校特征中，学校层次及学校类型与院校研究人员在决策问题中的职责相关。具体相关程度如何，将按五大决策问题分别加以解释。

表4-7　院校研究决策问题支持相关性分析结果

		五大决策问题				
		评估	入学管理	教师	规划	财务
个人特征	职位	8.459*	3.175	0.361	8.092*	1.099
	学位	15.304***	5.769	4.664	0.100	0.825
	学科背景	10.770	4.101	4.074	6.352	0.729
	工作经验	3.450	10.254	16.552*	20.884**	13.139*
	年龄	7.230	8.535	6.597	4.300	6.009
	观念	4.634	2.294	1.810	8.455	5.015
办公室特征	组织定位	19.759**	6.341	11.034	18.817**	7.770
	办公室规模	9.450	2.783	5.306	2.969	3.321
	人事数据获取程度	5.005	8.409*	46.531***	4.212	32.707***
	学生数据获取程度	2.578	5.350	0.196	0.772	1.312
	学生资助数据获取程度	4.220	33.529***	4.281	9.294**	14.102**
	财务数据获取程度	2.822	10.108**	21.511***	11.702**	61.333***
	报送数据所占时间	6.320	9.526	5.731	9.746	4.758
学校特征	学校性质	3.409	3.808	3.564	2.470	1.294
	学校层次	2.381	4.151	28.763***	9.302**	1.100
	学校类型	11.700	8.731	35.615***	9.530	9.773
	学校规模	12.098	3.175	8.849	8.912	9.359

注：* 表示 $p<0.05$，** 表示 $p<0.01$，*** 表示 $p<0.001$。

三 解释与讨论

1. 评估问题

院校研究人员的职位与其在评估事务中的职责显著相关。近年来评估运动最主要的推动者是各大区域性认证机构,[①] 各大认证机构都开始修改自己的认证标准，强调对学生学习成果的评估。比如南部地区认证协会（SACS）在其2012年的认证标准中明确规定认证专家组进校考察4—6周以前，学校必须提交质量提升计划（Quality Enhancement Plan，QEP），QEP计划中必须明确提出本校的评估过程，而且要将重点放在学生学习成果、为学生学习提供的环境支持及实现学校使命上。[②] 很多高校的院校研究办公室或评估办公室就是负责协调和领导学生学习成果评估的单位。而协调或领导全校范围内的评估活动，要求院校研究人员最好拥有一定的职位，这样才有利于开展工作。比如佛罗里达国际大学评估办公室主任就负责领导评估报告撰写，设计学校评估过程，领导学校评估活动，制订评估计划等。[③] 道尔顿州立学院（Dalton State College）院校研究与评估办公室的职责就是建立并推动全校范围内的评估计划和过程，为各个院系和教学单位提供评估咨询，领导全校范围内基于网络的评估报告系统。[④] 院校研究办公室主任因为其所具有的职位优势，相对于副主任或一般职员来说，更适合领导全校范围内的评估活动。由图4－4也可看出，近一半院校研究办公室主任负责学校评估事务，只有31%的院校研究副主任负责学校评估事务。院校研究主任比副主任在评估事务中的职责要大，参与要多。

---

① Kuh, G. & Ikenberry, S., *More than You Think, Less than We Need: Learning Outcomes Assessment in American Higher Education*, National Institute for Learning Outcomes Assessment, 2009.

② Southern Association of Colleges and Schools Commission on Colleges, The Principles of Accreditation: Foundations for Quality Enhancement, http://sacscoc.org/pdf/2012PrinciplesOfAcr－editation.pdf.

③ AIR Jobs Board, http://www3.airweb.org/page.asp?page=541&job=5469.

④ Azusa Pacific University, Office of Institutional Research and Assessment, http://www.apu.edu/oira/assessment/.

院校研究人员的最高学位与其在评估问题中的职责显著相关。沃克文认为院校研究人员介于行政科层和学术专业组织之间，但如果院校研究人员受过研究训练，比如拥有博士学位，院校研究人员在教师心目中就拥有更多的合法性，与教师持有同样的价值体系。如果院校研究人员同时还担任教学工作，每年教授一门课程，或者至少参与高校院系的一些活动，或者指导研究生的学位论文，都将会特别有意义。[①] 而开展有意义评估的核心在于教师的参与，这是2009—2010年美国学生学习成果评估中心（National Institute for Learning Outcomes Assessment，NILOA）所开展的焦点小组座谈（focus group）得出的结论。焦点小组座谈还发现大多数教师并不欢迎评估，他们认为评估对教学并不重要，而课程的成绩就能给他们提供足够的教学反馈信息。[②] 拥有博士学位的院校研究人员在博士阶段接受了严格的学术训练，与教师具有类似的价值观念，在教师眼中更具有合法性，所以在评估事务中的参与相对较多。奥尔巴尼州立大学（Albany State University）为取得教师支持，还专门从各个院系聘请教师担任评估办公室主任，实行两年一轮换制度，两年后再从各个院系另寻教师担任主任。采取这一方式的原因就在于聘请教师担任评估办公室主任，有助于减少教师对评估的抵触或反对情况。担任过评估办后的教师，经常是各个院系开展评估活动争相咨询的专家。而且通过这种方式，还为本校培养了评估人员，经过若干轮之后，各个院系都有领导过评估事务的教师，有助于全校范围内评估活动的有效推动。[③] 如图4－4所示，接近3/5的拥有博士学位的院校研究人员负责本校评估事务，而只有1/3的博士学位以下的院校研究人员负责本校评估事务。因此，拥有博士学位的院校研究人员在评估事务中的职责要大于其他院校研究人员在

---

① 赵炬明、余东升主编：《院校研究与美国大学管理讲演录》，中国海洋大学出版社2006年版，第98页。

② Kinzie, J., *Perspectives from Campus Leaders on the Current State of Student Learning Outcomes Assessment: NILOA Focus Group Summary* 2009－2010, National Institute for Learning Outcomes Assessmen, 2010, p. 8.

③ Ibid., p. 10.

评估事务中的职责。

院校研究办公室的组织定位与院校研究人员在评估问题中的职责。2012年《高等教育内参》大学校长调查要求校长从一个名单中选择未来2—3年学校面临的重要挑战，校长们列出的清单中，前四项均与经费问题有关，第五项是维持学术项目质量，第六项是学生学习成果评估。① 除财务问题外，评估问题已成为校长关注点的重点。而主管教学与学术事务的教务长也是评估事务的重要领导者，《高等教育内参》调查显示，56%以上的教务长表示，自身学校正通过标准化的评估问卷来收集数据，并将数据应用于学术项目改进与学生服务。② 而由图4－4可知，由校长和教务长主管的院校研究机构在评估事务中的职责要远远大于副校长和院长主管的院校研究机构在评估事务中的职责。而且校长亲自领导的院校研究机构中，67%表示院校研究机构直接负责评估事务，88%表示在评估事务中参与很多。其次是教务长直接领导的院校研究机构，54%表示院校研究机构直接负责评估事务，75%表示在评估事务中参与很多。因此，领导支持，尤其是高层领导的大力支持是推动评估运动的重要保障。特鲁迪·比尔斯与兰迪·斯温（Trudy Bers & Randy Swing）在其主编的《高等教育评估：领导的作用》（*Higher Education Assessments: Leadership Matters*）概述了高层领导在评估事务中的重要性，比如高层领导能够保证评估的顺利开展，并在学校战略规划和预算方面的决策过程之中使用评估数据，能够帮助提供相应的保障与资源来开展评估。③ 因此，院校研究的组织定位越高，则在评估事务中的职责越大。

2. 入学管理问题

入学管理涉及学生从选择学校到就业的所有过程。尤其是招生、录

① Kenneth, C. Green, Scott Jaschik. Doug Lederman, *Concerns about Sports, Backing for Obama: a Survey of Presidents*, Inside Higher Ed, 2012.

② Kenneth, C. Green, Scott Jaschik, Doug Lederman, *Mixed Grades: A Survey of Provosts*, Inside Higher Ed, 2012.

③ Trudy Bers & Randy Swing, "Championing the Assessment of Learning: The Role of Top Leaders", *Higher Education Assessments: Leadership Matters*, 2010, pp. 22－23.

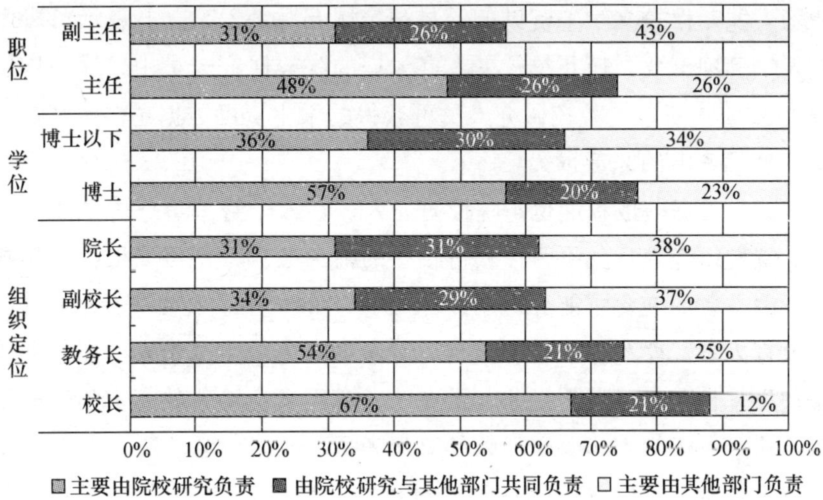

图 4－4　院校研究在评估问题中职责的相关性分析

取、注册、学生保持、学业完成、学生辍学、毕业率等是入学管理的核心内容。院校研究人员的数据获取程度，如学生、人事、学生资助及财务数据，都应该与其在入学管理事务中的职责相关。但因为院校研究人员可获得大部分学生数据（本调查显示 97% 的院校研究人员可获得大部分学生数据），所以在本部分的卡方检验中，学生数据获取程度与院校研究人员在入学管理事务中的职责无显著相关性。院校研究人员分析各学科专业的生师比、教师时间投入、教师资历等各种因素对学生学习的影响时，均需要有人事部门的数据支撑，这时院校研究人员的人事数据获取程度，成为影响院校研究人员在入学管理事务中职责大小的重要因素。如图 4－5 所示，能够获得较多人事数据的院校研究人员中，56% 表示直接负责入学管理事务；而在能够获得较少人事数据的情况下，这一比例为 42%。所以，院校研究人员可获得的人事数据越多，其在入学管理事务中的职责就越大。

入学管理事务与学生资助紧密相连。因为联邦政府是通过提供学生资助的方式为高校提供资助，于是学生资助与入学管理直接相关。如果可以获得大量学生资助数据，便可以分析学费及学生资助的变化对学校学生资助预算、学生多样性、学生学业进展的影响。如图 4－5

所示，能获得较多学生资助的院校研究人员中，3/5 以上表示负责学校入学管理事务，而获得较少人事数据的院校研究人员中，这一比例仅为 32%。所以，院校研究人员可获得的学生资助数据越多，其在入学管理事务中的职责越大。

财务数据获取程度也与院校研究人员在入学管理事务中的职责相关。院校研究人员如果可以获得较多的财务数据，便可以根据往年数据预测学费的变化可能会对学生入学产生的影响。比如 2013 年《高等教育内参》学生家长调查发现，34% 的高中学生家长表示在帮助孩子选择学校时，学费将是非常重要的考虑因素；36% 的高中学生家长表示将会考虑学费多少；13% 的家长表示可能会考虑学费；只有 16% 的家长表示在帮助孩子选择学校时根本不会考虑学费多少。[①] 由此可见学费在影响学生入学中的重要性。如图 4－5 所示，能够获得较多财务数据的院校研究人员中，60% 表示负责入学管理事务，而获得较少财务数据的院校研究人员中，45% 表示负责入学管理事务。所以，院校研究人员可获得的财务数据越多，其在入学管理事务中的职责越大。

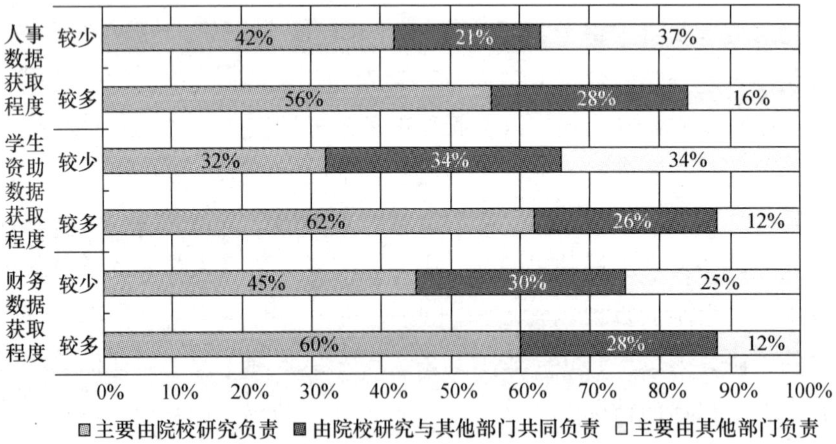

图 4－5　院校研究在入学管理问题中职责的相关性分析

① Inside Higher Ed. Jobs, Value and Affirmative Action: A Survey of Parents About College, http: //www. insidehighered. com/news/survey/jobs – value – and – affirmative – action – survey – parents – about – college. 2013.

3. 教师问题

工作经验多少与院校研究人员在教师事务中的职责显著相关。相对于入学管理和学生学习成果评估活动来讲，教师事务更为复杂。教师事务与学校文化及很多敏感问题联系在一起。比如很多情况下，客观信息可以用来支持不同的观点，而有些观点可能会给学校带来问题。例如，院校研究人员可能被要求提供有关本校教师平均薪水的信息，以便与其他学校比较。这种信息可能会被教师工会用来为教师争取更大的薪水涨幅，可能会影响到以后与学校管理层之间的劳动合同谈判。由于上述情况在准备和介绍相关信息时都不可避免，院校研究者若能仔细考虑这些潜在的影响，就能够让管理者事先了解这些问题。再比如，提供有关生师比和教师平均授课量的报告是很常见的事，尽管这些数据只能反映教师的部分工作。在这些信息被用于决策的情况下，院校研究者应该提醒管理者这些资料的局限性，提醒他们从中可以推出哪些结论，不能推出哪些结论。① 上述这些都涉及需要了解高等教育尤其本校的文化、传统、价值观念等，而这些能力的习得，不是一朝一夕的事情。由图 4 - 6 可知，拥有 10 年以上工作经验的院校研究人员，一半以上表示负责学校教师事务，而 6 年以下工作经验的院校研究人员中，只有不到 1/3 表示负责学校教师事务。因此，院校研究人员的工作经验越丰富，在教师事务中的职责可能就越大。

院校研究人员的人事及财务数据获取程度与其在教师事务中的职责显著相关。人事数据一般存储在学校的人事部门，这些机构大多由负责行政副校长（Chief Business Officer）或财务副校长（Chief Financial Officer）管理，他们掌管着学校的财务或预算。他们在学校的职权，一般情况下，仅次于校长和教务长。而教师事务大多由教师事务主任（Dean of the Faculty）负责，教师事务主任则主要向教务长汇报

① 赵炬明、余东升主编：《院校研究与美国大学管理讲演录》，中国海洋大学出版社 2006 年版，第 115—117 页。

工作。① 所以，院校研究人员在教师事务中的职责，与其可获得多少人事及财务数据紧密相关。如图 4－6 所示，可获得的人事及财务数据越多的院校研究人员中，50%以上表示负责教师事务分析，而可获得较少人事及财务数据的院校研究人员中，负责教师事务分析的不到 1/3。因此，院校研究人员可获得的人事数据及财务数据越多，其在教师事务中的职责也就越大。

此外，院校研究人员在教师事务中的职责还与其所在学校层次、类型显著相关。四年制高校（学士授予型、硕士授予型及博士授予型）的院校研究人员在教师事务中的职责显著大于二年制高校（副学士型高校）院校研究人员在教师事务中的职责。

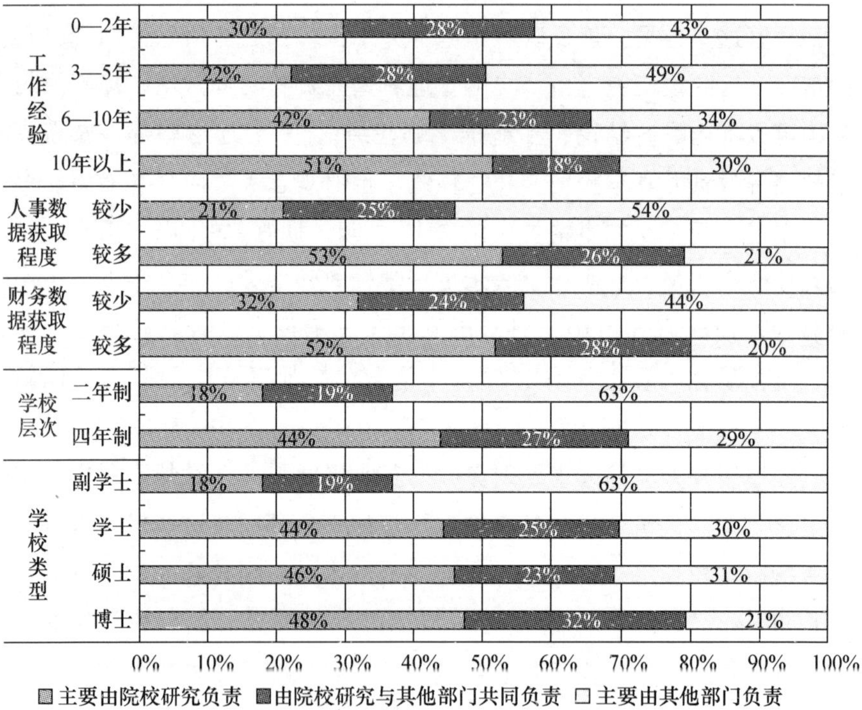

图 4－6 院校研究在教师问题中职责的相关性分析

---

① 对佛罗里达州立大学院校研究办公室主任 Rick Burnette 的访谈，2013 年 4 月 15 日。

4. 规划问题

院校研究人员在规划事务中的职责与其职位、工作经验显著相关。院校研究办公室主任在规划事务中的职责要远远大于副主任在规划事务中的职责。42%的院校研究办公室主任负责规划事务，而只有25%的办公室副主任负责规划事务。拥有10年以上工作经验的院校研究人员中，50%负责规划事务；拥有6—10年工作经验的院校研究人员中，39%负责规划事务；而拥有6年以下工作经验的院校研究人员负责规划事务的不到1/4。

院校研究人员在规划事务中的职责与院校研究办公室的组织定位显著相关。如果院校研究办公室由校长主管，则61%的院校研究人员表示院校研究办公室负责学校的规划事务；如果由教务长主管，则40%表示院校研究办公室负责学校规划事务；而如果由院长主管，则只有19%表示院校研究负责规划事务。因此，院校研究办公室的组织定位越高，院校研究人员在规划事务中的职责越大，参与越多。相对于向其他决策者汇报来说，如果院校研究办公室直接向校长汇报，则院校研究人员在规划事务中的职责最大。这主要因为，校长是战略规划中最重要的推动者。塞缪尔·卡帕尼（Samuel Capen）认为，"除了阐述和推进总规划的实施，再也没有什么事情需要校长去做的了。几乎他做的所有其他事情都可以由其他官员来完成，很多事情甚至可以由一个秘书来完成"。①

院校研究人员在规划事务中的职责与院校研究人员的学生资助和财务数据获取程度显著相关。能获得较多学生资助数据的院校研究人员中，44%表示负责学校规划事务，而获得较少学生资助数据的院校研究人员中，只有29%负责规划事务。能获得较多财务数据的院校研究人员中，50%负责规划事务，而获得较少学生资助数据的院校研究人员中，只有32%负责规划事务。

院校研究人员在规划事务中的职责还与院校研究人员所在学校层

① ［美］乔治·凯勒：《大学战略与规划》，别敦荣主译，中国海洋大学出版社2005年版，第55页。

次显著相关。二年制高校院校研究人员中，54%表示负责学校规划事务，而四年制高校中，只有34%的院校研究人员负责规划事务。

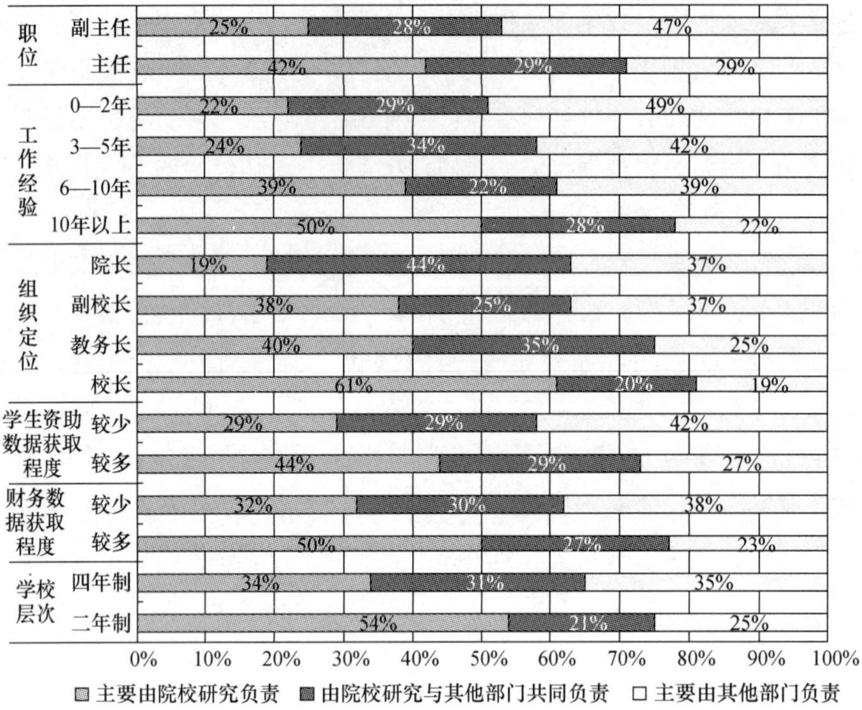

图4-7 院校研究在规划问题中职责的相关性分析

5. 财务问题

院校研究人员在财务问题中的职责与其个人工作经验丰富程度显著相关。但是，尚无法从统计分析结果得出在院校研究领域的工作年限越长，在财务问题中的参与就越多。如图4-8所示，在院校研究领域工作了3年以下的院校研究人员，有22%负责财务与预算事务分析，而工作经验在10年以上的院校研究人员中，仅有12%负责财务与预算事务分析。但总体来讲，工作年限在10年以上的院校研究人员在财务及预算事务分析中的参与程度，要高于10年及以下工作年限的院校研究人员。

院校研究人员在财务问题中的职责还与院校研究人员的人事数据、学生资助数据及财务数据获取程度显著相关。由图 4－8 可知，院校研究人员可获得的人事数据、学生资助数据及财务数据越多，则院校研究人员在财务问题中的职责越大，参与越多。如就人事数据来讲，在人事数据获取程度较少的情况下，仅有 7% 的院校研究人员负责学校财务及预算事务分析，而人事数据获取程度较多的情况下，则有 20% 负责财务及预算事务分析。并且，随着人事、学生资助及财务数据获取程度由较少到较多，由院校研究人员与其他部门共同负责的比例也相应增加。这一比例由 15% 增加到 33%。

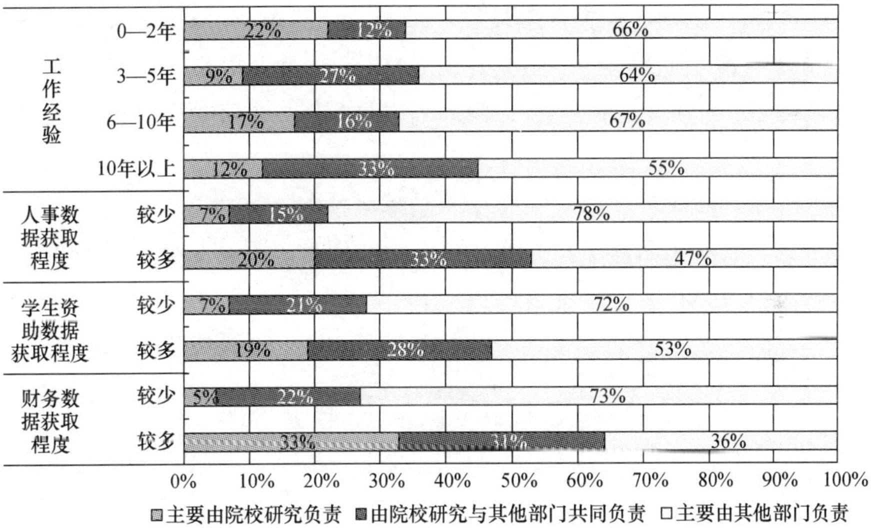

图 4－8　院校研究在财务问题中职责的相关性分析

第四节　竞争与协同：院校研究专业的定界探索

前三节介绍分析了院校研究在学校各项管理事务中的职责，并了解了与院校研究人员在各项事务中参与程度或职责大小的因素。我们得知，院校研究在与学生有关的决策事务中参与非常多，在教师与规划事务中则主要与其他部门共同协作，而在财务事宜中主要配合其他部门完成相关工作。本节将院校研究视为一门专业（profession，专门性职业），从职业社会学的角度对院校研究的发展进行剖析。

本节的逻辑线索为：院校研究专业发展过程中，其职责边界不断扩大，院校研究专业呈现出分化趋势，院校研究与其他专业构成竞争与协同关系。但由于院校研究是一门扎根于组织中的专业，受高等教育认证及学校管理的影响，近年来院校研究专业开始呈现出一种整合趋势。

一　院校研究的专业化建构

美国院校研究会前主席马文·彼得森（Marvin Peterson）教授在2008年美国东北部院校研究会（NEAIR）年会上提出了院校研究演变的模型。如图4－9所示，环境与产业的发展变化对高等教育的发展不断提出新的要求，高校管理中面临着挑战，而院校研究就是在帮助学校应对这些挑战中发展演变的。院校研究实践的发展，带动了整个院校研究专业的产生与发展；反之，院校研究专业的发展，也会对院校研究实践的发展产生影响。

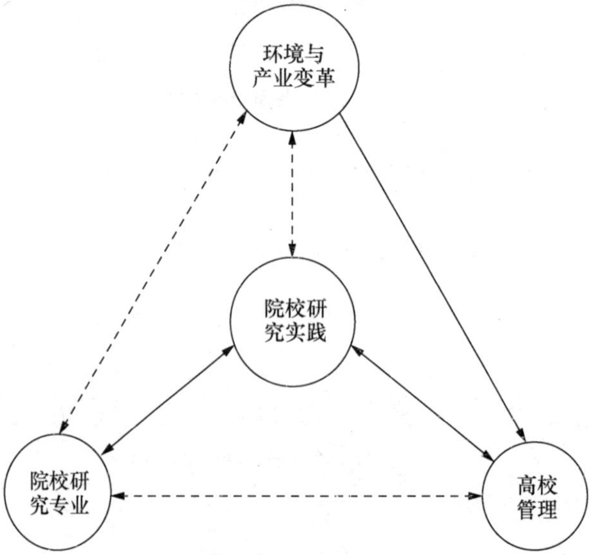

图4－9　院校研究实践与院校研究专业发展模型

美国院校研究会是院校研究发展的重要推动力，对美国院校研究专业化的建构发挥了重要作用。美国院校研究领域普遍将 1961 年第一届院校研究年会作为美国院校研究真正产生的标志。1965 年美国院校研究会（AIR）正式成立。美国院校研究会通过为会员提供培训、举办年会、发行出版物等方式，为院校研究领域的拓展提供理论、方法、技术和工具上的支持。

第一，通过举办年会，建立专业人员之间的联系，培训院校研究人员。近几年，每年年会的规模都在 2000 人左右，多达 400 余场报告。

第二，通过发行出版物，使院校研究人员及时了解研究前沿及相关理论和方法。AIR 主办的纸质版刊物有《高等教育研究》（*Research in Higher Education*）、《院校研究新方向》（*New Directions for Institutional Research*）、《高等教育：理论与研究手册》（*Higher Education: Handbook of Theory and Research*）等，这些刊物同时拥有电子版。AIR 主办的电子版刊物有《院校研究专业系列》（*Professional File*）、《院校研究应用》（*IR Applications*）。20 世纪 90 年代以来，AIR 开始发行月度通讯 eAIR，现在 eAIR 已经发展成为美国及全球院校研究人员最受欢迎的了解院校研究最新动态的通讯。

第三，通过举办各类培训，培养和培训院校研究人员。一种是面对面的培训，主要是美国高等教育综合数据系统培训班（IPEDS Workshop）、年会之前的研讨班（Pre - Forum Workshops）、专业发展研讨班（Professional Development Institutes）。另一种是在线培训，比如 AIR 针对社区学院院校研究人员开发的数据与决策培训课程（Data & Decisions Academy）以及 AIR 培训系列（AIR Webinar Series）。

第四，通过项目招标，资助高等教育研究及博士学位论文。AIR 与美国联邦教育统计中心（NCES）及美国科学基金委（NSF）联合设立项目资金，每年资助 3—10 项高等教育研究项目及 3—10 篇博士学位论文。这些项目及博士学位论文资助的前提条件，就是要利用联邦教育统计中心或美国科学基金委数据库中的数据进行研究，所以这些博士学位论文本身就是非常扎实的院校研究。这些研究虽然是针对某一具体问题，但不局限于某一学校。这些博士毕业后，大多从事院校研究，壮大了院校研究的队伍。

第五，颁布职业道德条例（Code of Ethics）。AIR 于 1992 年 12 月制定了《院校研究职业道德条例》，2001 年 12 月和 2013 年 6 月对条例进行了两次修订。《院校研究职业道德条例》的颁布对于院校研究成长为一门成熟的专业（profession）来说至关重要。通过职业道德条例，告诉院校研究人员应该怎样保持客观性，应该怎样使数据发挥作用的同时避免成为决策失误的替罪羊，这是院校研究专业性不断增强的体现。

正是 AIR 所发挥的专业自我建构角色，使院校研究人员及时得到理论、方法、技术和工具上的培训和交流，使院校研究人员在不断变迁的工作领域中胜任自己的工作，为高校决策提供有效的支持。

职业社会学中，20 世纪 50—60 年代的结构学派将“专业化”作为研究核心。这一学派认为专业化的过程取决于以下因素：获得相对确定的知识与实践的能力以及行业活动的具体化；获得知识和实践的机会；行业从业者的自我意识发展；行业外部对该行业作为一种专业的认同。[①] 院校研究人员通过参加培训、实践，不断提高自身的分析与研究技能，并将其应用于为高校管理提供支持。在这一过程中，院校研究人员日益意识到院校研究作为一种专业的可能性、必要性和重要性，只有这样才能赢得整个社会对院校研究的专业认同。影响院校研究专业化程度的四个因素中，前两个因素都已具备，但人们对后两个因素却始终争议很大。因为院校研究是一种扎根于高校这一组织、为高校组织管理服务的实践性专业，而美国高等教育的特点之一就是多样化，导致各高校管理中面临的挑战各不相同，所以各高校的院校研究也有差别。这直接影响着院校研究人员自身及外界对院校研究的认同。所以，美国院校研究会出版物《院校研究入门》（*The Primer for Institutional Research*）的编者威廉姆·奈特（William E. Knight）在

① 刘思达：《职业自主性与国家干预——西方职业社会学研究述评》，《社会学研究》2006 年第 1 期。

该书前言中就指出：尽管院校研究专业已经相对成熟，“什么是院校研究”这一问题仍然困扰着大家。①

其实，影响院校研究专业认同的一个重要因素是20世纪80年代初期院校研究的分散化发展。当时信息技术发展迅速，开始出现台式电脑，学校很多部门如规划办、招生办、预算办公室、各学院院长办公室、学生事务办公室等，都开始研究学校的运行，或者从事类似的工作。很多院校研究人员将这称为院校研究的分裂或离散（fragmentation/proliferation/dispersion），有些人称之为分散的院校研究（distributed IR）。实际上，他们并不知道他们所做的工作就是院校研究，他们有时并不认为自己就是院校研究人员。② 院校研究专业的分散化发展，最后造成的局面是：新的专业从院校研究中分散开来，独立门户，成为新的专业，于是产生了院校研究与其他专业的“管辖权冲突”。

二 院校研究与其他专业的“管辖权冲突”

以上对院校研究专业的分析主要立足于专业内部，从院校研究专业自身的发展历程来考察其专业化过程。美国芝加哥大学职业社会学家安德鲁·阿伯特（Andrew Abbott）认为专业化是一个令人误解的概念，因为它忽视了专业活动的具体内容与不同专业之间的竞争，而仅仅关注专业团体、许可、伦理规范等单个专业的组织形态问题，而所谓相对确定的专业化的结构次序事实上是不存在的。对专业的组织形态的研究虽然能够显示某些行业对其知识的控制和应用，却无法解释为什么这些形态得以形成。他认为“专业化”概念的要害问题在于它对结构而非工作的强调，事实上，由于专业工作内容的不断变化，专业之间在对工作的控制上不可避免地产生冲突，而不同类型工作的分化则决定了专业之间的分化。具体而言，处于同一工作领域的各个专业构成了一个相互依赖的系统（interdependent system），每个专业在

---

① William E. Knight, *The Primer for Institutional Research*, Tallahassee: Association for Institutional Research, Introduction, 2003.

② Gary Rice (Project Coordinator), Mary Ann Coughlin & Richard Howard (Co - Editor), *The Association for Institutional Research: The First 50 Years*, Tallahassee: Association for Institutional Research, 2011, pp. 28 - 29.

这一系统中都对某些工作拥有“管辖权”（jurisdiction），专业的发展正是在处于同一工作领域的不同专业对于管辖权边界的冲突中得以完成的。[①] 这一视角将专业视为相互竞争或依赖的专业系统之中，对于了解院校研究专业化发展过程中与其他专业之间的关系，对于了解院校研究专业自身的分化过程有着独特的意义。

1. 院校研究与规划

信息、质量和人员是保证战略规划有效性的三大关键因素。[②] 任何学院或大学管理者制定学校发展战略之前，都需要收集充分的信息作为制定战略的依据；需要根据学校近期和现有的机构、财政和教学计划情况，保证学校的运行是高质量的；并努力招聘最优秀的人才，同时用正确的方式聘用现有人员。由于院校研究人员具有收集数据、分析数据、提供信息的专业技能与研究能力，所以自然成为学校战略规划过程中的重要力量，有些院校研究人员还领导或辅助校长领导学校战略规划过程。宾夕法尼亚州立大学帕特里克·特伦兹尼（Patrick Terenzini）[③] 在其个人自传中就提到，“1984 年，我作为院校研究办公室主任，开始协助校长领导学校规划过程，协调学校预算小组的相关活动，参加校长与副校长、院长及各部门主任的会议，做会议记录。会前我要审阅将要与校长座谈人员所在部门的年度报告及未来计划，并提出相关问题，供校长会面时讨论之用”。[④]

美国院校研究会的相关活动领域中，战略规划占有很大的分量。

---

① 刘思达：《职业自主性与国家干预——西方职业社会学研究述评》，《社会学研究》2006 年第 1 期。

② 同上。

③ 美国宾夕法尼亚州立大学教育学院教授，是 *How College Affects Students* 一书的作者之一，曾担任过美国高等教育研究会（ASHE）主席。1993 年提出院校研究组织智能（Organizational Intelligence）理论，极大地影响了院校研究专业的发展。曾担任《院校研究新方向》主编多年，获得过美国院校研究会杰出服务奖（Outstanding Service Award）、最佳年会论文奖（Forum Best Paper Award）及杰出会员奖（Distinguished Member Award）。

④ Patrick Terenzini, “I Have Always Been a Student: A Tale of Two Careers”, *Higher Education: Handbook of Theory and Research*, No. 27, 2012, pp. 15 – 16.

美国院校研究年会第3届的主题就是"院校研究在规划中的角色"①，之后第11、17、39届年会都与规划有关。并且2002年以来美国院校研究会年会的分论坛主题中，高校规划是六个分论坛主题之一。美国院校研究会刊物《院校研究新方向》中有10期以上与规划有关。

其实，美国高等教育领域，存在一个高等学校规划协会（Society for College and University Planning，SCUP）。该协会成立于1965年，与美国院校研究会成立于同一年，隶属于密歇根大学教育学院。该协会主要由高校领导组成，这些领导主要为负责或参与学校规划的人员。该协会声明其会员可以在SCUP发现成功将学校使命与学术及其他规划结合起来的方法。该协会的会员中，除高校领导者外，还有很多高校规划办公室的工作人员。所以，SCUP是美国高校战略规划人员的专业组织或专业协会。而美国院校研究会也将SCUP列为与自己竞争的协会或专业组织。美国院校研究会2008年9月19日的董事会会议记录中有这样一段话："与我们竞争的组织有SCUP、ASHE（美国高等教育研究会）及其他美国院校研究会地区性分会、州际分会等。"②因此，尽管院校研究与战略规划这两个组织职能或管理过程是很难区分开的，但从两个协会之间的关系来看，美国高校规划协会与美国院校研究会之间似乎是一种竞争的关系。

院校研究作为数据和信息提供部门，是进行有效战略规划必不可少的组成部分，所以战略规划过程中要有院校研究人员的参与。但"参与"的边界在哪里？仅提供数据，还是积极参与到规划制定过程中，参与相关讨论，协调相关活动，领导战略规划过程？有些院校研究人员认为自身的角色仅仅是提供数据，而不涉及对数据的解释。这种情况下，院校研究人员所在学校可能就慢慢认同院校研究的角色仅仅在于提供数据，院校研究与规划有着截然不同的区别，二者完全是

---

① 第1届和第2届没有专门的主题，第3届年会首次设立年会主题，而第3届年会的主题就是讨论院校研究在规划中的角色。

② AIR Board Meeting September 19, 2008 Minutes (FINAL), http://www.airweb.org/AboutUs/LeadershipAndGovernance/GovernanceDocuments/Board%20Minutes/Archived%20Board%20Minutes/2008_2009BoardMeetingMinutes.pdf.

两种专业。有些院校研究人员认为自身角色不只是提供数据，还对数据进行解释，并依靠其所特有的客观中立身份，为规划过程提供协调，甚至领导战略规划制定过程。在这种情况下，院校研究人员所在学校可能就慢慢认同院校研究的角色不仅仅是数据提供者，院校研究人员对数据的收集、分析、解释和辅助使用过程就构成了战略规划过程，或者院校研究就包括了战略规划。

2. 院校研究与学生评估、学校效能

20 世纪 80 年代中期，是一个转折时期。1983 年《国家处在危险之中》发布，报告中对美国中小学教育进行了严厉批评。尽管没有涉及高等教育质量问题，但 1984 年美国国家教育研究所（National Institute of Education Study Group）在《美国高等教育卓越水平》（*Conditions of Excellence in American Postsecondary Education*）研究报告中明确提出应该将成果评估与学校改进联系起来，评估应该是高校质量诉求的重要组成部分。[①] 很多州要求学校开展成果评估。人们呼吁区域性认证机构在学校自评过程中加入评估活动。到 1986 年，高等教育认证委员会（Council on Postsecondary Accreditation）[②] 要求所有区域性认证机构在认证时，要求学校明确提出自己学校的使命和目标，形成自己学校的教育成果；探索评估学生学习成果的有效途径；将自评和同行评议过程与学校的规划、改革整合起来。例如，南部地区认证协会（SACS）提出了学校效能（Institutional Effectiveness）指标，要求学校开展学生成果评估。[③] 进入 20 世纪 90 年代，经济衰退导致州政府拨款持续下降，学费则持续上涨，能否获得学生资助成为学生选择上大学时的重要影响因素。对学校效能和质量的讨论日益激烈，评估运动持续发酵。2012 年 SACS 的学校效能指标共包括五个方面，分别是：

---

① NIE Study Group on the Condition of Excellence in American Higher Education, *Involvement in Learning: Realizing the Potential of American Higher Education*, Washington, D. C.: U. S. Government Printing Office, 1984.

② 负责对六大区域性认证机构及专业认证机构进行认证和认可，后改名为 Council for Higher Education Accreditation（CHEA），中译名不变。

③ Nichols, J. O., *The Role of Institutional Research in Implementing Institutional Effectiveness or Outcomes Assessment*, AIR Professional File, 1990, p. 37.

教育项目（主要是学生学习成果）；管理支持服务；学术与学生支持服务；与学校使命相适应的研究职能；与使命相适应的社区/公共服务。[①] 可见，学校效能指标中的第一条便是学生学习成果。当前，学生学习成果评估正在成为学校效能的核心指标。[②]

评估运动伊始，对正在从事数据收集和报告的院校研究人员来说，评估还意味着一系列新的活动。那时的院校研究人员在评估活动中的参与并不多。1989 年，研究者发现，南部地区的院校中，很少有学校提供学校效能方面的证据，而且只有少量院校研究办公室开展学生学习成果评估活动。[③] 沃克文等（Volkwein，Agrotes & Hannahs）于 1989 年对东北部地区高校的研究发现，只有某些学校开展评估活动，尤其是那些二年制高校，而且从事评估活动的部门并不是院校研究部门。院校研究主要是开展学生保持和辍学研究，报送各种数据，从事学校间数据共享，编制校情报告书。[④] 但 2008 年，沃克文对美国院校研究的全国性调查显示，院校研究人员在评估及学校效能中的参与非常多。由表 4－8 可知，90% 以上的院校研究人员在学校及院系自评和认证活动中有非常多的参与，80% 以上的院校研究人员与其他部门协作开展学生跟踪、学业绩效、学业进展、参与度及满意度的研究。院校研究人员表示在协调开展学生学习成果测量（65%）、学生通识教育知识评价与测量（62%）、学生服务评价（59%）等活动中的参与非常多。

---

① Southern Association of Colleges and Schools Commission on Colleges. The Principles of Accreditation：Foundations for Quality Enhancement. 2012，http：//sacscoc. org/pdf/2012 PrinciplesOfAcreditation. pdf.

② Volkwein，J. F.，*Gaining Ground：The Role of Institutional Research in Assessing Student Outcomes and Demonstrating Institutional Effectiveness*，National Institute for Learning Outcomes Assessment，2011.

③ Rogers，B. H. & Gentemann，K. M.，"The Value of IR in the Assessment of Educational Effectiveness"，*Research in Higher Education*，Vol. 30，No. 3，1989，pp. 345－355.

④ Volkwein，J. F.，Agrotes，M.，& Hannahs，D.，"The Structure and Function of Institutional Research Offices within NEAIR"，*Proceedings of the North East Association for Institutional Research 16th Annual Conference*，1989.

表 4-8 院校研究人员在评估及学校效能活动中的职责与参与情况 单位：%

序号	评估、效能与问责活动	主要由院校研究负责	院校研究与其他部门共同负责	主要由其他部门负责	参与较多
1	学生辍学、保持及毕业率分析	66	25	9	91
2	学生参与度调查	59	22	20	81
3	学生满意度调查	58	28	13	86
4	达标报告与学校绩效指标报告	50	35	15	85
5	学生学术绩效与进步研究	46	37	17	83
6	大学新生就读经验研究	34	33	33	67
7	为学术项目评估和专业认证提供信息	41	48	11	89
8	为学校自评和认证提供信息与相关分析	38	55	7	93
9	学院、学校及大学系统政策与问题研究	32	47	21	79
10	院系绩效指标编辑与报告	30	44	26	74
11	协调开展学生学习成果测量	24	41	36	65
12	学生通识教育知识评价与测量	21	41	38	62
13	参与学术项目评估	19	48	33	67
14	学生服务评价	17	42	40	59
15	学生研究（为学校管理政策提供支持）	32	33	35	65
16	学生评教的统计、分析与报告	31	20	49	51
17	学生个人发展与社会认知评价与测量	25	30	45	55
18	校园氛围与种族问题研究	24	30	46	54
19	校友研究	23	33	44	56
20	协调学校质量持续改进活动	22	35	44	57
21	学生读写等基本技能评估与测量	19	37	43	56
22	参与评价行政办公室	17	35	48	52
23	学生专业知识评价与测量	13	35	52	48

注：最后一栏"参与较多"为"主要由院校研究负责"与"院校研究与其他部门共同负责"两项之和。以上 23 项活动中，由其他部门负责而又没有院校研究参与的情况是否存在，调查中没有显示。

美国院校研究会在学生学习成果评估及学校效能运动中也扮演着重要角色。2005 年以前，美国高等教育协会（AAHE）在有关学生学习评估的全国性会议中扮演着领导角色，2005 年，AAHE 因为财务危机破产倒闭后，尽管有很多全国性、州和地区组织致力于学生学习评估，但没有任何一个组织能够担当领导者的角色。美国高等教育领域曾有人建议，美国院校研究会应该在该领域发挥更加积极的作用。但美国院校研究会并未公开声明要在评估运动中扮演领导性角色。然而，每年的年会上都会有这方面的提议，而且逐年增加。今天，美国院校研究会网站上可以看到：美国院校研究会是最早致力于推动学生学习测量的组织之一，也是最早使用学生评估研究提高高等教育效能的组织之一。美国院校研究会为其成员提供了大量与评估有关的培训与资源。美国院校研究会的出版物对该方面的关注也日益增多，尤其近年来几乎每年《院校研究新方向》丛书都为学生学习效果评估出版增刊。每年的美国院校研究会年会上，都会有大量有关评估的研讨和讲演。① 在评估运动声势越来越大之时，2008 年 12 月美国全国学生学习效果评估研究中心（National Institute for Learning Outcomes Assessment，NILOA）成立。该中心旨在为高校学习效果评估方面的实践和探索提供帮助。该中心网页上列出了与其进行合作的组织，其中包括美国院校研究会（AIR）。

所以，院校研究与评估、学校效能的关系，与院校研究与规划的关系是类似的。有些学校中，不设评估及学校效能办公室，院校研究就承担评估和学校效能职责。有些学校则除院校研究机构外，另外单设学校评估办公室或学校效能办公室，各个学校办公室之间的关系不同，有些将院校研究与评估、效能职能并列，有些将效能或评估设于院校研究之下，有些将院校研究设为评估、效能之下。之所以会出现如此众多的类型与做法，笔者认为与院校研究专业分化的逻辑紧密相关。

---

① Trudy H. Bers, "The Role of Institutional Assessment in Assessing Student Learning Outcomes", *New Directions for Higher Education*, No. 141, 2008. 但笔者近期查阅美国院校研究会网站，却没有发现 Trudy Bers 所说的"美国院校研究会是最早致力于推动学生学习测量的组织之一，也是最早使用学生评估研究提高高等教育效能的组织之一"。

三 院校研究专业分化的逻辑与趋势

各专业在自身专业化及与其他专业的管辖权冲突过程中不断发展和演变。但这些专业的发展与演变，还受到外部力量的影响。对专业与外部主体关系的经典论述来自英国学者特伦斯·约翰逊（Terence J. Johnson）的《专业与权力》一书。他将专业的外部权力关系视为一种专业与客户之间的生产—消费关系，认为理解专业的关键在于哪个主体对这一生产—消费关系具有实质性的控制。相应地，专业的外部权力关系可以分为以下三类：（1）学院式控制（collegiate control），即专业与客户之间的生产—消费关系被专业自身基于专业权威的制度结构来控制；（2）赞助式控制（patronage），即在这一生产—消费关系中消费者（即客户）具有定义他们自身需要与满足这些需要的方式的能力；（3）调解式控制（mediation），即由国家而非生产者或消费者来决定专业行为的内容和对象。在这三种类型中，专业、客户与国家分别成为控制生产—消费关系的主体。这一分类为研究专业的外部关系提供了一个简明而清晰的理论框架，并且显示了专业与外部主体的权力关系对专业生活的影响。[①]

院校研究专业发展与分化过程中，日益受到外部权力或因素的影响。院校研究专业的外部权力关系也可以分为约翰逊所说的三种类型，只不过在院校研究专业发展过程中，国家不会直接对院校研究进行控制。但近年来美国高等教育认证日益受到联邦政府的影响，成为联邦政府控制高等教育质量的工具。认证对高校的质量管理间接影响了院校研究专业的发展，成为院校研究专业外部关系的一极。

上文曾提到，院校研究是一门诞生于组织中的职业。院校研究的任务就是帮助组织应对管理上面临的挑战，这是彼得森所说的院校研究演变的主要动力。所以，学校组织也是外部权力关系的一极。院校研究人员在帮助所在高校应对管理挑战的同时，也促进了院校研究专

① 刘思达：《失落的城邦：当代中国法律职业变迁》，北京大学出版社 2008 年版，第 132—133 页。

业的建构与发展。同时，院校研究专业又会对院校研究实践产生影响。因此，院校研究人员也在约翰逊所说的外部权力关系中扮演着重要的角色，成为院校研究外部权力关系的第三极。这样，本节中彼得森的院校研究专业演变图便需要加以修正为图 4 - 10。

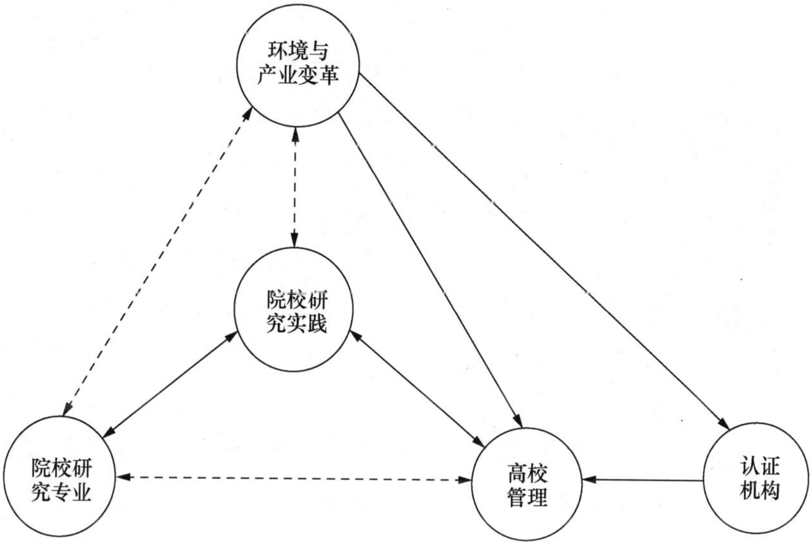

图 4 - 10 院校研究专业的外部权力关系

认证是美国高校自我监督和保障教育质量的重要手段。美国高校认证不是一种考核奖罚制度，而是一种院校自愿的、以获得业内同行和社会信任与认同的方法。认证分为区域性认证和专业认证两种。区域性认证机构和专业认证机构从事认证活动的资格由美国高等教育认证委员会（Council for Higher Education Accreditation，CHEA）确定并执行，即 CHEA 负责对认证机构进行认证和认可。六大区域性认证机构及各专业认证机构的非官方性质有助于保障高校的质量，并保障其活动不受政府的控制和影响，认证在高校与政府之间扮演了桥梁和缓冲作用。认证所发挥的作用是质量保障和质量改进，但 20 世纪 80 年代以来，联邦政府和州政府日益将认证与高校拨款挂钩，认证中的政府干预越来越多，可以说认证已经成为政府对美国高校进行干预的重要手段，认证的社会问责功能越来越明显。

院校研究专业的发展，就明显受到认证机构的影响。时任美国院校研究会执行主席兰迪·斯温博士告诉笔者，最早对院校研究进行强调和规定的认证机构是南部地区认证协会（SACS），其在1987年的认证标准中就明确提出：

> 第一，学校规划与评估过程必须要有院校研究的全程参与。院校研究必须有效收集、分析数据，并发布结果。学校必须经常评估院校研究过程的有效性，将评估结果用于改进学校的院校研究过程。第二，不管各学校的院校研究过程是集中的，还是分散的，但是都应该包括以下活动：持续并及时进行数据收集、分析与发布；使用校外研究与报告；设计并开展关于学生、人事、设施、设备、课程、服务与财务的校内研究；开发适于进行历时性研究与统计分析的数据库；为规划、评估与管理提供支持的其他相关活动。第三，学校必须要设置专门的行政岗位，负责开展院校研究，并为其提供足够的资源支持，允许院校研究获取相关信息。①

虽然认证是各高校的自愿行为，但政府日益将认证与拨款挂钩，是否通过认证也会对学校招生和声誉产生重要影响，所以各高校都会对认证予以重视。因此，认证机构中有关院校研究的规定，极大地推动了各高校院校研究的开展。近年来，SACS的认证标准已经不再明确提到院校研究（见表4-9），但仍然会提数据导向的决策等，也是表示对院校研究的强调。今天的SACS认证标准中不再提院校研究一词，原因在于前些年认证标准的规定，很多高校已经建立起了院校研

---

① 该认证标准于1984年制定，1987年生效，持续到2003年年底，2004年1月才开始采用新版本。认证标准中四处“必须”的中译文与英文原文保持一致，采取加粗形式，以示强调作用。参见 Southern Association of Colleges and Schools Commission on Colleges, http://www.sacscoc.org/pdf/1998%20Criteria.pdf。

究机构。①

近年来，西部地区认证协会（WASC）对院校研究非常重视。笔者在其认证标准中发现有这样的规定：

> 学校要设有与其目标相适应的院校研究机构。院校研究旨在满足学校战略数据需求，并及时公布相关数据。院校研究是学校评估与决策过程中不可或缺的组成部分。院校研究要负责收集相应数据，为学生学习评估提供支持。②

笔者还查阅了其他认证机构，发现中北部地区、新英格兰地区认证协会也明确提到院校研究。尽管有的认证机构虽然没有明确提到院校研究一词，但都有对院校研究职能的规定（详见表4－9）。

表4－9　美国六大区域性认证机构认证标准中有关评估、效能、规划和院校研究的规定

中北部地区认证协会	评估	学校要提供学生学习及教师教学有效性的相关证据，说明是否实现了教育使命
	学校效能	学校的持续评估过程要能够为学校效能提供可靠证据，有助于推动学校持续改进
	规划	学校资源分配及战略规划的评估过程，要能够说明学校实现自身使命的能力，提高教育质量，应对各种挑战与机遇
	院校研究	有些学校设置了院校研究办公室，定期收集并解释数据。检验院校研究有效性的方法就是看是否提供了可以指导评估和预算过程的绩效数据。其他学校可能通过非正式、非连续的数据收集来开展评估，这样的话，可能就无法很好地将数据收集过程与整体的规划活动紧密连接起来。这些学校应该检视它们的数据收集方法是否正式和连续，检视是否真正提供了足够的绩效数据，指导规划活动

① 此信息来自与时任美国院校研究会执行主席兰迪·斯温博士的交流。

② Western Association of Schools and Colleges，http：//www. wascsenior. org/.

续表

中部地区认证协会	评估	对学生学习的评估要能够说明在学生毕业或其他时间点，学生能够获得学校之前所确立的相关知识、技能和能力
	学校效能	学校制定和设计评估过程，对学校实现使命和目标的有效性进行评估，并检验是否符合认证标准
	规划	学校要根据自身使命与目标制定规划、分配资源，并设定实现使命与目标的措施，使用评估结果来进行学校改进。战略规划与资源分配的执行及持续有效的评估过程，要为学校发展与改革提供支持，有助于维持及提高学校质量
	院校研究	学校要有完善的信息和决策支持系统为学校管理提供支持
新英格兰地区认证协会	评估	学校要系统评估学生通过学术项目及课外实践的学习成果。学校要制定明确的学生学习目标。通过评估收集信息，帮助学校提升学生就读经验及学业成就，帮助学生获得学位
	学校效能	学校要定期评估学校使命及办学目标的具体内容，评估学校规划与资源分配是否以学校使命及办学目标为指导。学校要使用这些评估结果来提高学校效能
	规划	学校规划要立足于长远，战略规划要对学校内、外部机会及挑战进行认真分析。学校规划要对财务及其他可能的临时性问题做出规划和应对，确立优先行动方案，制定切实可行的措施，以实现既定目标。学校决策，尤其是资源分配，要与规划中列出的优先事项保持一致
	院校研究	院校研究要为规划与评估活动提供支持。学校要系统收集数据，使用数据来为规划活动提供支持，提高学校效能
南部地区认证协会	评估	学校要评估学生的通识教育能力及其达成度
	学校效能	学校要评估其预期办学效果，评估在何种程度上实现这些效果，分析学校在诸多方面的提升情况，并提供相关分析证据。这些方面包括：学生的学习成果，行政支持服务，学术和学生支持服务，学校研究活动（如果学校有这一使命的话），社区及公共服务活动（如果学校有这一使命的话）
	规划	学校要有持续的、整合式、全校范围内、基于研究的规划和评估流程：系统审视学校的使命、办学目标和办学效果；（评估）学校质量持续改进方面的成效；阐明学校实现其使命方面的成效
	院校研究	暂无

续表

西北部地区认证协会	评估	学校要系统收集、分析有意义、可评价及可核实的数据——定量和/或定性的，与其达成目标的具体指标相符——并以此为基础，评估学校核心办学目标的实现情况
	学校效能	学校要经常性、系统性收集数据，分析数据，对学校核心办学目标进行循证评估。这些数据要与提出的办学目标相关。学校要制定明确的措施，评估是否将规划、资源分配及具体行动方案有机整合起来，整合效果如何。学校要向公众发布评估结果，以及是否将这些评估结果用于学校改进
	规划	学校要进行持续规划，增加规划中的各方参与。规划要为学校发展提供方向，达成学科专业及社会服务所确立的目标，实现核心办学目标及使命
	院校研究	学校所开展的关键性评估活动，要立足于学校的核心办学目标；评估结果要用于学校改进，为规划、决策及资源分配提供支持；及时向公众公开评估结果
西部地区认证协会	评估	学校课程、专业及学校层面要明确声明预期的学生学习效果。这些效果及期望要体现在学术专业、政策、课程、学生指导、图书馆及信息资源服务，以及更广泛的学习环境中。学校要阐明学生毕业时，是否实现了预期发展。学校要保证教师评价学生作业的标准中，要融入学校对学生学习的期望
	学校效能	学校要在学校运行的方方面面设立质量保障措施。比如新课程及专业的审批、周期性的学科专业评估及数据收集。这些过程要对有效性进行评价，追溯长期效果，使用外部的比较性数据，改进相关架构、过程、课程及教学法
	规划	学校要鼓励教师在规划活动中的持续参与，包括评估学校的战略定位、优先发展战略，检视学校目标、核心功能及资源的匹配度，提出未来行动纲领等。学校要监控规划及规划活动的有效性，并做出适时改进
	院校研究	学校要设有与其目标相适应的院校研究机构。院校研究旨在满足学校战略数据需求，并及时公布相关数据。院校研究是学校评估与决策过程中不可或缺的组成部分。院校研究要负责收集相应数据，为学生学习评估提供支持

注：表中所采用的各大认证机构认证标准的时间和版本分别为：中部地区（MSCHE）2006 年；中北部地区（NCA - HLC）2005 年；新英格兰地区（NEASC）2011 年；西北部地区（NWCCU）2010 年；南部地区（SACS）2011 年；西部地区（WASC）2008 年。

资料来源：六大区域性认证机构网站。

认证机构对院校研究强调的同时，也有对评估、学校效能及规划活动的强调。如表 4 - 9 所示，所有认证机构都有对评估、效能及规划的详细规定。正是由于对这些活动的强调，近些年，美国高校中成立了越来越多的评估、效能及规划办公室。1995 年的《美国高等学校目录》（Directory of Higher Education）中有关效能办公室的数量为 43，院校研究办公室数量为 375；到了 2010 年，效能办公室的数量为 672，院校研究办公室数量为 1499。[①] 15 年间，效能与院校研究办公室都有显著增长，虽然院校研究办公室的总量大于效能办公室，但效能办公室的增长速度要远远高于院校研究办公室。15 年间，院校研究办公室增加了 3 倍，但效能办公室却增加了 14.6 倍。因为各高校的具体情况不一样，所以办公室的名称也不尽相同。但是，无论是评估、效能，还是规划，都需要院校研究部门提供数据，都需要院校研究部门的支持与参与。在这种情况下，很多高校对原来的院校研究办公室进行职能扩充：有的在院校研究职能的基础上加入评估、规划和效能中的一种职能，有的加入两种职能，有的加入三种职能。因此，各高校院校研究办公室的名称有了很大的变化。目前有一个较为明显的趋势，即认证机构日益将学校效能界定为涵盖评估、规划及院校研究等职能，很多学校开始考虑设置学校效能办公室，下设院校研究、评估与规划办公室。

笔者对美国院校研究机构的名称进行了统计，如表 4 - 10 所示，“院校研究办公室”所占百分比为 46%，其次为“院校研究 & 规划办公室”（15%）、“效能办公室”（13%）、“院校研究 & 评估办公室”（11%）等。由此可见，这些院校研究机构名称中，除“效能办公室”不包含“院校研究”外，其他院校研究机构的名称中，都包含“院校研究”。所以，评估、效能、规划等职能开始与原来的院校研究办公室合并，成为新的院校研究机构，或者院校研究、规划、评估等被整合为“效能办公室”。

---

① Leimer, C. , “Organizing for Evidence - based Decision Making and Improvement”, *Change: The Magazine of Higher Learning*, Vol. 44, No. 4, 2012.

表 4－10　院校研究机构的名称及其所占百分比①

院校研究机构名称	有效观测数	有效百分比
院校研究办公室	575	46%
院校研究 & 规划办公室	181	15%
效能办公室	158	13%
院校研究 & 评估办公室	140	11%
院校研究 & 评估 & 规划办公室	79	6%
院校研究 & 效能办公室	67	5%
院校研究 & 效能 & 规划办公室	37	3%
合计	1237	100%

资料来源：2011 年美国院校研究会总部会员数据库。

以上从认证对院校研究专业影响的角度分析了院校研究专业分化背后的“调解式控制（mediation），即由国家而非生产者或消费者来决定专业行为的内容和对象”。认证机构扮演了调解式控制的角色，认证机构对院校研究的界定影响着院校研究的发展。而从认证标准中可以看出，各大认证机构普遍将院校研究视为提供数据的机构，中北部地区认证协会提出提供数据、解释数据，但大部分认证机构都明确规定院校研究的角色就是提供数据。因此，在很多学校中，院校研究的组织地位有所下降，开始归属于效能办公室领导。如 Kapiolani 社区学院新成立的学校效能办公室就涵盖了规划、评估、院校研究等职能，而从该学校文件也可了解到该办公室的成立，正是接受了认证专家组的建议后由院校研究办公室改名扩充的。② 有研究表明，因为认证机构的推动，学校效能或许正在成为一门新的专业。而学校效能办公室与院校研究办公室的“竞争”关系趋向于这样几种情况：院校研

① 院校研究办公室名称名单由美国院校研究会执行主席兰迪·斯温提供。数据统计方法为：首先删除明显不是院校研究机构名称的数据；对办公室名称中包含“院校研究”、“评估”、“效能”或“规划”任一字样的院校研究机构进行编码；仅统计有效观测数在 30 以上的院校研究机构名称及所占百分比。

② Kapiolani Community College，Office for Institutional Effectiveness，http：//ofie. kapiolani. hawaii. edu/.

究被整合进学校效能办公室，隶属于效能办公室；院校研究办公室更名为学校效能办公室；学校效能办公室主任同时兼有比主任更高一级的头衔，比如助理副校长/副教务长、协理副校长/副教务长、副教务长、副校长等，而院校研究办公室主任兼有这种头衔的情况则相对较少。①

而且与学校效能相对应的一个新的专业协会正在建立之中。该协会名称为高等教育效能协会（The Association for Higher Education Effectiveness，AHEE）。该协会主要通过领导或组建一体化的多功能办公室（比如战略规划、院校研究、评估、认证等），呼吁以证据为基础的高校规划与改进，并为以证据为基础的高校规划与改进活动提供支持。可以看出该协会试图将院校研究、战略规划、评估等整合进学校效能办公室，而“以证据为基础的规划与改进”是目前各大认证机构所极力宣传与推动的重点。AHEE 的使命设为通过提供支持，开发领导力，培养、呼吁、建议、推动与提高高等教育使用证据制定决策、政策、规划及变革的能力，从而推动高等教育改进。通过其使命，可看出该协会的使命的核心还是推动以证据为基础的决策、规划、变革，这与美国院校研究会的使命“为高等教育提供高质量的数据与决策支持”没有实质性差别，但 AHEE 的区别之处在于以整合建立学校效能办公室为突破口，而整合的策略之一便是将院校研究合并进学校效能办公室，由效能办公室领导。有认证机构认证理念的支持，有协会的大力推动，可以预见该协会正式成立后，将会是美国院校研究会的重要竞争者。

更重要的是，高校为了通过认证，也有成立效能办公室的动力或欲望。而成立了学校效能办公室，可能就会给认证一种印象，即该校具有专门的开展学校效能活动的机构，从而可能赋予学校在认证过程中更多的合法性。但实际情况是，很多学校对院校研究办公室和学校效能办公室职能的界定并不清晰，有些学校效能办公室的使命陈述与

---

① Leimer, C., *The Rise of Institutional Effectiveness*, *IR Competitor*, *Customer*, *Collaborator*, *or Replacement*? AIR Professional File, 2011, p. 120.

院校研究无异。比如南密西西比大学学校效能办公室的使命：

> 协调全校范围内的评估与规划活动；向全校提供评估方面的信息，提供培训，通过年度评估及周期性项目评审来监管项目评估活动；通过数据分析为各单位提供信息，推动改进；为评估、项目评审及学校改进活动提供及时、准确的研究性指导。[①]

其中“通过数据分析为各单位提供信息，推动改进”是传统的院校研究办公室的使命。而该校除效能办公室外，还设有院校研究办公室，其使命是：

> 收集、存储与维护学校数据，并分析、发布及提供总结性的数据；这些信息将被用于支持决策过程、全校学术及行政规划活动；本办公室还负责向州及联邦政府报送数据。[②]

可见该校对学校效能及院校研究办公室的界定并不清晰。查阅了该校这两个办公室的组织架构图，可以发现，两个机构都是向教务长汇报。由此推断，诸如这样的学校，学校效能办公室的成立，更可能是为了回应认证机构。但效能办公室的使命比院校研究办公室使命要多，所以，未来院校研究办公室将可能被整合进学校效能办公室。

以上分析了认证机构在建构院校研究与其他专业之间关系过程中的作用与影响，笔者认为认证机构发挥了调解式控制（mediation）的作用，对院校研究专业发展将产生重要影响。但还有两种机制：学院式控制（collegiate control），即专业与客户之间的生产—消费关系被专业自身基于专业权威的制度结构来控制；赞助式控制（patronage）即由国家而非生产者或消费者来决定专业行为的内容和对象。这两种机

---

① The Office of Institutional Effectiveness, The University of Southern Mississippi, http://www.usm.edu/institutional-effectiveness/welcome-office-institutional-effectiveness.

② The Office of Institutional Research, The University of Southern Mississippi, http://www.usm.edu/institutional-research/mission.

制分别指院校研究专业人员、学校决策者在院校研究专业发展演变中所可能发挥的作用与影响。具体对这两种机制的讨论，详见第五章第四节。

第五节　本章小结

院校研究的决策支持功能除表现在为学校决策者提供数据分析支持以外，还表现在为学校各种决策问题提供支持，院校研究在这一层次上发挥着特伦兹尼所谓的“事务性/问题性智能”（Issue Intelligence）的作用。

研究发现，自从20世纪五六十年代有组织的院校研究开展以来，院校研究的主要工作领域发生着不同的变化，日益由“办学效率”转变为“办学效能”的相关研究。当前，院校研究人员的工作领域主要包括学生学习成果评估、入学管理（主要研究学生辍学、保持、毕业率等）、教师事务、环境扫描与规划、财务管理与预算分析五大领域。

近年来，院校研究人员在入学管理、学生学习成果评估、教师事务及规划事务中参与较多。其中，院校研究人员在入学管理和学生学习成果评估事务中参与非常多。50%和45%的院校研究人员表示在其所在学校中，入学管理事务及学生学习评估事务主要由院校研究人员开展。而这两项事务，均与学生有关，分别是学生事务管理、学生学习与发展。所以，在美国院校研究领域，与学生有关的研究，是院校研究人员的主要工作内容和职责。相比之下，院校研究人员在财务事务中的参与较少。只有14%的院校研究人员表示，与学校财务事务有关的研究，主要由学校其他部门负责，而院校研究人员的职责是为这些机构提供某些辅助和支持。

院校研究人员在决策问题中的职责大小与院校研究者个人、办公室及学校特征有关。院校研究人员的个人特征中，院校研究人员的职位、最高学位及工作经验三个因素与其在决策问题中的职责有关。院校研究办公室特征中，办公室的组织定位、人事数据、学生资助数据及财务数据获取程度等因素与院校研究人员在决策问题中的职责相关。院校研究人员所在学校特征中，学校层次、学校类型与其在决策问题中的职责相关。

在美国，院校研究已成为一门较为成熟的专业（profession）。美国院校研究会对美国院校研究的专业化发展发挥着重要的推动性作用。院校研究的专业化发展过程中，院校研究的职责边界不断扩大，院校研究专业呈现出分化趋势，院校研究与其他专业如规划、评估、效能等职能形成一个相互依赖的系统，每个专业在这一系统中，都对某些工作拥有“管辖权”（jurisdiction）。所以，院校研究与这些专业构成一种竞争与协同的关系。院校研究的专业化，正是发生在这种管辖权的冲突中。

院校研究专业化过程中，日益受到外部权力或因素的影响。近年来，院校研究专业的发展，日益受到认证机构的影响。认证标准中有关院校研究的规定，推动和影响着院校研究职能的发挥。同时，由于院校研究的功能在于为学校决策提供支持，帮助学校应对管理上的压力与挑战，因此院校研究专业的发展，在很大程度上受到学校的影响。近年来，受区域性认证机构及学校管理的影响，很多高校开始对院校研究职能进行整合和重组，院校研究专业呈现出一种整合的发展趋势。

第五章　决策支持的过程审视

前两章从决策者和决策问题两个方面讨论了院校研究的决策支持功能。但决策者与决策问题必须要在决策过程中才能连接起来，并发挥作用。在决策过程中，决策者在院校研究的支持下，解决决策问题。所以，对院校研究决策支持功能的讨论，必须要对“过程”这一变量进行关注，研究院校研究人员在决策过程之中提供了怎样的支持。

对“过程”变量的关注有着特殊的意义，因为决策过程就是院校研究人员与决策者互动，帮助决策者建构决策情境（context）的过程。在这一过程中，院校研究人员所发挥的是特伦兹尼所谓的“情境性智能”的作用。特伦兹尼认为：“情境性智能是组织智能的最高境界，依赖于前两种智能，但并不局限于数据和特定的分析工具。情境性智能帮助院校研究人员智慧而创造性地运用技术与方法论智能，将一般性问题置于特定的情境中理解。它所涵盖的内容与方法论是针对特定组织情境的，在这一情境中关键人物会真正做出决策。依靠这一层次的智能，院校研究人员才能赢得支持、信任和尊重。”①

第一节　决策过程支持概况

一　决策过程支持模型构建

要回答院校研究人员在决策过程之中提供了怎样的支持，必须首

① Patrick T. Terenzini, “On the Nature of Institutional Research and the Knowledge and Skills It Requires”, *New Directions for Institutional Research*, San Francisco: Jossey - Bass, No. 104, 1999, pp. 21 - 29.

先回答三个前提性问题。第一，高校的决策过程是什么？第二，在决策过程中，院校研究人员提供了什么样的决策支持？第三，在决策过程中，院校研究人员所提供的决策支持程度如何？因此，需首先确定高校决策过程，其次考察院校研究人员决策过程支持的方式，最后检测院校研究人员以这些方式为决策过程提供支持所发挥的程度。

第一章中曾提到，相关文献中并不存在一个广泛认同的、高校决策过程的观点或理论。不同高校、不同的决策问题、不同利益相关者参与下所涉及的决策情境是不同的，不存在完全线性的决策过程。在这种情况下，笔者采用诺贝尔经济学奖获得者、组织决策理论大师赫伯特·西蒙（Herbert Simon）等于 1983 年提出的决策过程模型。这一模型由七个环节组成，分别是：寻找决策需要解决的问题；界定并厘清需要解决的问题；寻找解决问题的备选方案；确立标准，选择方案；为选定的方案寻求支持；制订行动方案；评估决策执行情况。①采用这一模型的原因在于：第一，它是由有限理性决策理论大师西蒙与组织理论的著名研究者理查德·赛尔特（Richard Cyrt）、特罗（Trow，D. B.）提出，具有权威性；第二，这一模型较为全面地概括了高校决策过程中所涉及的主要环节；第三，1994—1995 年曾任美国院校研究会主席的理查德·霍华德（Richard D. Howard）在 2001 年《院校研究新方向》冬季号（总第 112 期）中明确提出，可以用这一模型来考察院校研究在决策过程中所提供的决策支持。但笔者尚未发现有应用这一模型来考察院校研究决策过程支持功能的大型实证性研究。

在时任美国院校研究会执行主席兰迪·斯温博士的支持下，2012 年 3 月，笔者采用这一模型作为本书的访谈提纲并展开访谈。笔者在加州大学伯克利分校等五所加州地区高校的院校研究办公室进行访谈。访谈中，笔者向被访谈者询问院校研究人员在这七个环节中所发挥的角色是什么，或院校研究人员在这七个环节中为决策提供支持的方式有哪些。在访谈的基础上，归纳提炼出院校研究人员决策过程支

① Richard D. Howard, "Conceptual Models for Creating Useful Decision Support", *New Directions for Institutional Research*, San Francisco: Jossey - Bass, No. 112, 2001, pp. 45 - 55.

持的14种方式，并将其进一步归为三个决策阶段，分别为：厘清与确定决策问题（包括5种方式）、决策选择与执行（包括5种方式）及评估决策执行情况（包括4种方式）。在美国院校研究会协助下，对问卷进行匿名评审，并基于评审意见对决策过程三个阶段中所涉及的14种决策支持方式进行了修改。最后的调查问卷中，将厘清与确定决策问题所涉及的5种方式减少为4种。问卷中这三个阶段所对应的问题分别为2、3、4题（编码为Q2、Q3、Q4，Q2中的四个小项分别编码为Q21、Q22、Q23、Q24，以此类推）。因因子分析（详见本章第三节）中“Q22决策者索要数据”与其他变量相关性很小，将其删掉。最后得到院校研究决策过程支持的模型，如表5－1所示，厘清与确定决策问题阶段包括3种方式，决策选择与执行阶段包括5种方式，评估决策执行情况包括4种方式，共计12种方式。①

问卷设计中，以“参与频率”为视角，将变量值分为五个等级。通过对院校研究在这所有决策过程支持环节中参与频率的考察，来了解在决策过程中，院校研究人员所提供的决策支持程度如何。

表5－1　院校研究决策过程支持模型

决策阶段	题项	题项内容（决策过程支持环节）
Q2 厘清与确定决策问题	Q21	通过日常数据分析主动发现问题
	Q23	对决策问题进行历史与比较分析
	Q24	与决策者讨论决策问题
Q3 决策选择与执行	Q31	辅助选择备选方案
	Q32	就决策执行表达自己观点
	Q33	主持某一决策问题的委员会
	Q34	向利益相关者通报决策情况
	Q35	辅助设计决策执行策略
Q4 评估决策执行情况	Q41	分析决策执行结果
	Q42	对决策执行情况进行趋势分析
	Q43	就决策执行情况进行比较分析
	Q44	就决策执行情况撰写总结性报告

① 下文中有时将这12种方式称为12个环节，特此说明。

二　分析结果

如图 5 – 1 所示，院校研究人员在“厘清与确定决策问题”阶段的参与比较多。3/5 以上的院校研究人员表示经常参与“厘清与确定决策问题”。其中 72% 的院校研究人员表示经常与决策者讨论决策问题，68% 表示经常对决策问题进行历史与比较分析，61% 表示经常通过日常数据分析主动发现决策问题。

院校研究人员在“决策选择与执行”阶段的参与相对较少。一半以上（56%）的院校研究人员表示经常就决策执行表达自己的观点，48% 表示经常辅助选择备选方案，42% 表示经常辅助设计决策执行策略，34% 表示经常向利益相关者通报决策情况，25% 表示经常参与主持针对某一决策问题的讨论会。

院校研究人员在“评估决策执行情况”阶段中的参与很多。2/3 以上的院校研究人员表示经常参与到“评估决策执行情况”过程中。其中，73% 的院校研究人员表示经常参与分析决策执行结果，72% 表示经常就决策执行情况进行比较分析，70% 表示经常对决策执行情况进行趋势分析，67% 表示经常就决策执行情况撰写总结性报告。

由此我们得到院校研究人员在决策过程中三个阶段参与频率的“U”形模型。即院校研究人员在“厘清与确定决策问题”及“评估决策执行情况”两个阶段的参与显著高于在“决策选择与执行”阶段的参与，见图 5 – 2。

以上描述，主要考虑的是院校研究人员在决策支持环节“经常参与”的情况。但对比院校研究人员“参与一般”的情况时，我们发现：总体来讲，反映在“决策选择与执行”阶段“参与一般”的院校研究人员所占比例高于其他两个阶段。院校研究人员在决策过程三个阶段中“参与一般”的情况，呈倒“U”形。这表明院校研究人员在“决策选择与执行”阶段的参与频率可能有较大的差异，具体差异将通过标准差分析及相关性分析来考察。

由表 5 – 2 可知，院校研究人员在“决策选择与执行”阶段各环节中参与频率的平均数，要显著低于在“厘清与确定决策问题”及“评估决策执行情况”两个阶段参与频率的平均数。但总体而言，院

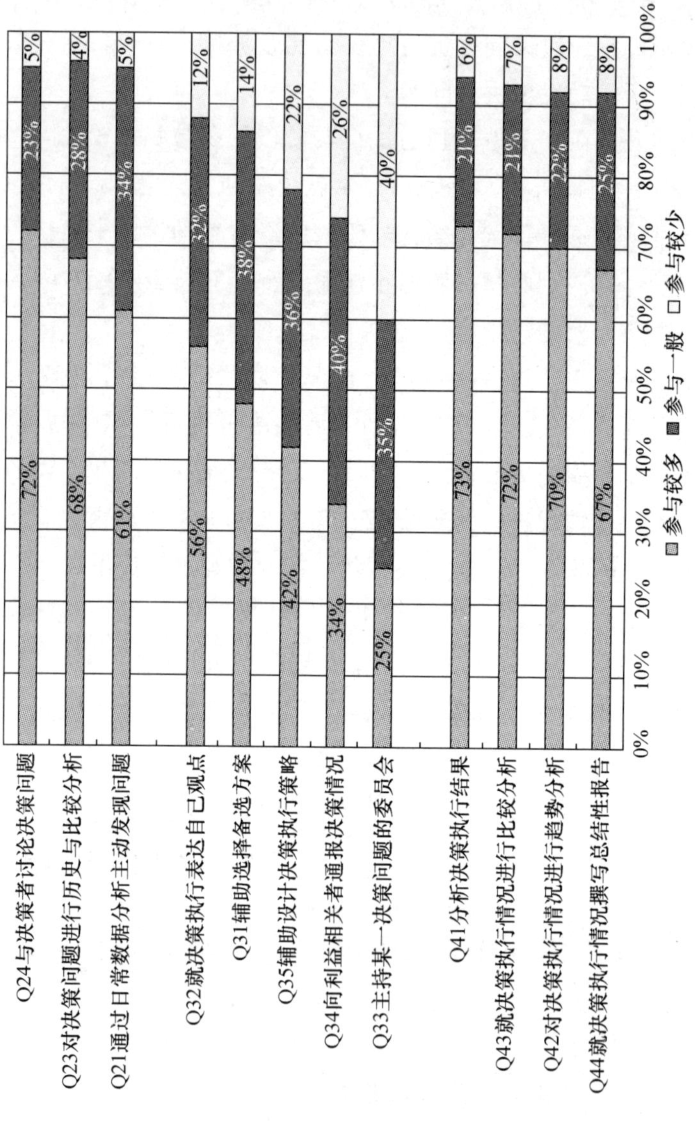

图 5－1　院校研究人员在决策过程中各个环节的参与情况

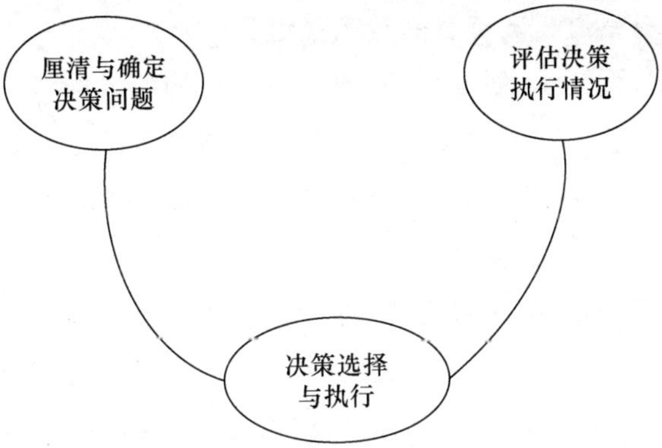

图 5－2　院校研究决策过程支持“U”形图

校研究人员在“决策选择与执行”阶段参与频率的标准差，要明显高于“厘清与确定决策问题”及“评估决策执行情况”两个阶段。这表明，院校研究人员在“决策选择与执行”阶段的参与频率的差异要明显大于其他两个阶段。

表 5－2　　院校研究人员在决策过程中参与情况

决策环节	平均数	标准差
Q24 与决策者讨论决策问题	3.97	0.92
Q23 对决策问题进行历史与比较分析	3.86	0.84
Q21 通过日常数据分析主动发现问题	3.76	0.85
Q32 就决策执行表达自己观点	3.60	0.96
Q31 辅助选择备选方案	3.45	0.95
Q35 辅助设计决策执行策略	3.25	1.03
Q34 向利益相关者通报决策情况	3.08	1.01
Q33 主持某一决策问题的委员会	2.77	1.15
Q41 分析决策执行结果	4.02	0.94
Q43 就决策执行情况进行比较分析	3.96	0.94
Q42 对决策执行情况进行趋势分析	3.96	0.97
Q44 就决策执行情况撰写总结性报告	3.87	1.01

三　由决策过程支持看高校决策过程

虽然本章重在考察院校研究的决策支持功能，但对院校研究决策支持功能的考察，能够启发我们对高校决策过程的了解。比如通过对院校研究在各个环节中的参与情况可以归纳出高校决策的以下四个特点。

第一，高校决策具有理性的一面。本次调查显示，将近一半（48%）的院校研究人员表示经常辅助决策者选择备选方案，近2/5（38%）的院校研究人员表示有时会辅助决策者选择备选方案，二者之和为86%，即只有14%的院校研究人员很少辅助决策者选择备选方案。理性决策的特点是决策者知道有哪些备选方案可供选择，决策者知道备选方案的预期收益，决策者具有一致的偏好顺序，决策者知道运用什么规则选择备选方案。88%的院校研究人员有时或经常辅助决策者选择备选方案，表明决策中存在不止一个备选方案，院校研究能够帮助决策者分析备选方案的预期收益。所以，从这方面讲，高校决策具有理性的一面。

第二，高校决策中往往涉及众多利益相关者。1/3的院校研究人员表示经常向利益相关者通报决策情况，2/5的院校研究人员表示有时会向利益相关者通报决策情况。这表明，高校中很多决策可能涉及众多利益相关者。乔治·凯勒在《大学战略与规划》一书中介绍了这样一种情况：董事会虽然对学校重大决策制定具有决定权或发言权，但因为董事会成员自己往往就是繁忙的管理者，所以只能委托校长来做决定。这时，及时将决策情况通报给董事会，将有助于赢得董事会对校长决策的支持。这样在决策执行过程中，校长就有了对那些反对者和持异议者做工作的筹码，除非董事们自己就是反对者和持异议者。①

第三，高校决策中的很多决策属于群体性决策。本调查显示，25%的院校研究人员经常主持针对某一决策问题的委员会（Chair a

---

① ［美］乔治·凯勒：《大学战略与规划：美国高等教育管理革命》，别敦荣主译，中国海洋大学出版社2005年版，第200—201页。

task force/committee charged with implementation of a solution to a campus problem)，35%的院校研究人员表示有时会主持针对某一决策问题的委员会，二者之和为60%。所以3/5的院校研究人员有时或经常主持针对某一决策问题的委员会。美国高校中，存在各种类型的委员会，较为重要的委员会有预算委员会、战略规划委员会等。此外，专门针对某一问题，经常成立专门的委员会或特别工作组（task force），比如笔者在访谈中发现这样一个案例，某高校院校研究办公室主任在浏览学生毕业率的数据时，发现近几年毕业率一直呈下降趋势，于是将这一情况呈报给教务长，教务长马上成立了专门研究该问题的特别工作组，这位院校研究办公室主任便辅助教务长主持这一特别工作组。

第四，评估决策执行情况是决策过程的重要环节。本调查显示，2/3以上的院校研究人员经常以各种方式参与评估决策执行情况，92%以上的院校研究人员经常或有时参与评估决策执行情况。评估是对决策执行情况进行评价并采取必要的纠偏措施的过程，通过评估环节，保证决策的顺利实施。由第四章第四节中也可看出，各大认证机构普遍强调通过评估，将学校的规划与预算过程紧密连接起来，提高学校的效能。

因为本章重点在探讨院校研究的决策支持功能，所以，对高校决策过程的探讨到此为止，后文将重点探讨院校研究的决策支持功能。

四　院校研究决策过程支持的层次

分析以上12个决策支持环节，我们发现Q21、Q23、Q41、Q42和Q43具有某些相同之处，均表示院校研究人员在决策过程中提供数据分析。比如“Q21在日常数据分析中发现问题”、“Q23将决策问题放在历史和比较视野中进行分析”表示在厘清与确定决策问题阶段为决策者提供数据分析。Q41、Q42和Q43表示院校研究对决策执行情况进行总结分析。笔者将这一层次的决策支持称为“分析性支持”（Analytical Support）。所谓分析性支持就是指通过对数据的分析，将数据转化为信息，并将信息提供给决策者。所谓信息，指对收集到的数据和资料加以梳理、整合与分析得到的资讯。只有将资料进行加工转换成信息时，数据资料才能发挥人们期待的作用，帮助回答和解决问题，为决策过程提供基本依据。所以，“数据性支持”（Data Support）是比“分析性支持”更为基础的一个层次，因为数据是人们通过对研究对象或者与解决问题相关的事进行观察、了解所获取的有关资料。

Q24、Q31 和 Q32 在数据和信息支持的基础上更高一层，比如“Q24 与决策者讨论决策问题”、“Q31 辅助选择备选方案”、“Q32 就决策执行表达自己观点”所需要的不仅仅是数据和信息，还需要将信息放在学校的具体决策问题中，帮助决策者建构起决策的情境和心智模式。这三项可以归为一类，共同点为院校研究人员在其中发挥了咨询的作用，就决策问题发表看法和提出建议。笔者把这一层次的决策支持称为“咨询性支持”（Consulting Support）。[①]

Q33、Q34、Q35 和 Q44 则在咨询性支持的基础上更高一层，不仅仅局限于以咨询人员的身份为决策提供支持，还参与到决策的选择、执行与评估过程之中。院校研究人员通常掌握学校各方面的数据，被视为客观中立的第三方，由院校研究人员主持决策讨论，有助于平衡各方参与者之间的利益，所以院校研究人员可能会主持某一决策问题的委员会（Q33）。院校研究人员有时会与决策涉及的利益相关者沟通，以便使决策者做出的决策能够得到利益相关者的支持，所以院校研究人员可能会向利益相关者通报决策情况（Q34）。辅助设计决策执行策略（Q35）和就决策执行情况撰写总结性报告（Q44），则表示院校研究人员尽管不是执行决策的单位，但也参与到了决策执行与评估过程之中。这四种支持性活动，远远超出了数据、信息和咨询，笔者将这种支持称为“领导性支持”（Leadership Support）。

在这种决策支持中，院校研究人员所扮演的角色是一种特殊的领导方式——“服务型领导”（Servant Leadership）。所谓领导性支持或

---

① 实际上，Advisor 与 Consultant 是有区别的，二者是否都翻译为咨询？几乎没有院校研究办公室使命中说成为 Consultant，加州大学伯克利分校院校研究办公室的使命是成为学校中的 Advisory Group。但的确很多院校研究人员为其他学校提供咨询，而且自称 Consultant。

服务型领导指院校研究人员利用其拥有的专业知识、技能、工作经验、沟通能力、协调能力、领导能力，在决策过程中发挥领导性作用，为决策过程提供支持。这种领导行为大多是非权威型领导（leaders without authority），即发挥领导能力，但没有组织正式赋予的权力，比如资源分配权、战略选择权，所以这种领导作用的发挥，仍然是在为决策提供支持。

由表 5 - 2 也可看出院校研究人员发挥领导性决策支持角色的环节中（Q33、Q34、Q35 和 Q44），标准差是最高的，表示院校研究人员的领导性支持能力，因院校研究个人、办公室及学校等各种因素而存在很多差异。同时，也在一定程度上表明，这种支持是一种高级决策支持功能，对院校研究人员的专业素养有很高的要求。

以上只是先由描述性分析提出院校研究决策支持功能的四个层次——数据性支持、分析性支持、咨询性支持和领导性支持，下一节将对这四个层次的决策支持功能进行深入阐述。

第二节　决策过程支持的四个层次

本章第一节结合描述性分析结果，提出了决策过程支持的四个层次，分别为数据性支持、分析性支持、咨询性支持和领导性支持。本节将对这四个层次的含义、背景、重要性等分别进行阐述。

数据性支持是最为基础性的支持，只有具备了数据性支持功能，才能发挥其他三个层次的功能。数据性支持和分析性支持是决策过程支持的基础性层次，咨询性支持和领导性支持是决策过程支持的高级层次。由数据性支持到领导性支持，决策过程支持的层次越来越高，对院校研究人员的技能和专业素质要求也越来越高。四个层次之间的关系及每个支持层次与决策模型要素的对应关系，如图 5 - 3 所示。

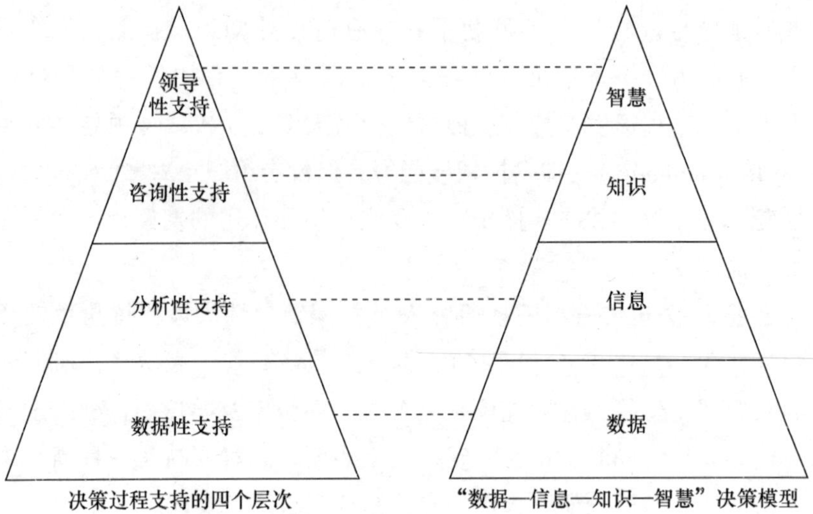

图 5-3 院校研究决策过程支持的四个层次

一 数据性支持

数据性支持主要指院校研究人员为决策者提供数据，帮助决策者做决策。数据主要指那些未经加工的事实或是着重对一种特定现象的描述。这一层次所涉及的数据，不需要经过复杂的统计分析，便可以获取到，比如学生数、教师数、生师比、历年毕业率的趋势等。所以，这一层次所提供的是数据，而不是信息，没有反映事物之间的关系，没有赋予数据一定的情境。

数据性支持是院校研究刚刚产生之时所发挥的决策支持功能。20世纪五六十年代是美国高等教育发展的黄金时代，生源和经费充足，高校规模迅速扩大，新学校纷纷建立。高校管理者需要了解学生的特点、数量及对教师、空间和经费的需求。很多高校开始借助院校研究来完成这些工作。当时人们普遍认为院校研究的功能就是为决策者提供数据支持。比如 1960 年，布伦博（A. J. Brumbaugh）认为院校研究的任务就是提供适切性、事实性的数据，便于校长和其他管理者通过数据寻找解决问题的方案，实现高效管理。[①] 1966 年，弗朗西·斯鲁

① Brumbaugh, A. J., *Research Designed to Improve Institutions of Higher Learning*, Washington, D. C.: American Council on Education, 1960.

尔克和格伦·布鲁克斯（Francis Rourke & Glenn Brooks）在《高等教育中的管理革命》一书中认为院校研究是学校的自我研究，目的在于帮助学校了解内部运行和资源利用的有效性，学校依靠收集来的数据进行决策，而不是基于管理者的主观感觉和臆测来决策。[①] 以上两个定义都清楚地表明，院校研究刚刚产生之时所发挥的决策支持功能主要是为决策者提供数据。

其实这一时期的院校研究所发挥的决策支持功能，与信息技术的发展水平是紧密相关的。1946 年，人类历史上第一台电子计算机才刚刚在美国费城问世。20 世纪 50 年代，没有软件系统，数据无法保存，还处于人工管理阶段。20 世纪 50 年代后期至 60 年代中期，进入文件系统阶段，数据可以长期保存，并反复使用，这时已经有了直接存取的存储设备，有了索引文件、链表文件等。20 世纪 60 年代后期才开始进入数据系统阶段，出现了结构化的数据模型，可以描述数据之间的关系。1970 年，IBM 的研究员埃德加·科德（Edgar Codd）发明了关系数据库，成为软件发展历史上跨越性的里程碑。之后，科德又总结出构建关系数据库的定律，扎扎实实地把理论推向了实践，关系型数据库才得到大范围的推广，并引发了一场软件领域的革命。大型软件，即大型信息管理系统的应用也随之大范围地推广开来。这些信息系统的建立和运行，使人类从繁杂的重复性劳动中解放出来，效率大为提高。但 20 世纪 70 年代以前的信息技术为院校研究所提供的支持仅仅是数据存储和简单的描述性统计分析。

数据性支持是院校研究在决策过程中所发挥的最为基础性的支持，其他三个层次的支持，都需要基于数据性支持才得以存在，并发挥作用。数据是“数据—信息—知识—智慧”模型中的基石。信息是基于对数据的加工和分析获得的；知识是对信息进行深加工得到的产品，是通过对信息的功能从单纯的“使用性”到“指导性”的一种有意义的转换结果；智慧是人们在现实生活中使用知识，并进行高度

---

① Rourke, F. E. & Brooks, G. E., *The Managerial Revolution in Higher Education*, Baltimore: Johns Hopkins University Press, 1966, p. 44.

提炼和自我反省所得到的成果。所以，信息、知识及智慧的形成，都需要数据的支撑。数据性支持是决策过程支持中最为基础性的层次。

数据性支持对院校研究人员技能和专业素质的要求，与特伦兹尼所称的技术性/分析性智能有某些共同之处。比如它需要对学校的主要构成要素有所了解，比如学生、教师、财务和设施；需要数据基本术语的界定与内涵，如全时当量（Full - Time Equivalent）、学分与工资级别等；需要熟悉基本的计算公式，如全日制学生数、教师数、建筑使用面积等；需要熟悉学校基本的数据文档，如注册、招生、人事等数据库的结构、变量名、定义等；需要熟练掌握基本的研究/统计方法，比如研究设计、描述性分析等。

二 分析性支持

分析性支持指通过对数据进行分析，形成信息，并对数据和信息进行解释，赋予一定的情境，为决策提供支持。分析性支持与数据性支持的区别在于，分析性支持建立在对数据分析的基础上，并且需要对分析结果进行解释和说明，从而更好地帮助决策者在决策过程中使用这些信息。但需要说明的是，分析性支持并不以技术和方法的复杂性为目的，数据分析的目的是提升决策质量。所以，数据分析的质量和效果，不是以所采用的数学分析手段是否足够高级、足够复杂为依据，而是以决策的需要为依据，即复杂性和高深性不是分析性支持的特征和目的。

院校研究的分析性支持功能，形成于20世纪70年代后期和80年代初期。进入20世纪70年代，高校开始开发大型的数据库和管理信息系统，产生了大量的数据。这一时期，联邦政府建立了高等教育综合系统调查（Higher Education General Information Survey，HEGIS）[①]，要求学校报送数据。此外，院校研究人员还要向州协调董事会或治理董事会等州高等教育协调/治理机构报送数据。于是不少院校研究人员认为其职责就是向高校外部和内部决策者提供数据。针对

---

① 后来改名为高等教育综合数据系统（IPEDS），隶属于联邦教育部教育统计中心（NCES）。

院校研究人员职责就是提供数据这一观念，很多人开始提出反驳意见。1975—1976 年美国院校研究会主席伯纳德·希恩（Bernard Sheehan）在 1976 年提出院校研究除担任技术员（开发数据库）这样的角色外还有一个更重要的角色，那就是分析数据，将数据转化为信息，为学校决策、政策和规划提供支持。① 一年以后，希恩与洛伊丝·托伦斯（Lois Torrence）（1974—1975 年美国院校研究会主席）共同提出院校研究是一种对高校运行、环境及过程进行的研究与分析。② 1981 年，乔·索普（Joe L. Saupe）（1968—1969 年美国院校研究会主席）对这一观点表示支持，他在《院校研究的功能》一书中把院校研究界定为在某一学校开展的，通过提供信息，为学校规划、政策及决策提供支持的研究。③

索普对数据和信息的区分引起了争论。有些院校研究人员认为他们的职责仅仅是为决策者提供数据，而不涉及信息的解释和使用。这些院校研究人员技术能力强，在开发和设计学校数据库和信息系统方面发挥着主要作用，他们对自己被称为技术员很满意。然而，也有很多院校研究人员认为很粗糙的数据是没什么用处的，需要对数据进行筛选、组织和分析，赋予数据一定的情境，这样数据才有用，他们认为院校研究人员在将数据转化为信息时发挥着重要作用。1990 年，美国院校研究会出版了索普撰写的《院校研究功能》第二版，索普对院校研究定义并没有改变，仍是将院校研究定义为在某一学校开展的，通过提供信息，为学校规划、政策及决策提供支持的研究。④ 在美国院校研究领域，索普对院校研究的定义是流传最广的，大多数院校研究人员认为其职责是通过对数据的分析，为决策提供信息。

---

① Sheehan, B. S., "Presidential Address: Know then Thyself", *Proceedings from the 16th Annual Forum of the Association for Institutional Research*, 1976, pp. 3 - 7.

② Sheehan, B. S. & Torrence, L. E., "Institutional Research", International Encyclopedia of Education, San Francisco: Jossey - Bass, 1977, pp. 2184 - 2193.

③ Saupe, J. L., *The Functions of Institutional Research*, Tallahassee, FL: Association for Institutional Research, 1981.

④ Saupe, J. L., *The Functions of Institutional Research*, Tallahassee, FL: Association for Institutional Research, 1990.

在商业领域，对数据的分析甚至形成了一个学科，即“数据分析学”（Analytics）。流程再造和知识管理理论的缔造者托马斯·达文波特对 Analytics 的定义是“广泛地使用数据、统计及定量分析方法，利用解释与预测的模型，以及注重事实的管理方法来制定决策和行动方案”。① 马文·彼得森在其个人传记中将美国院校研究会称为一个分析性（Analytic）的协会。② 有人甚至认为应该用 Analytics 一词代替“院校研究”。③

分析性支持需要院校研究人员熟练掌握各种推断性统计方法，如T检验、卡方检验、方差分析、线性回归、有序回归、逻辑回归、因子分析、时间序列分析、分层线性模型等。还要掌握数据挖掘技术，如决策树（Decision Tree）、神经网络（Neural Network）、关联（Association Rules）、聚类分析（Clustering）、集成（Ensemble）以及文字挖掘技术。④ 需要再次强调，方法和技术只是途径和手段，数据分析的目的在于将数据转化为决策者可以用来决策的信息，因此一定要以决策者、决策问题和决策情境为核心进行数据分析，否则不能称之为分析性支持。

三　咨询性支持

咨询性支持指院校研究人员以咨询人员的身份参与到决策过程之中，就决策提出自己的观点、建议与设计。本书表明院校研究人员在以下三个方面为决策者提供咨询性支持：与决策者讨论决策问题、辅助选择备选方案、就决策执行表达自己观点。咨询性支持与分析性支持的不同之处在于，咨询性支持不仅包括提供信息，而且涉及基于信

---

① ［美］托马斯·达文波特、珍妮·哈里斯：《数据分析竞争法——企业赢之道》，康蓉、吴越译，商务印书馆 2009 年版，第 8—9 页。

② Peterson Marvin, “A Serendipitous Search for A Career in Higher Education”, *Higher Education: Handbook of Theory and Research*, *Great Britain*: *Spinger*, 2005, p. 27.

③ Bichsel, Jacqueline, Analytics in Higher Education: Benefits, Barriers, Progress and Recommendation (Research Report), Louisville, CO: EDUCAUSE Center for Applied Research, August 2012, http://net.educause.edu/ir/library/pdf/ERS1207/ers1207.pdf.

④ 常桐善：《美国院校研究的过去、现在和未来——基于高等教育发展的视角》，《高等工程教育研究》2013 年第 2 期。

息对决策提出建议。所以，与分析性支持相比，咨询性支持中，院校研究人员以更加积极的态度参与到了决策过程之中，与决策者进行互动，在互动中帮助决策者建构决策情境，促进信息的使用与采纳，从而有助于更好地发挥院校研究的决策支持作用。

通过为决策者提供咨询性支持，有助于推动院校研究的成果被采纳，使院校研究发挥更大的效用。虽然院校研究人员擅长数据的收集与分析，通过对数据进行分析，为决策者提供信息。但“过分专注于信息造成了对社会环境的忽视，而正是后者有助于人们理解信息可能意味着什么以及为什么信息很重要。”① “不管信息的独立性与所及范围有多么大，但是只有人，只有在人的社会、组织与社会公共机构中，是人最终决定了信息的全部意义以及为什么信息是重要的。”② 因此，通过为决策者提供咨询，与决策者有更多的讨论、互动和交流，一方面更容易帮助决策者建构起决策的情境和心智模式，另一方面有助于使院校研究的研究成果进入决策者的视野，发挥其应有的价值和效用。

在中国借鉴并开展院校研究之时，中国的院校研究人员如刘献君、赵炬明相继明确提出了院校研究的咨询性功能，并对其进行了深入论述。刘献君提出院校研究是一种咨询研究，发挥着信息中枢和智囊的作用。院校研究能够帮助学校行政部门对有关本校改革和发展的重大问题做出准确的预测，能够对具体决策的目标和价值进行论证，能够对政策环境进行分析。③ 赵炬明提出院校研究是在高校内部进行、以改进本校管理为基本目的的一种管理咨询研究，提出最好使院校研究在组织上隶属于大学，在专业上独立于大学。④ 两位学者的论述，有助于中国在开展院校研究的过程中，正确理解与厘清院校研究的角色，促进院校研究更好地发挥其决策支持功能。

---

① ［美］约翰·希利·布朗、保罗·杜奎德：《信息的社会层面》，王铁生、葛立成译，商务印书馆2003年版，第7页。

② 同上书，第19页。

③ 刘献君：《院校研究论略》，《高等工程教育研究》2006年第5期。

④ 赵炬明：《管理咨询与院校研究》，《高等工程教育研究》2007年第2期。

美国院校研究领域的相关文献中，并没有明确提出院校研究的咨询性支持角色，但相关文献中能够发现有关院校研究咨询性支持的论述。美国院校研究人员在提供数据和信息方面特别有效，但很大程度上其角色仅仅局限于提供数据和信息，而不涉及决策参与。1996 年的一项调查显示，96% 的校长认为院校研究提供了准确的数据和信息，90% 以上的校长认为院校研究在报告数据方面非常有效。90% 的校长希望院校研究所提供的报告中，能够加入分析和解释。只有约 30% 的校长不希望院校研究提建议，近 30% 的校长特别希望院校研究能够在报告中提出建议。50% 的校长认为院校研究是被动的，90% 的校长希望院校研究更加积极主动。校长们认为影响院校研究有效性的因素之一就是院校研究人员缺乏主动性，而对数据做出解释，并提出建议就是积极主动的一种体现。①

基于院校研究人员应该是仅仅提供信息，还是以更加积极的态度参与到决策过程之中，美国院校研究会近年来开始对其使命进行审视，并提出新的使命。美国院校研究会 2008 年 9 月的董事会上，时任美国院校研究会副主席的罗伯特·塔库先（Robert Toutkoushian）教授提出："我们不应该被视为仅仅是搞数据的人。院校研究并没有参与到决策过程之中。我们怎样才能更好地对信息做出解释，而不仅仅被视为是提供信息的渠道?"② 塔库先还提出："我们的角色不应该仅仅是报送数据，我们不能够仅仅局限于报送数据。我们是院校研究（Institutional Research）而不是报送数据（Institutional Reporting）!"③ 经过讨论，美国院校研究会在 2009 年 2 月明确提出其使命是"为高

① Harrington, C. F., Christie, R. L. & Chen, H. Y., "Does Institutional Research Really Contribute to Institutional Effectiveness?" *Paper Presented at the 36th AIR Annual Forum*, 1996.

② 文件原文：Moving beyond the perception of just being "data people". IR has not been part of the decision making processes. How can we interpret better, how can we become more of a conduit for information?

③ AIR Board Meeting September 19, 2008 Minutes (FINAL), http://www.airweb.org/AboutUs/LeadershipAndGovernance/GovernanceDocuments/Board%20Minutes/Archived%20Board%20Minutes/2008_2009BoardMeetingMinutes.pdf. 感叹号为文件原文所加。

等教育提供高质量的数据与决策支持”。[①]

笔者在美国院校研究文献中发现的有关院校研究与咨询的文献，只有约翰·米拉姆（John Milam）在《院校研究新方向》2008年秋季号发表的一篇文章《咨询人员在院校研究中的角色》。他提出应该发展高等教育咨询产业，加强管理咨询在高等教育中的应用。他指出，咨询人员不应该被视为院校研究机构的竞争者，而应该视为院校研究功能的拓展。[②] 米拉姆提出这一观念，意指院校研究人员工作量偏大，有时无法在短时间内满足决策者的需要，或者因为没有新技术的支撑，或者因为无法在规定的时间内完成分析和报告，所以才需要在院校研究职能之外另外雇用咨询人员。他还列举了咨询人员可以涉足的12个领域，分别是技术、规划、设施、评估、分析、研究、入学管理、财务、人力资源与雇佣平等问题、学术支持、资助性研究及其他。

实际上，当今院校研究人员已经在以上诸领域中发挥着咨询性支持的功能。比如宾夕法尼亚州立大学院校研究机构就为学校提供咨询服务，比如持续质量改进、战略规划、评估。在持续质量改进方面，院校研究人员能够帮助设计质量改进过程，建立质量改进团队并提供相关培训，选择与设计调查工具，收集相关数据；在战略规划方面，院校研究人员能够帮助为战略规划会议提供协助，帮助设计优先发展项目、目标及执行计划，确定战略指标及绩效测量。[③] 加州大学圣巴巴拉分校院校研究机构中，有院校研究人员为学校评估委员会提供咨询，有院校研究人员为校内的调查研究项目提供咨询。[④] 马里兰州圣

---

① AIR Board of Directors Meeting. Synopsis of February 6 – 7, 2009 Action and Motion Items, http://www.airweb.org/AboutUs/LeadershipAndGovernance/GovernanceDocuments/Board%20Minutes/Archived%20Board%20Minutes/2008_2009BoardMeetingMinutes.pdf.

② John Milam, "The Role of Consultants in Institutional Research", *New Directions for Institutional Research*, No. 139, 2008, pp. 27 – 45.

③ Pennsylvania State University, Office of Planning and Institutional Assessment, http://www.psu.edu/president/pia/about/consulting.htm.

④ University of California, Santa Barbara, Institutional Research Staff, http://bap.ucsb.edu/IR/IR – staff.html.

母大学（Notre Dame of Maryland University）院校研究机构为全校行政及学术部门提供专业咨询服务，帮助这些单位在学生学习成果、入学、学生保持及毕业率方面开展评估和提高学校效能。[①] 类似这样的例子还有很多，说明院校研究人员实际上已经在扮演咨询性支持的角色。但通过浏览各院校研究机构的网站后，笔者发现，院校研究人员所提供的咨询大多集中于学校的评估事务，尤其是帮助各个院系开展学生学习成果评估，而在评估咨询中，出现频率最高的是院校研究人员能够帮助各个院系选择合适的测量工具，帮助院系进行研究设计、分析数据等。而评估是衡量学校效能的重要手段，学生学习成果更是代表了学校效能的核心，所以院校研究在评估及效能咨询中发挥着重要作用。仅次于评估咨询的是为规划提供咨询，但笔者发现很少有院校研究机构网站用咨询（consulting）一词，而更多的是协助（facilitate）和支持（support）。因此，在院校研究实践中，院校研究人员发挥着重要的咨询性支持的作用，其中评估与效能咨询是院校研究咨询性支持的重要方面。

米拉姆指出，尽管院校研究人员在咨询人员所涉及的工作范围中都有参与，但院校研究人员却不是某一方面的专家，所以不是合适的咨询人员。[②] 结合米拉姆的这一观念，笔者认为在评估和效能事务中，院校研究人员的数据收集、研究设计、数据分析等是最为基础性的技能，也是院校研究人员最为擅长的技能，得到了充分的发挥。而特伦兹尼所说的事务性/问题性智能及情境性智能对院校研究人员的要求比分析性智能对院校研究人员的要求要高，所以在财务、人事、规划等事务中所发挥的咨询性支持还比较有限。

四　领导性支持

领导性支持指院校研究人员在决策过程中，通过发挥自己的领导力，为决策过程提供支持。比如本书中院校研究人员辅助设计决策执

---

① Notre Dame of Maryland University, Office of Institutional Research and Effectiveness, http: //www. ndm. edu/about/institutional - research/.

② John Milam, "The Role of Consultants in Institutional Research", *New Directions for Institutional Research*, No. 139, 2008, pp. 27 - 45.

行策略、向利益相关者通报决策情况、主持某一决策问题的委员会等，都属于领导性支持的范围。院校研究人员在发挥其领导力的过程中，并不具有决策问题的最终决定权，所以这种领导力的发挥，仍属于决策支持的范畴。院校研究人员领导性支持中的“领导”属于服务型领导（Servant Leadership）。

服务型领导的概念由罗伯特·格林利夫（Robert K. Greenleaf）（1904—1990）于1970年提出。服务型领导就是把下属的需求、愿望和利益放在自身利益之上，他们的首要动机是服务他人而不是控制他人，他们的目的是使下属变得更加健康、明智、自由和善于自我管理。因此，“服务为先”是服务型领导力的关键，即服务在领导之上。[①] 格林利夫把服务型领导力划分为以下维度：个人能动性、倾听和理解、语言和想象力、静思和最优化定律、接纳和同理心、先知先觉（超越理性意识）、预见、认知与理解、说服等。[②] 院校研究人员的服务型领导指在为决策者提供数据、信息和咨询的过程中发挥领导力。比如，有院校研究人员表示：

> 我曾经主持我们学校的预算评审委员会及战略规划委员会，而且院校研究是一个客观中立的协调性角色，所以完全能够胜任这些工作。这些委员会都是由负责规划、预算等事务的教职工和管理者组成。通过这些活动，我能够引导这些委员会从学校全局的视角开展工作，为实现学校目标而努力。此外，我还尝试建立各委员会内部人士的沟通渠道，将某些人介绍给特定的委员会，使这些人能够施展他们的才能。
>
> 我特别喜欢做这些事，其中让我记忆最为深刻的一件事是，那些即将从预算委员会退休的人告诉我说他们以前从未这样认识这所学校。他们以前认为决策是很简单的事情，是单维的，而现

① 周明建、阮超：《领导，首先意味着服务：服务型领导力回顾与展望》，《社会心理科学》2010年第6期。

② ［美］格林利夫：《仆人式领导》，徐放、齐桂萍译，江西人民出版社2007年版，第63—93页。

在他们明白很多决定是多维的。以前他们眼中的很多事情仅仅与一个单位相关，后来发现有些事情往往要涉及很多单位。这样的话，人们慢慢对学校的了解越来越深入，更愿意从全局出发考虑问题，共同为学校服务。①

2008 年 9 月在美国院校研究会董事会上提出院校研究应该在学校沟通及变革过程中发挥领导性作用（IR as a leadership role in communication and change）。② 2009 年，时任美国院校研究会执行主席兰迪·斯温在《院校研究新方向》秋季号《作为变革动力站的院校研究》一文中明确指出，未来院校研究人员将会作为学校高层领导而成为校长内阁中的一员，院校研究人员将不只是为决策提供信息，他们还将以更加积极的姿态参与到学校管理过程中，并引领学校的变革。斯温认为很多学校的院校研究人员已经在扮演着他所描述的角色。而且，他还认为未来院校研究会将数据分析技能、战略规划、成果评估，以及推动学校改进等技能融为一体，成为学校变革的动力站，积极参与学校的行动、实施及评估等活动。③

近年来，斯温所预测的某些方面正在变为现实。2011 年 11 月，美国院校研究会会员中，大约有 170 位院校研究人员担任学校的助理副校长、协理副校长、助理副教务长、协理副教务长、副校长等职务。④ 当前，由于认证机构对学校效能的强调，高校开始建立负责学校效能的机构，这些效能机构大多是由原先的院校研究、评估、规划

---

① 该案例由时任阿什福德大学规划与效能副校长 Christina Leimer 提供。

② AIR Board Meeting September 19, 2008 Minutes (FINAL), http://www.airweb.org/AboutUs/LeadershipAndGovernance/GovernanceDocuments/Board% 20Minutes/Archived% 20Board% 20Minutes/2008_ 2009BoardMeetingMinutes.pdf.

③ Randy L. Swing, "Institutional Researchers as Change Agents", *New Directions for Institutional Research*, No. 143, 2009, pp. 5-16.

④ Leimer, C., "What Does IR/IE Leadership Mean? A Not-So-Modest Proposal", *Presentation at 52th Annual Forum of the Association for Institutional Research*, New Oleans, LA, US, 2012.

等机构合并而来，机构负责人往往是拥有多年工作经验的院校研究人员。[①] 雷默尔在2010年的一项调查发现，某学校将规划、预算与院校研究办公室改为学校效能办公室，该办公室负责人回忆说："办公室名称修改的原因是校长参加了某些全国性会议后，认为学校效能可能就是规划、预算与院校研究办公室所做的工作，校长为了让我们发挥更大的作用，于是将办公室名称修改了，而且校长声称修改办公室名称后，就可以任命我为学校的副校长了。"[②] 笔者在谷歌中进行搜索后发现，凡是负责人头衔为助理副校长、协理副校长、助理副教务长、协理副教务长、副校长等主任以上级别的院校研究机构，都是多功能的院校研究办公室，即将院校研究、评估、规划、效能、预算等两种或多种功能合并在一起；或者该办公室名称改为学校效能办公室，但办公室下设院校研究、评估、规划等部门。由此可见，近几年来，正如斯温所预测的，越来越多的院校研究机构开始将评估、规划等职能统合进来，由富有经验的院校研究人员领导办公室，并且该负责人往往担任主任级别以上的职位，担任副校长的情况非常常见。

2012年5月，鲍尔州立大学效能办公室主任威廉姆·奈特（William E. Knight）在美国院校研究会协助下，专门开展了针对院校研究机构负责人领导力发展的专项调查。调查发现90%以上的院校研究机构负责人对"推动基于证据的决策支持"和"有效提高领导力"非常感兴趣；87%对"推动学校变革"非常感兴趣；80%对"有限权威下的有效领导"非常感兴趣。这一调查结果，也说明了院校研究人员开始寻求通过发挥自己的领导力，为决策提供支持。

院校研究人员领导性支持功能的发挥，有助于推动院校研究人员在决策事务中的积极参与，更容易在全校倡导创建一种证据文化，有效提高院校研究在学校中的知名度，从而使院校研究更好地为决策提供支持。

---

① Leimer, C., "Organizing for Evidence-based Decision Making and Improvement", *Change: The Magazine of Higher Learning*, Vol. 44, No. 4, 2012.

② Leimer, C., *Wave of the Future? Integrating Institutional Research, Outcomes Assessment, Planning, Program Review and Accreditation*, Education Resources Information Center, ED521064, 2010.

第三节 决策过程支持的影响因素

本章前两节根据描述性分析的结果，详细阐述了院校研究人员在决策过程中的四种支持。通过以上分析，我们了解了院校研究人员在决策过程中扮演着很重要的支持性角色。但对院校研究人员在决策过程中的各种支持性角色进行描述并不是本章的重点。本章的重点在于在描述性分析的基础上，找到影响院校研究人员决策过程支持的因素。只有明确影响院校研究人员为决策过程提供支持的因素，才便于下一步采取措施，更好地发挥院校研究的决策支持功能。本节将通过统计分析，回答这一问题。

一 研究设计

研究问题：影响院校研究人员为决策过程提供支持的因素有哪些？要回答该问题，首先需明确统计学意义上的决策支持层次，将其视为因变量进行回归分析。

统计方法：通过因子分析，明确决策支持的层次；再通过多元线性回归分析，寻找影响院校研究决策过程支持的因素。

研究假设：结合文献综述中院校研究有效性方面的研究，本节假设院校研究人员为决策过程提供支持的程度受院校研究个人、办公室、所在学校及决策者等特征的影响。

变量解释：因变量将通过因子分析产生。自变量包括院校研究个人、办公室、学校及决策者特征。其中，院校研究个人特征包括：职位、最高学位、学科背景、工作经验、年龄、观念（关于参与决策过程的观念）。办公室特征包括：主管领导、办公室规模、数据获取程度（学生数据、学生资助数据、人事数据及财务数据）、数据报送所占时间。学校特征包括：学校性质、学校层次、学校类型及学校规模。决策者的特征为学校主要决策者（校长、教务长、副校长、董事会、院长、系主任及评议会）基于数据和信息的决策倾向，具体测量指标为以上七类决策者向院校研究人员索要数据的频率。

变量转化：自变量有两种：一种为赋值之后的连续性变量，另一种为分类变量。连续性变量可以直接进入回归方程，但分类变量在进入多元线性回归模型之前，需要先转化为虚拟变量。转化方法同第三章第三节，例如将“学科背景”这一分类变量转化为虚拟变量，需要重新编码为虚拟变量（0，1），同时需要设定一个“学科背景”作为参考类别。这里我们选择“教育”作为参考类别，也就是说，各学科背景所有回归系数大小以及显著程度都是与“教育”这一学科背景的院校研究人员相比较的。以此类推，各虚拟变量的参考类别见表5-3（将分类变量转化为虚拟变量时，将参照变量加粗显示）。

表5-3　　决策过程支持影响因素分析自变量

一级变量	二级变量	变量解释（加粗变量为参照变量）
个人特征	职位	主任、副主任
	学位	本科、硕士、博士
	学科背景	教育、社会科学、工商管理、自然科学、人文
	工作经验	0—2年、3—5年、6—10年、10年以上
	年龄	连续变量
	决策参与观念	连续变量（非常积极=5，积极=4，既非积极也非消极=3，消极=2，非常消极=1）
办公室特征	主管领导	校长、教务长、副校长、院长
	报送数据所占时间	20%以下、20%—39%、40%—59%、60%—79%、80%及以上
	办公室规模	连续变量
	数据获取程度	连续变量（非常多=5，较多=4，一般=3，较少=2，非常少=1）
学校特征	学校性质	公立、私立
	学校层次	四年制、二年制
	学校类型	副学士授予型、学士授予型、硕士授予型、博士授予型
	学校规模	0.5万人以下、0.5万—1万人、1万—2万人、2万人以上
决策者特征	决策者依靠数据进行决策的理念	以决策者索要数据频率为观测变量，对应问卷中的Q7。连续变量（非常频繁=5，频繁=4，有时=3，很少=2，非常少=1）

注：a. 问卷中，变量“决策参与观念”的问法为：您是否同意“积极参与决策，而不是仅仅汇报数据，将有助于提高院校研究的信誉”？对变量值标签由非常不同意到非常同意分别赋值为1—5。b. 变量“数据获取程度”是对学生数据、学生资助数据、人事数据、财务四类数据获取程度的相加，获取程度包含由低到高五个等级，分别赋值为1—5。c. 变量“决策者依靠数据进行决策的理念”是对校内各类决策者向院校研究人员索要数据频率的加总，决策者包括董事会、校长、教务长、副校长、院长、系主任、评议会及专门议题决策委员会，频率包含由低到高五个等级，分别赋值为1—5。

二 因子分析结果

因子分析前，要对变量进行相关分析，以及进行 Bartlett 球形检验和 KMO 检验，以确定是否适合进行因子分析。统计检验显示，各变量间中度相关，而且统计检验显著。KMO 值为 0.904，效果非常好；Bartlett 球形检验值为 2290.238，值非常大；相应的显著性水平 $p<0.001$，属于高度显著。KMO 值及 Bartlett 球形检验表明本书的数据非常适合进行因子分析。根据特征值大于 1 的原则进行因子抽取，共提取两个公因子。第一个公因子的支配性指标有 6 个，分别为 Q34、Q32、Q31、Q35、Q24、Q33，解释了 35.84% 的总方差；第二个公因子的支配性指标有 6 个，分别为 Q42、Q41、Q43、Q44、Q21、Q23，解释了 28.92% 的总方差；两个公因子共解释了 64.76% 的总方差。而且，第一个公因子的克伦巴赫 α 系数为 0.908，第二个公因子的克伦巴赫 α 系数为 0.860，都比较高。对两个公因子的支配性指标进行比较后发现，第二个公因子的支配性指标表示院校研究人员为决策过程所提供的数据分析，第一个公因子的支配性指标表示院校研究为决策过程所提供的咨询、建议、协调等。第二个公因子是较为基础性的决策支持，第一个公因子是高级性的决策支持。因此，统计数据符合因子分析的条件，提取的公因子具有良好的信度，而且具有实际意义。我们将院校研究的决策支持命名为两个层次：一是基础性支持；二是高级性支持。

表 5－4　　因子分析旋转成分矩阵

院校研究在决策过程中的参与形式	公因子 1	公因子 2
Q34 向利益相关者通报决策情况	0.834	
Q32 就决策执行表达自己观点	0.826	
Q31 辅助选择备选方案	0.823	
Q35 辅助设计决策执行策略	0.796	
Q24 与决策者讨论决策问题	0.778	
Q33 主持某一决策问题的委员会	0.749	
Q42 对决策执行情况进行趋势分析		0.853

续表

院校研究在决策过程中的参与形式	公因子1	公因子2
Q41 分析决策执行结果		0.847
Q43 对决策执行情况进行比较分析		0.809
Q44 就决策执行情况撰写总结性报告		0.805
Q21 通过日常数据分析主动发现问题		0.510
Q23 对决策问题进行历史与比较分析		0.488
总方差解释量	35.84%	28.92%
信度系数（克伦巴赫 α 系数）	0.908	0.860

注：提取方法：主成分；旋转方法：具有 Kaiser 标准化的正交旋转法。表中因子载荷系数按从大到小顺序排列，小于 0.45 的未显示。

在基础性层次，院校研究人员为决策过程贡献的主要是数据和信息。系统收集学校数据，对数据进行统计分析，形成信息，为决策过程提供支持，是院校研究的基本特征，也是院校研究人员的基本职责。数据是“数据—信息—知识—智慧”决策模型中的基石。信息是基于对数据的加工和分析获得的，知识是对信息进行深加工得到的产品，是通过对信息的功能从单纯的“使用性”到“指导性”的一种有意义的转换结果；智慧是人们在现实生活中使用知识，并进行高度提炼和自我反省得到的成果。[①] 在高级性支持这一层次，院校研究人员以咨询者、协调者的身份参与到决策过程之中，比如向利益相关者通报决策情况、就决策执行表达自己观点、辅助选择备选方案、与决策者讨论决策问题、辅助设计决策执行策略、主持某一决策问题的委员会等。此时，院校研究人员为决策过程贡献的不再仅仅是数据和信息，更多的是知识和智慧。院校研究人员以更加积极的姿态参与到决策过程之中，与决策者互动，在互动中帮助决策者建构决策情境，促进信息的使用与采纳，使院校研究发挥更大的价值和作用。

① 常桐善：《美国院校研究的过去、现在和未来——基于高等教育发展的视角》，《高等工程教育研究》2013 年第 2 期。

三 回归分析结果

本书分别以院校研究人员在决策过程中的基础性支持及高级性支持为因变量，以院校研究个人特征、办公室特征、学校基本特征及决策者特征为自变量，应用线性回归模型，分析了影响院校研究人员决策支持行为的因素。

由表5－5可知，影响院校研究人员基础性支持（其中，R^2 = 0.266）的因素有：院校研究人员的最高学位、决策参与观念及数据获取程度，院校研究办公室的主管领导（$p<0.1$），决策者依靠数据进行决策的理念。与最高学位为学士学位的院校研究人员相比，拥有博士学位的院校研究人员能够提供更多的基础性支持。与非常不赞同院校研究人员在决策过程中参与的院校研究人员相比，非常赞同的院校研究人员所提供的基础性支持较多。院校研究人员所能获得的学校数据越多，所提供的基础性支持也就越多。与由院长主管的院校研究机构相比，由校长主管的院校研究机构能够提供更多的基础性支持。决策者越是依靠数据进行决策，院校研究人员为决策提供的基础性支持就越多。

表5－5　　院校研究人员基础性决策支持行为的回归模型

	非标准化系数		标准系数	t 值	显著性水平	多重共线性诊断	
	B	标准误差	Beta			容许度	方差膨胀因子
（常数项）	10.634	0.959		11.091	0.000		
决策者依靠数据进行决策的理念	0.478	0.039	0.457	12.217	0.000	0.939	1.065
决策参与观念_ 非常赞同	0.774	0.274	0.104	2.821	0.005	0.969	1.032
主管领导_ 校长	0.810	0.448	0.066	1.808	0.071	0.981	1.019
数据获取程度	0.085	0.040	0.079	2.096	0.037	0.928	1.078
最高学位_ 博士	0.545	0.252	0.079	2.167	0.031	0.987	1.013

由表5－6可知，影响院校研究人员高级性决策支持（其中，

$R^2=0.240$）的因素有：院校研究人员的职位、学科背景及决策参与观念，院校研究由谁主管，决策者依靠数据进行决策的理念。院校研究办公室主任比副主任或助理主任提供的高级性支持要多。拥有教育学学科背景的院校研究人员比拥有社会科学学科背景的院校研究人员所提供的高级性支持要多。与非常不赞同院校研究人员在决策过程中参与的院校研究人员相比，非常赞同的院校研究人员所提供的高级性支持较多。与由院长主管的院校研究机构相比，由校长主管的院校研究机构能够提供更多的高级性支持。决策者越是依靠数据进行决策，院校研究人员为决策提供的高级性支持就越多。

表5－6　　院校研究人员高级性决策支持行为的回归模型

	非标准化系数		标准系数	t值	显著性水平	多重共线性诊断	
	B	标准误差	Beta			容许度	方差膨胀因子
（常数项）	7.652	1.102		6.941	0.000		
决策者依靠数据进行决策的理念	0.433	0.045	0.355	9.589	0.000	0.991	1.009
决策参与观念_非常赞同	0.926	0.324	0.106	2.857	0.004	0.979	1.021
主管领导_校长	2.654	0.531	0.186	4.999	0.000	0.985	1.015
职位_主任	2.487	0.443	0.208	5.613	0.000	0.986	1.014
学科背景_社会科学	－0.714	0.337	－0.078	－2.119	0.035	0.991	1.009

综合两个回归模型可得：第一，学校基本特征并不是影响院校研究人员决策支持的因素。第二，院校研究人员的决策参与观念、院校研究办公室的主管领导及决策者依靠数据进行决策的理念是影响院校研究人员决策支持的三个共同因素。

决策者越是依靠数据进行决策，院校研究人员就越能够发挥其作用和价值，为决策提供更好的支持。由校长主管的院校研究办公室，在学校组织架构中，组织知名度较高，拥有更多的机会接触高层决策者，有助于发挥院校研究的价值和作用。这一点更集中体现在院校研究人员的高级性支持方面，向校长汇报的院校研究办公室，尤其院校研究办公室主任，拥有更多机会参与到决策的选择与执行环节，为决策者提供咨询建议，辅助设计决策执行策略，协调各方利益相关者等。院校研究部门由谁主管和决策者依靠数据进行决策的理念可以归纳为组织支持因素，院校研究人员的决策参与观念是个人观念因素。因此，院校研究人员的个人观念及组织支持是影响院校研究决策过程支持行为的共同因素。

对比两个回归模型可知，影响院校研究人员基础性支持的因素还有院校研究人员的最高学位及数据获取程度，影响高级性支持的因素还有院校研究人员的职位及学科背景。但由回归模型中的标准化回归系数可得，院校研究人员的最高学位及数据获取程度对院校研究人员基础性支持的影响并不大，院校研究人员的学科背景对院校研究人员高级性支持的影响也不大，只有院校研究人员的职位对院校研究人员的高级性支持有较大影响。这是因为，与提供数据分析相比，院校研究办公室主任因组织赋予的组织权力，比院校研究办公室副主任或助理主任更有机会参与接触决策者，与决策者进行互动。

因此，我们得到本节的最终结论，院校研究个人的观念和组织对院校研究的支持程度，是影响院校研究在决策过程中参与程度的两个最为重要的因素。这两个因素与第四章第四节所得到的认证机构的影响，共同构成影响院校研究专业发展的三个因素。笔者已经分析了认证机构对院校研究专业发展的影响，在本章第四节中，笔者将以院校研究个人观念及组织支持两个变量为基础，构建模型，分析院校研究决策支持功能的动态演变。

第四节　替代与选择：院校研究决策支持功能的动态演变

第三节中通过回归分析得出了影响院校研究在决策过程中参与的主要因素为个人观念和组织支持。个人是否主张积极参与决策过程，组织是否为院校研究决策支持功能的发挥创造良好的条件，直接影响着院校研究在决策过程中决策支持功能的发挥。将个人观念和组织支持结合起来考虑，便得到一个二维象限图，如图 5 - 4 所示。本节将分析这两个因素在不同组合的情况下，院校研究决策支持功能发挥的程度，以及院校研究应该怎样突破发展困境，充分发挥决策支持功能。

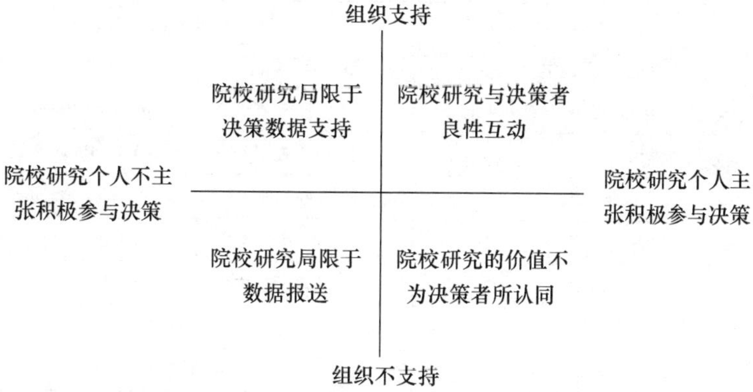

图 5 - 4　院校研究决策支持功能的四种模式

一　院校研究与决策者良性互动

当院校研究人员主张其角色不仅仅是提供数据，更要积极参与决策过程，并且组织也为院校研究在决策过程之中的参与提供支持时，院校研究的决策支持功能便得以充分发挥。院校研究决策支持功能的充分发挥表现在以下三个方面。

第一，院校研究人员的职位获得提升。院校研究人员的最高职位一般是主任（Director）、高级主任（Senior Director）或执行主任（Executive Director）。但近年来，院校研究人员开始拥有主任级别以上的职位。比如前文曾提到的，2011 年 11 月，美国院校研究会会员中，大约有 170 位院校研究人员担任学校的助理副校长/协理副校长/助理副教务长/协理副教务长，甚至担任副教务长、副校长之职的情况也并不罕见①，如表5－7所示。职位的提升，赋予了院校研究人员参与决策过程的合法性。以前院校研究人员参加学校高层会议，凭借的主要是其掌握学校各方面的数据，而现在职位的提升又赋予了院校研究人员一定的权力和权威，更加有助于在决策过程中发表个人观点及提出相关建议。

表5－7　　院校研究机构负责人职位示例②

学校名称	院校研究机构负责人职位
宾夕法尼亚大学	助理副校长（Assistant Vice President）
康涅狄格大学（University of Connecticut）	助理副教务长（Assistant Vice Provost）
南佛罗里达大学	协理副校长（Associate Vice President）
斯坦福大学	协理副教务长（Associate Vice Provost）
密歇根州立大学	助理教务长（Assistant Provost）
佐治亚州立大学	协理教务长（Associate Provost）
新泽西州立大学罗格斯（Rutgers）分校	副校长（Vice President）
普林斯顿大学	副教务长（Vice Provost）

第二，院校研究在学校中的组织定位（地位）提高。学校对院校研究的重视，还体现在校长或教务长会提高院校研究的组织定位（地位），减少汇报的层级，直接领导院校研究机构。比如本调查中，某院校研究机构负责人表示：

学校都知道我在决策中发挥了重要作用，这在很大程度上是源于我的职位。我的前任很少参与决策过程。我工作很努力，我不仅仅关注数据，我还将数据放在一个合适的情境之中。我实际上还主持了学校的战略规划，在学校效能及学生学习评估中发挥

---

① Leimer, C.,"What Does IR/IE LeadershipMean? A Not－So－Modest Proposal", *Presentation at 52th Annual Forum of the Association for Institutional Research*, New Oleans, LA, US, 2012.

② 见各学校网站，表中信息为2013年5月网上搜集。美国院校研究人员流动较快，所以表中信息随时会有变化。

作用。这一切都源于我的职位，它使我原先离校长有四个层级，而现在我是学校领导委员会（University Leadership Council）的成员。（No. 71533）

院校研究机构在学校组织架构中的位置越高，就越有机会或可能参与学校的重大决策会议，更加充分地发挥院校研究的决策支持功能。本调查中，某位院校研究人员提到：

院校研究机构在组织结构中的位置，对院校研究工作的可信度有很重要的影响。我发现，自从我开始向教务长/学术副校长汇报后，我的研究和数据分析变得非常有价值，并且对学术事务委员会和校长办公会的很多决策过程都产生了积极影响。我强烈建议工作三年以上的院校研究主任直接向副校长或校长汇报，这样才能增加院校研究的可信度。（No. 64663）

第三，评估、规划、效能等功能合并进来，并由院校研究人员领导多功能办公室。目前由于认证机构的推动，很多高校的院校研究办公室开始呈现出扩张趋势，将评估、规划、效能等功能合并在一起，而合并后的多功能办公室的负责人多为具有多年工作经验的院校研究人员。[①] 并且合并后的办公室其负责人往往具有主任级别以上的头衔，在组织中的地位及汇报路线也相应提高。所以，由此可见，以上三个方面都是紧密相连的，反映了组织对院校研究的支持。

院校研究人员积极参与决策过程，组织又给予大力支持，会使得院校研究更加充分地发挥其决策支持功能，对学校决策产生重要的影响。院校研究决策支持功能的充分发挥，反过来又会激励院校研究人员更加积极地参与决策过程。这体现了一个良性循环、互相促进的过程。调查中，有院校研究人员非常自豪地表示：

---

① Leimer, C., "Organizing for Evidence - based Decision Making and Improvement", *Change: The Magazine of Higher Learning*, Vol. 44, No. 4, 2012.

我与决策者的接触特别多。我直接向校长汇报，并且有时还间接向教务长汇报。每隔一周我都会与校长单独会面，并且我还是校长战略规划委员会的成员。我经常与学校的9位副校长及5位院长工作，有时候每周与他们见一次面。这使我对学校有一个全面的视野。我是学校高层领导小组的成员，这一小组只包括几位副校长和院长。在过去的一两年间，我发现校长及其他高层领导越来越喜欢找我们讨论决策备选方案，而且邀请我们对其发表意见和看法。然而，以前我们只是仅仅守着那些客观、中立的数据。我喜欢院校研究现在的角色，我相信我们不但能够发表我们的观念，而且也能够同时保持客观中立。(No. 27151)

我是校长内阁（President' s Cabinet）的成员之一，这一内阁只包括学校的高层领导和几个院长。校长内阁是学校最重要的决策者，涉及战略规划、入学管理和预算。因为是校长内阁成员，所以我能够直接跟决策者对话，在决策过程中发挥作用。如果院校研究办公室主任不参与类似的活动，那么院校研究办公室的有效性就大打折扣了。(No. 53231)

虽然院校研究人员主张积极参与决策过程，决策者也对院校研究的参与表示支持，但正如本章第二节所指出的，院校研究的角色仅仅限于为决策提供支持。即使其领导性支持功能也是为决策提供支持，而不是代替决策者做决策。调查中有位院校研究人员曾经越过这一界限，其中的体验并不愉快，他简要叙述了这一体验：

在我看来，参与决策过程是院校研究的重要角色，但院校研究主任们要十分小心谨慎。我们能够就其他人的工作发表我们的意见，其实是因为我们手中有数据。我们应该为决策者提供专业知识和参考，与决策者进行合作，为他们的决策提供支持，但不是主导决策。尽管我十分小心谨慎，但近年来，有几次我还是越过了这个界限，其中体验并不愉快。我们应该参与决策讨论，应该手中握有数据，为决策过程提供支持。我们能够提供很多智慧和知识，帮助决策者更深入地理解决策问题，为决策者出谋划策。但我认为如果企图主导决策的话，我们就失去了我们工作的可信度了。（No. 39277）

二　院校研究局限于决策数据支持

决策者希望推动以数据和信息为基础的决策理念，并邀请院校研究人员参与决策讨论，就决策方案发表个人观点或建议，但院校研究人员认为这不是他们的工作。这些院校研究人员认为只有提供数据或信息，才能够赢得客观中立，而一旦参与到决策过程之中，就会对院校研究工作的可信度产生不利影响。本调查中，有位院校研究人员认为：

我认为院校研究最好被视作学校政策中客观中立的一方。院校研究办公室的角色应该是为决策者提供信息辅助决策。当院校研究人员在决策过程中很积极的时候，院校研究就失去了它的客观中立。这样的话，学校里面就会对院校研究办公室产生偏见。通过掌握数据，远离决策，院校研究办公室才能够赢得信赖，对学校产生重要影响。（No. 76205）

在组织提供支持而院校研究人员不主张积极参与决策过程之时，院校研究的发展就会面临困境。因为决策者对数据和信息的需求，都是基于一定的决策情境的，希望通过数据和信息帮助他更好地理解决策问题。在院校研究人员认为其角色就是提供数据或信息的情况下，决策者可能就会寻求其他人员来对信息做出解释、参与决策讨论、提供建议与咨询，而院校研究人员的角色就逐渐沦为为某些机构或人员提供数据，而由该机构参与决策讨论，与决策者互动。尽管这种情况下，院校研究人员能够保持客观中立，但院校研究所拥有的仅仅是单调的数据，而无法赋予数据以含义和情境，长久下去，院校研究的重要性就会逐渐降低，成为数据收集和分析的技术人员。

这种情况下，院校研究的发展会面临巨大的困境。第一，院校研究决策支持功能的发挥会相当有限，部分决策支持功能（如咨询性支持和领导性支持）就会被替代。院校研究所做的就是通过收集和分析数据，仅仅为他人提供数据，距离决策者会越来越远。这样院校研究工作的有效性就会降低，对学校发展所起的作用也会非常有限。本调查中，就有院校研究人员表示：

> 如果不了解决策问题的情境，我们很难提供适切的数据，更何况信息传播过程中，还要经过科层制组织中的层层筛选。所以，院校研究要想对决策发挥作用，最好的办法就是参与决策讨论，对信息做出阐释，为决策者提供支持。（No. 24007）

第二，一旦院校研究沦为提供数据的机构，院校研究人员的职业生涯发展就会非常有限，其最高职位只能是主任级别。而如果积极参与决策过程，就会如上文第一象限中的情形一样，院校研究人员的职位会越来越高，对学校发展的作用和价值会越来越大。

第三，随着信息技术的不断发展，数据收集、分析与呈现的工具将如雨后春笋般涌现。这些工具会大大降低数据收集和分析的人力投入。长久下去，院校研究人员的很多工作会被技术和工具所替代，院校研究人员就有可能面临失业的危险。

针对院校研究人员过于专注于统计分析而忽略决策过程这一问题，早在1985年，美国院校研究领域的奠基性人物、佐治亚大学高等教育研究中心原主任卡梅伦·芬彻（Cameron Fincher）就告诫院校研究人员：院校研究的优势不在于其科学基础，而在于它与决策和政策制定的相关性，以及对决策与政策制定的影响。[①] 1995年美国院校研究会年会的主题报告上，特伦兹尼告诫院校研究人员：如果院校研究人员整日埋头于技术，院校研究人员将逐渐被视为是学校的技术人

---

① Fincher, C. L., "The Art and Science of Institutional Research", *New Directions for Institutional Research*, San Francisco: Jossey - Bass, No. 46, 1985.

员。尽管他们擅长技术操作，但在理解学校重大学术和管理问题上，视野非常狭窄。如果那样的话，院校研究人员将逐渐处在决策的边缘。尽管院校研究人员所提供的信息可能会很重要，但在对备选行动方案评估、决策沟通及制定时，校长办公会（president's council meetings）上将逐渐不再有院校研究人员的参与。[①] 2012 年美国院校研究年会上，特伦兹尼在闭幕式上再次引用芬彻的话，并告诫当时在场的近 2000 位[②]院校研究人员："芬彻并不是说不考虑社会科学和教育研究的标准，而是要在严谨的研究与实际应用之间寻得平衡，这将是未来十年院校研究的核心问题，也是院校研究所面临的核心挑战。……能否站在教师和管理者的立场上，对院校研究的效用、信誉以及赢得尊重来说非常重要。在我看来，如果过分专注于分析的话，无论我们做得再好，都有可能低估很多重要问题的复杂性。一个真正有能力而又有效的院校研究人员，必须时刻问自己'这些信息为何重要？对谁来说很重要？'"[③] 芬彻与特伦兹尼的话，对院校研究专业的发展敲响了警钟，值得每一位院校研究人员铭记在心。

因此，为了充分发挥院校研究的决策支持功能，院校研究人员需要转变观念，并通过各种途径提升专业素质，积极参与到决策过程之中。只有这样，院校研究才能赢得决策者的注意，逐渐发挥决策支持功能。

三　院校研究局限于数据报送

如果院校研究人员不主张积极参与决策过程，而决策者也不重视基于数据进行决策，这种情况下，院校研究无法发挥其决策支持功能，即便是最基础的数据性支持功能。而向联邦政府、州政府、大学排名等报送数据，将逐渐成为院校研究机构的主要任务。

而一旦院校研究成为只负责报送数据的机构，院校研究机构的规

---

① Terenzini, P. T., "Evolution and Revolution in Institutional Research", *Keynote address at 35th Annual Forum of the Association for Institutional Research*, Boston, MA, 1995.

② 2012 年美国院校研究会年会参会人员为 1949 人。

③ Patrick T. Terenzini, "On the Nature of Institutional Research Revisited: Plusça Change?" *Research in Higher Education*, Vol. 54, No. 2, 2013, pp. 137 – 148.

模和预算便会遭到削减，人员面临不足。这时的院校研究机构将会逐渐成为学校的边缘组织。一旦成为边缘组织，即使院校研究人员有时想为决策提供支持，也因为人手不足而无法实现。比如有院校研究人员表示：

> 我们应该在决策过程中发挥作用，但是我们的办公室人手不够，而且要报很多达标性数据（compliance reporting），几乎没有时间从事分析性活动。（No. 27805）

其实，院校研究人员负责报送数据是20世纪70年代以来开始承担的一项任务。进入20世纪70年代，联邦政府建立了高等教育综合系统调查（Higher Education General Information Survey，HEGIS），要求学校报送数据。后来改名为高等教育综合数据系统（IPEDS），隶属于联邦教育部教育统计中心（NCES）。而院校研究便负责向这些机构报送数据。此外，院校研究人员还要向州协调董事会或治理董事会等州高等教育协调/治理机构报送数据。尽管报送数据是院校研究的重要角色之一，但在很多学校中，报送数据成了院校研究的首要功能，除了报送数据，院校研究人员根本没有时间做其他事情。今天，院校研究仍然是负责向外界报送数据的机构，很多学校建立院校研究办公室的初衷便是向联邦政府等报送数据。

但数据报送这一角色对专业技能要求较低，无法成为一门专门性的职业，而且因为技术或外界环境的变化而受到影响。2005年3月21日，美国联邦教育部向国会提交了一份题为《在中学后教育数据系统内建立学生综合档案的可行性》（*Feasibility of a Student Unit Record System Within the IPEDS*）报告，建议建立全国性的大学生数据信息库。报告指出，该数据库系统的建立将有利于采集更有用的有关学生毕业率、保持率、学费等方面的数据信息，从而对学校的人才培养状况进行测量和评价，并可对学生的转学情况进行追踪。联邦教育部的上述建议在美国教育界引起争论。许多州立大学表示赞同，认为这将有利于建立新的数据统计和评价测量体系。但一些私立大学担心这样的数据库将侵犯学生的隐私权，一些数据将会被用于非教育目的。①

报告提出后，某些州已经开始建设本州范围内的学生综合档案数据库。但因为联邦法律和国会的反对，美国联邦教育部的这项行动一直没有得到批准。但近年来由联邦教育部教育统计中心发起的通用教育数据标准（Common Education Data Standards，CEDS）行动，则已经在悄悄开展之中。CEDS 的任务就是对院校研究人员所报送的各种数据进行统一界定，通过各个学校间的自愿性参与，来推动各种数据标准的统一化，并使得学生在中学、大学及大学毕业走上工作岗位所涉及的各种数据要能够连接起来，并可以进行学校间的比较分析。② 因此，CEDS 是联邦政府为了避开联邦法律而建立全国大学生综合档案数据库的另一种方式。可以预见，随着 CEDS 的开展，未来高校中需要向联邦、州、大学排名机构等报送的各种数据的数据定义和标准都将逐步走向统一，这样虽然各种机构需要的是不同的数据项，但因为数据的定义是一致的，就会大大减少数据报送人员的工作量。如此一来，院校研究人员所赖以生存的报送数据的功能也将被替代，院校研究将可能面临失业的危险。

因此，在这种情况下，要想避免可能出现的上述困境，需要从两个方面着手：第一，不管组织能否为院校研究决策支持功能的发挥提供足够支持，院校研究人员都要首先转变观念，提升专业素质，积极参与决策过程。第二，院校研究人员在转变观念的同时，还要积极推动在学校建立一种证据文化，通过各种方式提倡和推动以数据和信息为基础的科学决策。但这两个方面，并不总是同步。这时，便又有两种可能。一是在组织注重依靠科学决策，而院校研究人员的观念没有转变的情况下，院校研究的决策支持功能便有可能转变为图 5 - 4 中第二象限的情形，即院校研究的决策支持功能无法充分发挥，甚至某些功能会被替代，前文已经进行过阐述，因此不再重复。二是当院校

① 中国驻休斯敦总领馆教育组：《美国联邦教育部拟建立全国大学生数据信息库》，《世界教育信息》2005 年第 8 期。

② The Common Education Data Standards（CEDS），http：//ceds. ed. gov.

研究人员认为应该积极参与决策过程，而组织并不支持的情况下，院校研究的决策支持功能只能得到有限的发挥，这便是图 5 - 4 中第四象限的情形，具体阐述详见下文。

基于以上分析，为更好地发挥院校研究的决策支持功能，最佳途径是院校研究人员首先转变观念，提升专业素质，并通过不断努力提高院校研究的知名度，寻求组织支持，使个人观念的转变与组织支持同步发展。

四 院校研究的价值不为决策者所认同

如果院校研究人员主张积极参与决策过程，但组织并不支持，便会发生图 5 - 4 中象限四的情形，即院校研究决策支持功能的发挥有限。本次调查中，有院校研究人员表示：

> 在我们学校中，院校研究无法参与学校决策。院校研究只被看作是储存运行数据的一个部门。即使我想针对某一个决策备选方案中的数据发表一下个人意见，领导也是不喜欢的。职能部门的管理人员经常把院校研究的这种行为视为误导性的。(No. 42801)
>
> 我认为院校研究应该参与决策过程，因为院校研究能够提供有价值的信息和视野，从而帮助决策者做决策。然而，教师们却不了解院校研究在学校效能中的作用。所以，他们对我们还不信赖。我想需要有一段时间才能改变这一状况。(No. 69989)
>
> 自上而下的支持对院校研究功能的发挥来说很重要。如果得不到领导的支持或重视，院校研究/学校效能的作用就会非常有限。(No. 45323)

以上三位院校研究人员都主张积极参与决策过程。但如果组织不支持，院校研究人员的工作满意度可能就会降低，长久以后，院校研究人员可能就会离职。奈特与雷默尔（Knight, W. E. & Leimer, C. L.）在 2009 年对美国院校研究人员的一项全国性调查发现，在院校研究领域，组织支持是影响院校研究人员工作流动的一个关键因素，而上级主管的支持又是组织支持中的关键。①

在这种情况下，院校研究人员所需要做的便是提高院校研究在学校中的知名度（visibility），向决策者推销院校研究，设法取得组织支持。第一，通过参加某些委员会，如招生委员会、系主任委员会、各种跨部门的委员会等，让校内公众了解院校研究。如果无法成为委员会的成员，可以复印会议纪要，从中了解决策者关注的问题。第二，院校研究机构成立一个或多个与校内公众定期会面的小组，比如信息使用小组（主要关注管理需求）、数据报告小组（主要关注一般性的数据报告）及数据保管小组（主要关注数据界定）。第三，了解领导层怎样评价和使用数据和事实，以及怎样规划院校研究的活动。第四，与学校中低层职员之间建立和维护良好的关系，也是很重要的。因为这些人通常在学校待的时间比较长，而这对院校研究来说，是很重要的。第五，在有些学校，院校研究分布在多个部门之中，如招生办、注册中心、资助中心、学生事务及各个学院等。院校研究要与这些部门进行定期交流，在责任的分配上达成一致，开发一套共同的话语（common vocabulary）和常规做法（standard practice）。第六，院校研究需要同数据保管者（比如注册中心、信息技术中心）进行有效合作，以提高所提供信息的有用性和准确性。总之，院校研究人员不能天天对着电脑，要走出去与学校内外人士广泛接触（正式的和非正式的）。比如，非常简单的，偶尔与客户共进午餐，能够极大地增进彼此之间的了解。②

其实，从总体趋势来讲，由于认证机构及其他问责机构正大力推动高校依靠数据/证据进行决策、规划、评估与提高学校效能，所以高校会越来越重视院校研究。而本书也表明84%以上的院校研究人员表示应该积极参与决策过程（如表5－8所示）。所以，未来可以预

---

① Knight, W. E. & Leimer, C. L., "Will IR Staff Stick? An Exploration of Institutional Researchers' Intention to Remain In or Leave Their Jobs", *Research in Higher Education*, Vol. 51, No. 2, 2010, pp. 109－131.

② 魏署光编译：《美国院校研究协会2010年白皮书》，《大学》（学术版）2011年第7期。

见，院校研究将更加充分发挥其决策支持功能，为高校发展与改革做出更大的贡献。

表5-8　　院校研究人员对“直接参与决策过程对院校研究工作可信度有何影响”的看法

直接参与决策过程对其工作可信度的影响	有效观测数	有效百分比
非常积极的影响	182	39%
积极影响	207	45%
既非积极也非消极的影响	59	13%
消极影响	13	3%
非常消极的影响	1	0
合计	462	100%

第五节　本章小结

决策者与决策问题必须要在决策过程中才能连接起来。因此，对院校研究决策支持功能的探讨，必须将院校研究放在决策过程中考察。在决策过程中，院校研究人员与决策者互动，帮助决策者建构决策情境。院校研究人员发挥着特伦兹尼所称的“情境性智能”（Context Intelligence）的作用。

高等教育研究文献中，并不存在一个广泛认同的高效决策过程的观点或结论。为此，作者以组织决策理论大师西蒙的组织决策的七个环节为基础，考察了院校研究人员在这七个组织决策环节中的角色。经过研究，归纳提炼出院校研究人员参与决策过程的12种方式，并进一步归纳为三个决策阶段，分别为厘清与确定决策问题（3种方式）、决策选择与执行（5种方式）、评估决策执行情况（4种方式）。研究发现，院校研究人员在“厘清与确定决策问题”和“评估决策执行情况”两个阶段的参与较多，而在“决策选择与执行”阶段的参与较少。3/5以上的院校研究人员表示在“厘清与确定决策问题”阶段的参与较多，2/3以上的院校研究人员表示在“评估决策执行情况”阶段的参与较多。25%—56%的院校研究人员表示在“决策选择与执行”阶段的参与较多。

院校研究人员对决策过程所提供的支持，可以分为四个层次，分别是数据性支持、分析性支持、咨询性支持和领导性支持。数据性支持主要指院校研究人员为决策者提供数据，辅助决策者做决策。这一层次所提供的是数据，而不是信息，没有反映事物之间的关系，没有赋予数据一定的情境。分析性支持指通过对数据进行分析，形成信息，并对数据和信息进行解释，赋予一定的情境，为决策提供支持。咨询性支持指院校研究人员以咨询人员的身份参与到决策过程之中，就决策提出自己的观点、建议与设计，比如与决策者讨论决策问题、辅助选择备选方案、就决策执行表达自己观点。领导性支持指院校研究人员在决策过程中，通过发挥自己的领导能力，以协调或领导的方式，为决策过程提供支持，比如辅助设计决策执行策略、向利益相关者通报决策情况、主持某一决策问题的委员会等。院校研究人员的领导性支持属于服务型领导（servant leardership），院校研究人员并不具有决策问题的最终决定权。数据性支持和分析性支持，是决策过程支持的基础性层次，咨询性支持和领导性支持是决策过程支持的高级层次。由数据性支持到领导性支持，决策过程支持的层次越来越高，对院校研究人员技能和专业素质的要求也越来越高。

通过多元回归分析，探寻影响院校研究人员决策过程支持行为的主要因素。研究发现，第一，学校基本特征并不是影响院校研究人员决策支持的因素。第二，院校研究人员的决策参与观念、院校研究办公室的主管领导及决策者依靠数据进行决策的理念是影响院校研究人员决策支持的三个共同因素。院校研究部门由谁主管和决策者依靠数据进行决策的理念可以归纳为组织支持因素，院校研究人员的决策参与观念是个人观念因素。因此，院校研究人员的个人观念及组织支持是影响院校研究决策过程支持行为的共同因素。

院校研究的决策支持功能因院校研究个人的决策参与观念及组织支持的不同而呈现出四种模式。

第一种模式，院校研究与决策者良性互动。当院校研究人员主张其角色不仅仅要提供数据，更要积极参与决策过程，并且学校也为院校研究在决策过程中的参与提供支持时，院校研究人员便有机会与决策者良性互动，院校研究的决策支持功能也得以充分发挥。在这种模式下，院校研究日益受到学校领导重视，院校研究人员的职位有可能获得提升，比如担任学校的助理/协理副校长/副教务长等，评估、规划、效能建设等职能合并进来，由院校研究人员领导多功能办公室。

第二种模式，院校研究局限于决策数据支持。决策者希望推动以数据和信息为基础的决策理念，并邀请院校研究人员参与决策讨论，就决策方案发表个人观点或建议，但院校研究人员认为这不是他们的工作，只有提供数据或信息，才能保持客观中立，而一旦参与决策过程，便丧失其信誉。在这种情况下，院校研究的发展便会面临困境。院校研究决策支持功能的发挥会相当有限，部分决策支持功能（如咨询、协调等）会被替代，院校研究所做的工作便是数据收集、分析与提供，距离决策者会越来越远。为更好地发挥院校研究的决策支持功能，院校研究人员需要转变观念，并通过各种途径提升自身的专业素质和能力，积极参与到决策过程之中。

第三种模式，院校研究局限于数据报送。如果院校研究人员不主张积极参与决策过程，而决策者也不重视基于数据进行决策，这种情况下，院校研究无法发挥其决策支持功能，即便是最为基础的数据或信息提供。而向联邦政府、州政府等报送数据，逐渐成为院校研究的主要职责。一旦院校研究成为只负责报送数据的机构，院校研究部门的规模和预算便会遭到削减，院校研究机构逐渐成为学校的边缘组织。要摆脱困境，院校研究人员首先要转变观念，提升专业素质和能力，并通过服务决策提高院校研究的知名度，寻求组织支持。

第四种模式，院校研究的价值不为决策者认同。如果院校研究人员主张积极参与决策过程，但学校对院校研究并不认同，组织支持度不高，这种情况下，院校研究的决策支持功能也无法得到很好的发挥。此时，院校研究人员需要通过各种途径提高院校研究在学校中的知名度，向决策者介绍或展示院校研究的成果，设法取得组织支持。

目前，各大认证机构及各种社会问责组织正大力推动高校基于数据的决策理念，因此高校会越来越重视院校研究。而本书表明，84%的院校研究人员表示积极参与决策过程，而不仅仅是提供数据，将会有助于提高自身工作的有效性和可信度。因此，可以预见，未来院校研究将更加充分发挥其决策支持功能，为高校管理与决策提供更好的支持。

第六章　美国院校研究的经验及对我国院校研究的建议

前文从院校研究为决策者、决策问题及决策过程提供支持三个方面分析了美国院校研究的决策支持功能。对美国院校研究决策支持功能分析的目的在于为我国院校研究的开展提供参考。首先，中美院校研究有着某些共通之处，美国院校研究可以为我国院校研究的开展提供某些经验和借鉴。其次，我国院校研究生长、发展于我国高等教育的特定环境，因此我们要立足于中国情境，根据我国院校研究的特点，针对某些新的问题与现象，对美国院校研究的经验进行分析和思考，提出对我国开展院校研究的建议。

第一节　美国院校研究的经验

一　高层领导主管，是院校研究决策支持功能发挥的组织保障

根据第三章中明茨伯格的五型组织模型，院校研究属于组织中的技术部门或支持部门。作为技术部门或支持部门的院校研究机构，大多由教务长、副校长及校长等学校高层领导主管。本书发现，41%的院校研究机构由教务长主管，30%由副校长主管，17%由校长主管，即88%的院校研究机构由学校高层领导主管。高层领导主管院校研究机构体现了学校组织对院校研究的重视与依赖程度。院校研究机构在学校组织架构中的位置越高，则学校对院校研究越重视，院校研究越有可能为决策提供更多的支持。

首先，高层领导主管，能够保障院校研究机构的规模、经费与院

校研究人员的专业发展的需求。院校研究机构的主管领导在学校中的职位越高，在人事、经费方面的权力就越大，就越有可能为院校研究机构配备结构更加合理的优秀团队，并为院校研究机构的日常运作提供充足的经费支持。而且，为了更好地让现有人员发挥决策支持功能，高层领导有可能为院校研究人员提供更好的发展机会。比如派院校研究人员参加各种培训（如美国院校研究会的 IPEDS 培训、Institute 培训等）、参加会议（如美国院校研究会年会及各州院校研究会年会）、攻读更高一级的学位等。

其次，高层领导主管，可以使院校研究更好地了解学校改革与发展所面临的重大问题，从而更加有针对性地为决策提供支持。高层领导主管，能够增加院校研究与校长、教务长等高层领导接触的机会。通过与高层领导进行交流，便于了解学校改革与发展中的重大问题，了解决策的情境，比如决策问题的重要程度、决策所涉及的主要人群、决策的紧急程度、决策所涉及的资源分配等。对这些要素的了解，能够帮助院校研究人员更好地立足于具体决策情境，收集、分析与呈现数据，有针对性地为某一特定决策阶段提供支持。

最后，高层领导主管，能够提高院校研究在学校中的知名度。院校研究在组织架构中的位置越高，就越有机会参与各种类型的委员会。美国高校中决策科学化与民主化的重要保障机制就是成立各种类型的委员会。这些委员会大多针对某一决策问题，比如专门针对学生保持问题而成立的由教务长领导的委员会或特别工作组（Task Force），或者专门针对学校战略规划问题成立的由校长领导的战略规划委员会。这些委员会在做决策时，也需要院校研究人员提供支持。本书发现，1/4 的院校研究人员表示经常为各类委员会提供数据分析（只有 1/3 的院校研究人员很少为各类委员会提供支持）。院校研究机构在组织架构中的位置越高，与高层决策者接触的机会越多，就越有可能受邀参加各类委员会。参加这些委员会，能够提供院校研究人员在学校中的知名度，为院校研究在全校范围内做了很好的宣传。而院校研究在学校中知名度的提高，又能够促进它为更多的委员会提供决策支持。所以，院校研究机构在学校的知名度与其为委员会提供支持之间呈现出相互促进、良性互动的发展态势。

因此，高层领导主管，能够为院校研究发展提供更好的组织保障，有助于院校研究在决策过程中发挥更大的作用。

二 系统收集与科学分析数据，是院校研究为决策提供支持的前提条件

系统地收集数据，科学地分析数据，为决策提供支持，是院校研究的基本特征。院校研究建立在系统收集与科学分析数据的基础上，数据的科学性、系统性、可靠性，直接决定着院校研究的有效性。

美国院校研究人员通过各种途径系统地收集数据。数据分量化数据与质性数据。其中，量化数据通常有三个来源渠道：第一，全国性的大型高等教育数据库。美国院校研究会通讯 eAIR（2013 年 5 月）中列举了院校研究人员常用的几种大型数据库，包括美国联邦教育统计中心（NCES）的美国高等教育综合数据系统（IPEDS）、全国学生资料库（National Student Clearinghouse）、高校人力资源专业协会（人力资源薪酬数据）（College and University Professional Association for Human Resources，CUPA－HR）、国家科学基金委（NSF）、全国教学成本与生产率研究（National Study of Instructional Costs and Productivity，即特拉华研究 Delaware Study）等。[①] 第二，学校院校研究数据系统，包括学校业务运行数据库及分析数据库。业务运行数据库是为了进行各种业务交易而建立的，数据随着业务运行随时更新。分析数据库是为了快速及时地进行数据检索、分析和传递分析结果而建立的数据库。院校研究人员根据分析的需要，定期从业务运行数据库中取数据，建立分析数据库。第三，随着院校研究功能的不断拓展，通过公开途径获取的信息远远不能满足院校研究的需要。为此，院校研究还必须开展专题调查，从而建立相关的专题数据库。所谓专题调查，是指围绕某个主题，通过调查问卷或量表来获取所需的数据。将相关专题数据存储，形成专题数据库。专题数据库被大量运用于学生事务管

① The Quality of National Data：IR Professionals' Ratings，Association for Institutional Research，https：//www. airweb. org/eAIR/Surveys/Pages/NationalDataQuality. aspx.

理，特别是用于学生学习及发展的研究之中。如学生批判思维发展、学生投入度调查、大一新生调查、大四毕业生调查等。质性数据大多通过访谈、专题小组座谈（focus group discussion）等获得。随着质性研究方法在院校研究中应用的增多，通过质性访谈及专题小组座谈收集数据，越来越受到重视。

系统地收集数据后，需要对数据进行科学的分析，形成信息。每一个决策问题都植根于特定的决策情境中，因此决策者所需要的不是孤立的数据，而是对数据进行分析、赋予数据一定情境后形成的信息。院校研究人员利用各种方式对收集来的数据进行分析，比如第四章第二节所提到的描述性分析和高级统计分析，此处不再赘述。

学校领导通常有丰富的经验和阅历，但没有足够的时间和精力去收集和分析学校运行的数据；院校研究者在研究方面受过很好的训练，但通常没有学校领导那样丰富的管理经验和阅历。然而，通过“院校研究＋管理决策”这样一个组织形式和工作过程，可以把管理中的科学和艺术成分很好地结合起来。这个模式不仅可以使双方都能最大限度地发挥各自的优势，还必然会促进学校管理的科学化。[①] 数据性支持和分析性支持是院校研究得以生存与发展的最为基本的功能，也是院校研究区别于传统高等教育研究的重要方面。只有立足于数据性支持和分析性支持，即只有立足于数据和信息，院校研究人员才能在决策过程中发挥其高级决策支持功能。因此，系统地收集数据和科学地分析数据，是院校研究为决策提供支持的前提条件。

三　与其他部门进行合作，是院校研究人员工作的重要方式

院校研究与评估、效能、规划等部门或相关工作人员有着密切的合作。本书第四章中详细阐述了院校研究与评估办公室在学校效能尤其是学生学习成果评估方面有着密切的合作，院校研究与规划办公室在战略规划制定方面有着密切的合作。比如规划与评估，战略规划制定过程中需要对学校当前运行进行评估，以了解学校发展现状，规划执行过程中需要对规划执行情况进行评估，以了解规划落实情况。而

---

① 赵炬明：《科学管理与院校研究》，《高等教育研究》2007 年第 7 期。

在规划与评估环节中，都需要院校研究人员提供数据或测量工具，都涉及数据的收集、分析与呈现。所以，院校研究与这些部门之间有着密切的合作，而有些学校为更好地发挥这些办公室的职能，将这些部门整合在一起。有研究者指出，将这些职能整合在一个办公室将会使数据在决策制定过程中发挥最大的效用。①

美国院校研究人员与学校各职能部门有着密切的合作。院校研究不是诸如学生处、招生办、财务处这样的传统职能部门，其工作的“原材料”即数据却来源于这些部门，并且院校研究人员所参与的决策问题又与这些传统职能部门有着紧密的联系。这决定了院校研究人员在工作中与这些职能部门有着密切的合作。比如入学管理事务中的学生保持、持续注册、毕业等问题，院校研究人员通常会与招生办、学生资助办公室等部门进行合作，邀请这些职能部门参与决策问题的讨论。院校研究人员为了更好地为决策提供支持，还经常与各职能部门进行沟通，在某些数据收集方面得到职能部门的支持。

院校研究人员经常与各个院系进行合作。院校研究人员与各个院系在很多问题上都有密切的合作。比如学生学习成果评估方面，院校研究人员需要得到各个院系的支持，这时院校研究人员通常作为咨询人员，为各个院系提供咨询，帮助院系选择合适的测量工具，进行研究设计，收集数据，对数据进行分析与解释等。比如教师事务方面，院校研究人员经常与各个院系进行合作，帮助院系对教师工作量进行测量。同时院校研究人员也需要取得各院系的支持，比如战略规划制定中涉及各院系资源的分配问题，有时院校研究人员会参与教务长与各院系负责人的讨论，在目标设定、指标细化及资源分配问题上与院系进行沟通协商。本次调查便发现，院长与系主任对院校研究的需求比校长还要多，需求程度仅次于教务长与副校长，由此可见院校研究人员与各院系有着密切的合作。

院校研究与信息技术人员有着密切的合作关系。据美国高校信息

---

① Morest, V. S. and Jenkins, D., *Institutional Research and the Culture of Evidence at Community Colleges*, New York: Columbia University Community College Research Center, 2007.

技术协会（EDUCAUSE）2009年的一项调查，院校研究人员是校内数据需求的最大客户。[①] 而信息技术部门负责学校数据库的日常运行与维护。因此这决定了院校研究与信息技术人员之间有着密切的合作。比如分析数据库建设过程中，院校研究人员主要参与前期分析与设计，以及分析数据库的使用、反馈与建议，信息中心负责开发、检测与维护。所以，院校研究机构是分析数据库的设计者和使用者，而信息中心则是分析数据库的维护者。在分析数据库建成后，院校研究人员还可能会不断提出新的数据收集方面的需求，这时便会与信息技术部门进行沟通，以取得信息技术部门的支持。

总之，院校研究人员在工作中需要取得各部门的支持，同时又为各部门或各利益相关者提供服务。所以，与其他部门进行协作是院校研究工作的重要方式。

四　积极参与决策过程，是提高院校研究有效性的重要途径

传统的院校研究机构通常主要负责提供数据和信息，或者对数据和信息进行适当的解释，但很少直接参与决策过程。很多院校研究人员认为院校研究积极参与决策过程会有失其客观性，对其工作的可信度产生不利影响。但本书显示，院校研究人员正以积极的姿态参与到决策过程之中。

本书显示，院校研究人员在决策过程中的积极参与主要表现在为决策过程提供咨询与领导。比如，与决策者讨论决策问题，就决策执行表达自己的观点，辅助选择备选方案，辅助设计决策执行策略，向利益相关者通报决策情况，主持某一决策问题的讨论会。这些参与，都超越了以往仅仅提供数据或信息的范围，院校研究人员成为决策过程的一部分（have a seat at the table）。而且，84%的院校研究人员表示积极参与决策过程，将会对其工作的可信度产生积极的影响。因此，我们需要对传统的院校研究的定义进行修正，需要将院校研究界定为通过收集与分析数据，为决策过程提供支持的组织职能或专业。

---

① Ronald Yanosky, Institutional Data, Management in Higher Education. EDUCAUSE Center for Applied Research. Volume 8, 2009, http://www.educause.edu/ers0908.

院校研究的功能也不仅限于提供数据与信息，还包括以咨询与领导的角色积极参与决策过程，为决策提供支持。

首先，高校决策者日益推动院校研究人员参与决策过程。一方面，当前形势下，社会对高等教育的支持力度持续下降，同时社会对高等教育的问责力度却越来越大，高校发展面临巨大的压力。高校领导越来越需要院校研究提供数据与信息，回应社会问责。沃克文将院校研究的这一角色称为公关顾问（Spin Doctor），即院校研究要为学校呈现“最好的情况”，就犹如在描述一个杯子时说它是半满的而不是半空着的。[①] 另一方面，高校这一组织正变得日益复杂，并且由于信息技术的发展，数据正变得越来越多而不是越来越稀缺，而决策者对信息关注的时间和注意力这一资源却变得日益稀缺。因此决策者开始要求院校研究人员在数据与信息提供的基础上，进一步提出自己的观点、看法与建议，辅助设计决策执行策略，帮助决策者协调与各利益相关者的关系。所以，院校研究人员参与决策过程，部分原因在于决策者的要求与推动。

其次，院校研究人员日益转变观念，更加积极地参与到决策过程之中。院校研究人员积极参与决策过程，有助于更深入地了解决策问题的情境，了解决策者的需求，从而更加有效地提供数据与信息。这种情况下，院校研究人员所提供的数据与信息，更容易被决策者所采纳，院校研究的成果能够更为有效地对决策产生影响。如此一来，院校研究对学校改革与发展的作用，即院校研究决策支持的间接功能，便得到更为充分的发挥。而且，因为院校研究人员在决策过程中发挥的作用越来越大，院校研究的职业阶梯也发生了重大变化。以前，院校研究人员的最高职位为主任级别，现在最高职位为副校长级别（不排除有院校研究人员日后做校长这一情况），而且院校研究机构日益与评估、规划、效能等办公室合并，由院校研究人员领导多功能办公室。职位的提升，职能的增加，将会更加促进院校研究更为充分地发

---

① J. Fredericks Volkwein, “The Foundations and Evolution of Institutional Research”, *New Directions for Higher Education*, San Francisco: Jossey - Bass, No. 141, 2008, pp. 5 - 20.

挥决策支持功能。

因此，美国院校研究正发生着重大的变化，院校研究人员正积极参与决策过程，更为有效地为决策过程提供支持。

五　提高学校管理水平与回应社会问责，是院校研究发展的强大动力

美国院校研究发展与繁荣的背后，还有一条非常重要的经验，那就是提高学校管理水平与回应社会问责，是院校研究发展的强大动力。提高学校管理水平或促进学校改进（improvement）是来自学校内部的推动力，而帮助学校回应社会问责是院校研究发展的学校外部推动力。

院校研究是一门扎根于组织的专业，专业的价值在于帮助组织应对管理中面临的挑战，而院校研究专业也就在这种背景中慢慢发展壮大起来了。从20世纪五六十年代到今天，美国院校研究已经走过了50多年的发展历程。在这半个世纪的发展历程中，不同时期高校面临的问题不同，院校研究人员为帮助高校应对管理中出现的问题，不同时期的院校研究，具有不同的工作重点。比如，自21世纪以来，美国高等教育中，学生学习成果评估成为院校研究的工作重点，院校研究人员就积极参与其中，为学校的评估事务提供支持。所以，学校领导日益依靠院校研究为决策提供支持，提升学校管理水平。

院校研究发展的另一动力来自联邦政府和州政府等。20世纪七八十年代，联邦政府开始设立全国性的高等教育数据库，要求各学校报送数据。现在联邦教育部教育统计中心（NCES）下的美国高等教育综合数据系统（IPEDS）是美国高等教育领域中规模最大的数据库，本书中所涉及的院校研究个人所在学校特征的数据项（学校性质、层次、类型、规模）就是直接从IPEDS数据库中提取的。各高校要在每年的秋季、冬季与春季向IPEDS报送数据。除IPEDS数据库外，其他机构如美国科学基金委（NSF）也要求高校报送数据。各州建有州高等教育数据库，州政府直属的州高等教育协调理事会（Governors Board）也要求各高校报送数据。除政府机构外，其他一些机构，如大学排名、入学指南等也要求高校报送数据。以上这些机构对高校形

成了一种社会问责的压力，而高校回应社会问责的重要方式，就是向这些机构报送数据。而在绝大多数高校中，院校研究机构因为专门负责数据收集、分析与报告而成为既定的对外报送数据的机构。本书发现，53%的院校研究人员（主任及副主任）表示其40%以上的时间花费在对外报送数据上。虽然对外报送数据不是院校研究的核心功能，但的确在帮助高校回应社会问责方面发挥了重要作用。

认证机构也在院校研究发展中扮演着重要角色。认证是美国高等教育质量保障的关键方式。但自20世纪80年代中后期以来，各大认证机构的认证标准中开始明确规定高校必须设立院校研究机构，配备专门的院校研究人员。学校评估、效能及规划事务中必须要有院校研究人员的参与。虽然认证是非官方的质量保障机制，但认证与联邦政府的学生资助（Student Financial Aid）直接挂钩，即认证通不过，就无法拿到这笔经费。几乎没有哪一所学校敢冒这个风险，无视认证机构的标准。而认证与联邦资助的联系，也使得近年来的认证机构越来越成为联邦政府干预高等教育的机构。认证机构在原有质量保障功能的基础上，开始扮演社会问责的角色。而正是由于认证机构的推动，院校研究越来越成为学校的核心管理职能，在学校管理中发挥的作用越来越重要。

综上，正是由于高校管理者的重视，以及政府和认证机构的推动，院校研究得以迅速发展，帮助高校提高管理水平，应对社会问责。

第二节　对我国院校研究的建议

一　推动院校研究规范发展，建立院校研究专业认同

我国院校研究正由初步形成走向规范发展阶段，院校研究的知名度还有待进一步提高，不少高校领导不了解院校研究是什么，院校研究能够发挥什么功能与价值。因此，有必要建立院校研究的专业认同，以此提高院校研究在学校管理与决策中的知名度。

专业认同（Professional Identity），也称职业认同，多见于对教师职业的研究。教师职业认同是个体自我从自己的经历中逐渐发展、确认自己的教师角色的过程，是当下教师个体对自己所从事的教师职业的认同程度。[①] 所以，专业认同既是一个过程，也是一种状态。将教师专业认同的概念应用于院校研究，那么院校研究人员的专业认同就是指院校研究人员逐步发展、确认自身角色的过程，是院校研究人员对自身所从事工作的认同程度。这种观点主要是从专业内部来自我建构对自身所从事专业的认识，实际上是一种专业人员对自身专业化发展程度的认识。笔者认为，专业认同不只包括专业内部对本专业的认同，还应该包括社会对专业的认同。

要加强对院校研究的研究，促进院校研究的规范化与专业化。自2007年以来，以案例研究为主要方法、以专题研究为突破口的院校研究开始在我国开展起来。但笔者发现，对院校研究的研究明显减少，对院校研究的探讨开始淡出人们的视野。其实，很多自称是从事院校研究的人员，并不了解院校研究的功能、任务、工作模式、工作方法，他们所开展的院校研究与真正意义上的院校研究相去甚远。很多院校研究成果其实仍然是传统的高等教育研究，虽然是对自身所在学校的研究，但这些研究并没有为决策服务的意识与导向，问题意识、实践意识不明显。笔者认为，当前仍然需要加强对院校研究的研究。在开展院校研究的同时，要加强探讨院校研究的工作内容、工作模式与工作方法。只有通过对工作内容、模式与方法的探讨与研究，才能加强院校研究的规范化、专业化，使院校研究还原其本来面目。

推动院校研究规范发展是建立院校研究专业认同的必由之路。2011年在北京召开的中国院校研究会提出院校研究要由初步形成走向规范发展。通过对院校研究的内容、方法、技术等进行规范，将有助于建立院校研究的专业认同。

院校研究内容的规范。这里所讲的内容规范，并不是要限定院校

---

① 魏淑华、山显光：《国外教师职业认同的研究现状》，《外国教育研究》2005年第3期。

研究一定要研究哪些问题。院校研究是一门组织中的专业，专业的价值在于满足组织的需要，帮助组织应对管理中的挑战。虽然不同的高校对院校研究有不同的需求，但院校研究人员的工作内容却有不少相同或相似之处。比如，美国高校中，院校研究人员在入学管理中参与非常多，而入学管理大多涉及招生、录取、学生就读经验、学生保持、毕业等问题，虽然各高校会对某一方面有所侧重，但有关入学管理的问题大多集中于这几个方面。所以，完全可以对美国院校研究工作的内容进行梳理，比如从学生参与问题、学生学习问题、教师工作量问题、教师研究评价问题等方面进行深入探讨。由中国院校研究会协调，每个学校选择一个问题，集中进行研究，通过深入研究、集中讨论、共享等途径，逐步建立起中国院校研究的内容。而通过这种方式，也将进一步推动中国院校研究中的专题研究持续深入下去。

院校研究方法、工具和技术的规范。院校研究人员通过方法、工具和技术来收集、分析与呈现数据，为决策提供支持。2012 年美国院校研究会对全美院校研究领域的专家（由历年美国院校研究会主席推荐，每位主席推荐 2—3 名）进行了一次调查，调查内容为：如果对入职初期的院校研究人员（3 年以下工作经验）进行培训，应该培训哪些方面。笔者对此调查数据进行了分析，结果显示排在第一位的是“数据分析与相关工具”，第二位是“有效展示研究成果与沟通技能”。这二者都是有关院校研究的方法、工具和技术，是院校研究人员进入这门专业所必须首先掌握的。我国进入院校研究规范发展阶段，一定要对这些方面进行规范。2012 年中国院校研究会与海外华人院校研究会在杭州举办高校数据系统设计与分析方面的培训班，2013 年中国院校研究会将在昆明举办数据分析的对象、内容与方法研讨会，这些都是对院校研究方法、工具和技术进行规范的探索。

但内容与方法的规范，都是为了实现院校研究的功能与价值。在院校研究初步形成阶段，我们对院校研究的功能做了很多探索，但并没有明确提出院校研究的核心功能。明确提出院校研究的核心功能，有助于让高校领导了解院校研究，进而建立院校研究机构。基于本书的研究，笔者认为，在规范发展阶段，我们可以明确提出：虽然院校研究有多种功能，但其核心功能是决策支持，其目的和价值在于推动管理与决策科学化。而提出核心功能，也有助于为规范院校研究的内容与方法提供指导，使内容与方法的规范服务于其核心功能。

二 规划院校研究的组织架构，为院校研究提供组织保障

在过去十多年间，院校研究引起了不少高校领导的重视，不少高校开始成立或组建院校研究机构。不少高等教育研究所开始转变职能，开展院校研究。但我们同时发现，院校研究机构尚未在中国高校组织中广泛存在。已经组建了院校研究机构的学校，院校研究机构在组织架构中的位置、职能等并不明晰，院校研究机构尚未充分发挥决策支持功能。很多高等教育研究机构尽管可能明确提出工作重点是院校研究，但理论导向的传统高等教育研究仍然是这些机构的主要工作内容。因此，院校研究机构尚未普遍进入我国高校的组织架构中。在院校研究规范发展的十年，要认真规划院校研究机构的组织定位，为院校研究发展提供良好的组织保障。

首先，要明确院校研究的功能与组织定位。我国学者一般将院校研究定义为高等教育研究的一种专门范式或高等教育研究的专门领域。笔者认为有必要在原先对院校研究定义的基础上，进一步明确提出将院校研究定义为通过系统地收集数据，科学地分析数据，为决策过程提供支持的专门性职业和组织职能。这一定义，将凸显院校研究的决策支持功能以及以数据为基础的工作模式。本书还发现，美国高校中，88%的院校研究机构由副校长级别以上的领导主管，其中58%的院校研究机构由校长或教务长主管。第五章的回归分析明确表明，院校研究机构由校长或教务长主管的话，院校研究人员在决策过程中会有更多的参与，更为有效地发挥决策支持功能。因此，笔者建议，我国院校研究机构组建时，适于由校长主管，这样便于一开始就使院校研究机构在组织架构中占据较高的位置，为其工作开展提供方便。

其次，要以适当的形式，向我国大学校长介绍院校研究的功能、任务、工作模式。笔者建议考虑以下两种途径，一是在影响力最大的高等教育研究与高校管理类杂志院校研究专栏中，持续刊发“美国大学校长（教务长）谈院校研究”系列的文章。笔者了解到，美国院

校研究会也对这类文章非常感兴趣，乐意收集大学校长怎样看待院校研究这类的文章，以证明院校研究对学校改革与发展的重要作用。因此，可以由中国院校研究会与美国院校研究会合作，向美国高校的校长进行约稿。二是在院校研究专栏中，持续刊发“中国大学校长谈院校研究”系列文章。刊发这类文章的目的，在于了解我国大学校长对院校研究的需求与期待，了解我国管理决策科学化的现状。基于以上两种途径，中国院校研究会可以在近几年组织一次以“大学校长与院校研究”为主题的院校研究国际研讨会或国内学术研讨会。因为领导是否重视，是决定院校研究能否有效发挥决策支持功能的关键性因素，所以通过以上方式，加强对院校研究的宣传是非常有必要的。

最后，要立足于现有基础组建或整合院校研究机构。前十年，我们提出高等教育研究所的主要任务是开展院校研究，但由于很多高教所是科研机构，评价标准是研究能力，注重发表而非解决学校实际管理问题。其实，我国高校中，评估办公室、发展规划办公室、质量办公室等机构是行政建制，掌握学校教学、科研等方面的很多数据，工作人员具有一定研究能力，而且这些机构与学校高层领导接触机会多。因此，这些机构具有开展院校研究的基础。同时，在评估或规划制定结束后，这些机构人员的工作量明显下降，很多人员处于空闲状态。笔者认为，中国院校研究会有必要将这些机构视为院校研究机构，为其提供专门的培训，吸纳参加每年的年会。本书也表明，美国院校研究领域中，有些高校的院校研究机构就负责评估、规划等事务，有些学校的院校研究机构与其他部门合作开展评估、规划等事务。

三　以学生事务为突破口，逐步建立学校的分析数据库

院校研究是建立在系统收集与科学分析数据的基础之上的。数据的科学性、系统性、可靠性，直接决定着院校研究的有效性。院校研究所需的数据一般来源于全国性大型高等教育数据库、学校院校研究数据系统及专题调查。其中，院校研究数据系统是院校研究人员工作所需数据的最重要、最关键的来源渠道。院校研究数据系统分为日常运行数据库与分析数据库。学校日常运行数据库的建设一般分为两个

状态：分散独立建设和系统统一建设。目前我国绝大部分高校的日常运行数据库大多处于分散独立建设状态，处于系统统一建设状态的学校比较少，建成分析数据库的高校极少。为更好地开展院校研究，需要建设学校统一的日常运行数据库，并逐步建立学校的分析数据库。

建设院校研究数据系统的目的在于为管理决策提供支持，帮助决策者针对特定的决策问题做决策。因此，建设院校研究数据系统之前，首先要明确数据库建设的目的，要解决什么问题，需要用到什么方法，需要哪些数据。要回答这些问题，便需要了解决策者的需求，了解学校现有的数据平台。在考察了美国院校研究的概况，并分析我国国情后，笔者认为以学生问题为突破口是建设统一的日常运行数据库及分析数据库的有效途径。首先，学生问题是学校的工作重点，以学生问题为突破口，能够有效地将各个方面的问题联系起来。其次，学生事务方面的数据不像财务数据那样敏感，以学生事务为突破口建立院校研究数据系统阻力会相对较小。最后，《教育信息化十年发展规划（2011—2020 年）》中明确地提出“推动电子学籍建设，完善学生综合素质评价”。有自上而下的推动，能够减少建设的阻力。因此，完全可以以学生事务为突破口，着手建立学校统一的日常运行数据库及分析数据库。

笔者建议，以学情调查为突破口，建设学校统一的日常运行数据库及分析数据库。目前，国内很多高校开始开展学情调查，并编制本校的本科教学质量报告。笔者认为这是建设学校统一的日常运行数据库及分析数据库的重要机遇。加州大学的经验是将学情调查数据与学生的数据连接起来，以此为突破口，构建学校的数据仓储，更好地为学校决策提供支持。我们可以以此为借鉴，在学情调查结束后，可以将学情调查数据与注册中心、教务处、学生处等数据库相连，还可以将学情调查数据与教师数据（教师个人信息、教师教学、教师工资等）相连，逐步开发以学生学习与发展为核心的数据仓储，并定期从各业务数据库中调取数据，建立学校的分析数据库。

学校高层领导尤其“一把手”的支持是建立院校研究数据系统的重要保障。2011 年在北京召开的中国院校研究会年会上，与会代表一致认为，数据库的建设，首先不是技术问题和资金问题，而是认识观念和体制问题，数据库的建设关键取决于“一把手”的管理和决策理念。[①] 院校研究数据系统的建设涉及学校工作的各个部门、方方面面，不是哪一个部门或哪一个分管领导都能够指挥协调的，因此它是一项“一把手”工程。院校研究数据系统建设首先需要高校“一把手”高度重视，积极调动学校的人力、财力、物力、信息等资源。其次需要全校上下都给予高度重视，积极参与和配合院校研究数据系统的建设。[②]

院校研究人员要明确自身在院校研究数据系统建设过程中的角色。院校研究主要参与前期的分析与设计，以及分析数据库的使用、反馈与建议；信息中心主要参与决策分析数据系统的开发、检测与改进，以及管理、维护与完善。院校研究部门是决策分析数据系统的设计者、使用者，而信息中心则负责提供技术支持。所以，院校研究人员负责顶层设计，技术部门负责技术操作与维护。院校研究人员需要对技术操作有所了解，但不要颠倒角色，将自己也视为技术操作人员。

四　培养院校研究人员，为院校研究开展提供人才保障

院校研究能否实现规范发展，发挥其决策支持功能，取决于院校研究人员的素质和水平。因此，要通过各种途径培养与培训院校研究人员，为院校研究开展提供人才保障。

首先，要利用现有学科专业培养院校研究人员。比较可行的办法是利用现有的高等教育学、教育经济与管理专业及教育专业博士学位培养院校研究人员。在课程设置上，可以考虑引进美国院校研究会“数据与决策培训课程”（Data and Decisions® Academy），或者尝试自行开设这些课程。这些课程包括：数据管理基础、院校研究中的长期

---

① 魏署光：《加强管理信息系统建设推进院校研究规范发展——第四次全国院校研究学术研讨会暨中国高等教育学会院校研究分会 2011 年年会综述》，《高等教育研究》2011 年第 8 期。

② 陈敏、李守芳：《我国院校研究数据系统建设现状及发展建议》，《高等教育研究》2012 年第 5 期。

跟踪研究（Longitudinal Tracking for Institutional Research）、决策支持基础统计学、学生学习成果导论、院校研究设计（Designing IR Research）、问卷调查设计（Overview of Survey Design）、学生学业成就（Student Success Through the Lens of Data）。在学位论文撰写方面，鼓励学生利用数据进行研究。比如学术型博士可以尝试进行问卷开发，通过问卷调查来研究高校管理中某一方面的问题，如教师教学评价、教师科研评价、学生满意度、学生参与度等。鼓励专业博士充分发挥自身优势，选择本校管理中的某一问题作为研究对象，充分利用学校现有数据，或自行收集数据，撰写学位论文。学生还可以使用美国或我国大型的高等教育数据库，选择某一问题，进行研究，撰写学位论文。

其次，要充分利用每年的年会培训院校研究人员。美国院校研究会现有会员 4000 余人，每年年会的参会人数在 1500—2000 人。每年年会，会前都会有 IPEDS 培训，年会有 400 余场报告，这些报告大多都是院校研究实践的案例介绍，具有非常好的培训效果。通过参会，一方面了解某一问题的分析方法、解决办法、工作技能；另一方面了解同行正在做什么，建立沟通与联系，相互交流。笔者认为，我们完全可以利用每年的年会作为培训的重要方式。笔者建议：第一，继续举办逢双年召开的院校研究国际研讨会会前培训班，在培训人员的选择上，以院校研究专业人员为主，而不是以高等教育研究人员为主，培训目的在于开阔视野，指导我国院校研究人员应该怎么开展院校研究。第二，尝试通过网络进行会前的远程培训，或对培训内容进行录制后播放，这样可以省去专家差旅及接待成本，我方只负责支付培训酬金。第三，参考美国院校研究会年会运作模式，每年一个主题维持不变，但分主题的设置完全可以跳出年会主题的限制，比如分主题设为：学生问题、教师问题、战略规划、数据分析方法等，并对分主题所包括的内容简要说明。这样既保证每年年会有一个主题，同时可以避免会员对某一年的主题不感兴趣而放弃参会。第四，设立年会论文奖，通过评奖的方式，激励院校研究人员提交论文、优秀案例。

再次，要尝试利用网络对院校研究人员进行远程培训。笔者在美国院校研究会访学期间，亲身体验过美国院校研究会举办的统计学远程培训班（Institute），效果非常好。笔者建议中国院校研究会可以尝试通过远程培训，对我国现有院校研究人员进行培训。远程培训最大的优势是节约成本，而且也可以实现互动交流。此外，可以考虑通过与美国院校研究会合作，在美国征集院校研究志愿者，免费为我国院校研究人员进行培训。

最后，通过办理电子刊物或相关读物，对院校研究人员进行培训。美国院校研究会办有多种电子刊物，如每月的通讯 eAIR，包括高等教育最新动态、院校研究人员的职业发展动态、专题报道、调查等各种模块。如专业档案（Professional File），每年四期，该刊物主要刊发院校研究热点、院校研究实践、院校研究模型等。如院校研究应用（IR Applications）主要刊发院校研究的方法、技术与工具。笔者建议，在我国刊物刊号申请较为困难的情况下，可以尝试办理电子刊物，比如针对院校研究理论、方法、技术等举办电子刊物。一方面可以通过电子刊物介绍不同学校的院校研究实践，另一方面电子刊物也会起到一种对院校研究人员进行培训的效果，帮助院校研究人员了解同行先进的工作经验与工作方法。

第七章　结语

前文从院校研究为决策者、决策问题及决策过程提供支持三个方面对美国院校研究决策支持功能进行了分析，并在此基础上总结了美国院校研究的经验，提出了我国开展院校研究的建议。本章将对本书的结论进行归纳和提炼，阐述本书的创新点与不足，并提出以后研究的方向。

第一节　主要结论

一　院校研究主要由教务长主管，工作职责集中于入学管理及学习成果评估

本书发现，美国院校研究机构大多由教务长主管，其次是副校长、校长、院长及系主任等。其中绝大部分院校研究机构（88%）由副校长级别以上的领导主管。院校研究的主管领导与学校层次、学校类型及学校规模有关。四年制高校中，院校研究机构主要由教务长及副校长主管；二年制高校中，院校研究机构主要由校长及副校长主管。学校的学位授予层次越高，由校长及教务长主管的院校研究机构所占比例越来越少，而由副校长主管的院校研究机构所占比例越来越多。学校规模越大，由校长及教务长主管的院校研究机构所占比例越来越少，而由副校长主管的院校研究机构所占比例越来越多。

院校研究为各类决策者提供数据分析支持。院校研究为决策者提供数据分析支持的程度可以分为四个阵营：第一阵营为教务长和副校长，第二阵营为院长和系主任，第三阵营为校长，第四阵营为评议会和董事会。校长是院校研究机构的第三大主管领导，但其数据分析需

求程度却位列院长及系主任之后，可能与校长的决策行为、时间分配及校长与教务长之间的权力重组有关。

院校研究人员的工作领域主要包括学生学习成果评估事务、入学管理事务、教师事务、规划事务及财务分析。其中，院校研究人员在入学管理及学生学习成果评估事务中的职责较大，教师及规划事务次之，在财务问题中的职责最小。入学管理、评估、教师及规划事务大多由院校研究负责，或者由院校研究与其他部门共同负责，而财务问题大多由其他部门负责，院校研究作为辅助人员参与其中。因此，院校研究人员在入学管理及评估事务中的参与最多，其次是教师及规划问题，最后是财务问题。

二　院校研究的决策支持功能与院校研究个人、办公室及学校特征有关

院校研究为高层决策者提供数据分析支持的程度主要与以下因素有关：院校研究人员的财务数据获取程度、办公室规模及学校规模。院校研究人员可获得的财务数据越多，为高层决策者提供的数据分析支持就越多。院校研究办公室的规模越大，职能就越齐全，为高层决策者提供的数据分析支持就越多。相对于学校规模在0.5万人以下的院校研究人员来说，学校规模在1万—2万人的院校研究人员为高层决策者提供的数据分析支持要多。

院校研究人员在决策问题中的职责主要与以下因素相关：院校研究人员的职位、学位、工作经验，办公室的组织定位及数据获取程度，学校层次与类型。院校研究人员在学生学习成果评估事务中的职责与院校研究人员的职位、最高学位、办公室组织定位三个因素有关。院校研究人员在入学管理事务中的职责与院校研究人员的人事、学生资助及财务数据获取程度三个因素有关。院校研究人员在教师事务中的职责与院校研究人员的工作经验、人事数据及财务数据获取程度、学校层次及类型五个因素有关。院校研究人员在规划事务中的职责与院校研究人员的职位、工作经验、办公室组织定位、学生资助及财务数据获取程度、学校层次六个因素有关。院校研究人员在财务问题中的职责与院校研究人员的工作经验及人事数据、学生资助数据和

财务数据获取程度四个因素有关。

个人观念与组织支持是影响院校研究在决策过程中参与程度的主要因素。经过因子分析，可以将院校研究人员在决策过程中的参与程度分为两个层次：基础性支持和高级性支持。经过回归分析可得：学校基本特征并不是影响院校研究人员决策支持的因素；院校研究人员的决策参与观念、院校研究办公室的主管领导及决策者依靠数据进行决策的理念是影响院校研究人员决策支持的三个共同因素。院校研究部门由谁主管和决策者依靠数据进行决策的理念可以归纳为组织支持因素，院校研究人员的决策参与观念是个人观念因素。因此，院校研究人员的个人观念及组织支持是影响院校研究决策过程支持行为的共同因素。

三 院校研究专业受认证机构及学校的影响，呈现出由分化到融合的发展趋势

院校研究是一门专门性的职业。院校研究专业化建构过程中，美国院校研究会发挥着重要作用。美国院校研究会通过举办年会、出版刊物、设立各种奖励、提供培训、制定职业道德条例等各种方式，推动和促进着作为一门专业的院校研究的发展。

院校研究是一门诞生于组织中的专门性职业。帮助学校应对管理中出现的问题是院校研究专业的发展动力。不同时期高校所面临的问题有所不同，同一时期不同高校所面临的问题也有所不同，这直接影响着院校研究的专业认同。20 世纪 80 年代高校发展面临着巨大的财务压力，高校各职能部门、各院系开始开展院校研究工作。院校研究专业开始呈现出分散化发展状态。“新的专业”从院校研究中分离出来，产生了院校研究与其他专业间的“管辖权冲突”。院校研究与评估、效能及规划之间呈现出竞争与协同的复杂关系。

认证机构在院校研究专业发展过程中扮演着极其重要的角色。20 世纪 80 年代中后期的认证标准中，对各高校院校研究机构的设置有着明确的规定，直接影响着各高校院校研究机构的发展。但同时，随着评估运动的兴起与发展，认证机构的认证标准中，也开始对各高校的评估、效能及规划做出严格规定，很多高校开始建立评估、效能及规划部门。由院校研究专业分化出去的评估、效能及规划大有与院校

研究竞争的态势。

但近年来，各高校在评估、效能及规划活动中，越来越意识到所有这些过程都需要有院校研究人员的积极参与。各高校开始将院校研究、评估、效能及规划部门合并起来，由院校研究人员负责领导这一多功能办公室。而在这一过程中，院校研究人员的职位开始由主任提升为更高层次的职位，比如（助理/协理）副校长/副教务长。因此，院校研究机构推动院校研究专业开始由分化走向融合。

认证机构对院校研究专业的影响，要通过高校这一组织及院校研究个人才能真正产生影响。组织环境及院校研究个人建构着院校研究专业由分化走向融合的过程。组织环境与院校研究个人这两个因素不同，院校研究专业由分化走向融合的形态也呈现多样化。

四　数据性、分析性、咨询性及领导性支持是决策过程支持的四个层次

院校研究人员不只通过提供数据和信息为决策过程提供支持，院校研究人员还积极参与到决策过程之中。院校研究为决策过程提供的支持可以分为四个层次，分别为数据性支持、分析性支持、咨询性支持及领导性支持。

数据性支持主要指院校研究人员为决策提供数据。这一支持是院校研究刚刚产生之时所发挥的决策支持功能，院校研究的决策过程支持功能都是建立在系统收集与科学分析数据的基础之上的。数据性支持是院校研究在决策过程中所发挥的最为基础性的支持，其他三个层次的支持，都需要基于数据性支持，才能得以存在，并发挥作用。

分析性支持是指通过对数据进行分析，形成信息，并对数据和信息进行适当解释，赋予一定的情境，为决策提供支持。但分析性支持并不以技术与方法的复杂性为目的，数据分析的目的是提升决策质量。数据分析的质量和效果，不以所采用的数据分析手段是否足够高级和复杂为依据，而是以决策的需要为依据，即复杂性和高深性不是分析性支持的特征和目的。

咨询性支持是指院校研究人员以咨询者的身份参与到决策过程之中，就决策提供自己的观点、建议与设计。咨询性支持的表现有：与决策者

讨论决策问题，辅助选择备选方案，就决策执行表达自己观点。与分析性支持相比，咨询性支持中，院校研究人员以更加积极的态度参与到了决策过程之中，与决策者进行互动，在互动中帮助决策者建构决策情境，促进信息的使用与采纳。美国院校研究人员所发挥的咨询性支持角色，主要体现在评估和效能事务中。院校研究人员在评估及效能咨询中所发挥的主要是其数据收集、分析及研究设计方面的技能。

领导性支持是指院校研究人员在决策过程中，通过发挥自己的领导力，为决策过程提供支持。比如辅助设计决策执行策略，向利益相关者通报决策情况，主持某一决策问题的委员会等，都属于领导性支持的范围。院校研究人员在决策过程中扮演领导性支持的角色，但并不具有决策问题的最终决定权，院校研究人员属于服务型领导。

数据性支持是最为基础性的支持，只有具备了数据性支持功能，才能发挥其他三个层次的功能。数据性支持和分析性支持，是决策过程支持的基础性层次，咨询性支持和领导性支持是决策过程支持的高级层次。由数据性支持到领导性支持，决策过程支持的层次越来越高，对院校研究人员技能和专业素质的要求也越来越高。

五　院校研究的决策支持功能因个人观念及组织支持而动态演变

院校研究人员是否主张积极参与决策过程，组织是否为院校研究决策支持功能的发挥创造良好的条件，直接影响着院校研究在决策过程中决策支持功能的发挥。

如果院校研究人员主张积极参与决策过程，而组织又为院校研究人员提供了足够的支持，那么院校研究将能够与决策者产生良性互动。院校研究人员的职位将获得提升，院校研究在学校组织架构中的位置也得以提高，评估、规划与效能等职能也将合并进来，由院校研究人员领导多功能办公室。院校研究人员积极参与决策过程，组织又给予大力支持，会使得院校研究人员更加充分地发挥决策支持功能，对决策产生重要影响。

如果决策者希望院校研究人员积极参与决策，而院校研究人员认为只有提供数据或信息才能保持客观中立，这种情况下院校研究将局限于决策数据支持。决策者寻求其他人员来对信息做出解释，参与决策讨论，提供建议与咨询，而院校研究的角色将逐渐沦为提供数据的机构。这种情况下，院校研究的发展将面临巨大困境：院校研究虽然可以保持客观中立，但无法参与决策过程，院校研究对学校发展的价值将大打折扣，沦为数据收集与分析的技术人员。为避免这一情形，院校研究人员需要转变观念，积极参与决策过程，并通过各种途径提升专业素质。只有这样，院校研究人员才能赢得决策者的重视，逐渐充分发挥决策支持功能。

如果院校研究人员不主张积极参与决策过程，而决策者也不重视基于数据进行决策，那么院校研究将局限于数据报送。而向联邦政府、州政府、大学排名等报送数据，逐渐成为院校研究机构的主要任务。一旦院校研究沦为报送数据的机构，院校研究机构的规模和预算便会遭遇削减，院校研究逐渐被边缘化。为避免这一情形，院校研究人员要转变观念，提升专业素质，积极参与到决策过程之中。同时，院校研究人员要积极推动在学校建立一种证据文化，通过各种方式提倡基于证据的决策。

如果院校研究人员主张积极参与决策过程，但组织不支持，院校研究的价值将不为决策者所认同。院校研究人员的工作满意度可能会降低，院校研究人员可能会离职。这种情况下，院校研究人员所要做的便是提高院校研究在学校中的知名度，向决策者推销院校研究，设法取得组织的支持。比如参加某些委员会，成立与校内公众定期会面的小组，了解领导层怎样评价和使用数据，与学校中低层职员建立良好关系，与校内其他院校研究部门建立协作关系，与数据保管者进行有效合作等。

第二节　创新点与不足

一　主要创新点

1. 富有价值的选题

决策支持是院校研究的核心功能，但笔者发现中美院校研究领域中，没有对该问题进行系统深入的实证研究。院校研究的决策支持功能是仅限于提供数据与信息，还是包括积极参与到决策过程之中，这在院校研究领域中是一个颇有争议的话题。这一问题与院校研究的定义直接相关，直接影响着对院校研究内涵与边界的划分，影响着院校研究的专业认同。本书以院校研究的决策支持功能作为研究问题，集中探讨院校研究在决策过程之中所发挥的功能，通过大型实证调查回答了院校研究的决策支持功能到底是什么、发挥程度如何、怎样发展演变等一系列问题。时任美国院校研究会执行主席兰迪·斯温博士认为"本书是迄今为止院校研究领域所开展的最为重要的研究之一，以后肯定会被广泛引用"。本书也修正和完善了我国对院校研究功能的认识，为下一步建设院校研究机构及分析数据库提供参照。

2. 新的研究视角

我国通常将院校研究界定为高等教育研究中的一种专门的研究方式。本书在这一界定的基础上，将院校研究视为一种组织职能，从结构—功能分析的视角对院校研究的决策支持功能进行了分析，尤其研究了影响院校研究决策支持功能发挥的结构性因素。

本书还将院校研究视为一门专业，即一种专门性的职业，从职业社会学的视角分析了院校研究专业的自我建构过程，院校研究专业的分化与融合，以及影响院校研究专业发展的因素。新的研究视角的引入，使我们对院校研究的理解更为丰富、全面、立体，并得出了一系列新的研究结论和观点。

3. 规范的研究方法与研究过程

虽然我国有不少对美国院校研究的探讨，但从来没有我国学者通过大型实证调查对美国院校研究进行探讨。即便在美国院校研究领域，也仅有十余项对美国院校研究的大型实证调查。笔者借助在美国院校研究会总部访学的机会，在中国院校研究会会长刘献君教授及时任美国院校研究会执行主席兰迪·斯温博士联合指导下，开展了对美国院校研究决策支持功能的严格、系统的实证研究。

整个研究设计与调查过程都遵循实证研究的程序，做到严谨与规范。笔者选题前，广泛阅读文献，对美国院校研究机构进行实地考察，参加院校研究会会议，参加美国院校研究会的相关培训等。选题确定后，赴加州对五个院校研究机构进行深入访谈，验证选题，为问卷设计做准备。基于访谈结果，设计问卷，并经过了美国院校研究会的匿名评审。本书遵循严格的抽样程序，通过分层抽样与随机抽样，确定调查样本。通过美国著名网络调查工具 SurveyMonkey 发放问卷，问卷回收率59.2%，而且问卷具有较好的信度和效度。

调查结束后，美国院校研究会分别从美国院校研究会会员数据库中调取被调查者的个人信息，并从美国高等教育综合数据系统（IPEDS）中调取被调查者个人所在学校信息，通过美国院校研究会的会员编码及学校代码将三份数据文件合并为一个文件，提供给笔者。本书运用 SPSS 统计分析软件对数据进行了统计分析，并在国内外学术会议上分享调查结果。

因此，本书是一项严谨、规范的对院校研究决策支持功能进行探讨的实证研究。研究方法与研究过程的严谨性与规范性是本书的最大创新点。

4. 创新性的研究结论

以院校研究的决策支持功能为研究问题，通过引入新的分析视角，通过开展严谨与规范的实证研究，本书得出了一系列具有创新性的研究结论。

本书发现：美国院校研究机构主要由教务长主管，院校研究人员的工作职责集中于入学管理及学习成果评估；院校研究的决策支持功能与院校研究个人、办公室及学校特征有关；院校研究专业受认证机构及学校的影响，呈现出由分化到融合的发展趋势；数据性、分析性、咨询性及领导性支持是决策过程支持的四个层次；院校研究的决策支持功能因个人观念及组织支持而动态演变。

二　本书的不足

任何一项研究不管多么富有价值、创新，都具有一定的局限性，本书也不例外。本书以院校研究决策支持功能为研究问题，通过严谨而规范的实证研究，开展了一项具有创新性的研究，并得出了一系列有价值的结论。但由于各种因素所限，本书还存有不足之处，主要表现在以下三个方面。

第一，质性研究稍显薄弱。本书作为一项严谨、规范的实证研究，主要运用了量化的研究方法，基于大样本调查，通过统计分析，对美国院校研究的决策支持功能进行考察。但量化研究需要结合深入的质性研究才能进行更为深入的分析。量化研究与质性研究必须相互结合，才能使得研究更为深入、更为系统。本书中，对院校研究人员的深入访谈和长期性参与式或非参与式观察非常有限，所以对不少研究结果的解释上，缺乏深入的分析与鲜活的案例展示。

第二，模型的建构尚需进一步完善。本书中对院校研究决策过程支持影响因素进行了常识性分析，得出了一些有价值的结论，但对影响因素的探索仍需进一步深入。除决策者的决策理念、院校研究个人、办公室及学校特征等因素外，还有哪些因素或变量，影响院校研究的决策过程支持功能。这些需要进一步通过文献阅读、质性访谈等方式，进一步修正和完善，将更多的因素考虑进来，在此基础上再分析院校研究决策支持功能的动态演变。

第三，研究者自身研究能力的局限。到美国访学后，通过对院校研究机构的考察，虽然有些经验性、直观性的观察和体验，但这并不能取代院校研究实践经验的重要性。虽然通过文献阅读、请教院校研究专家、访谈、观察等方式试图弥补这一不足，但在研究过程中，仍然感觉实践经验的缺乏限制着自己对某些非常有价值的研究结果的深入分析、挖掘与提炼。这使得本书在对某些结果的分析中，仍然停留在表面，而没有对研究结果进行深入分析和讨论。

第三节 以后的研究方向

任何研究都是一个无尽的探索过程，我们站在前人的基础上开展研究，我们自身的研究又为以后的研究提供了材料，奠定了基础。因此，每一位研究者都有义务、有责任立足于自身研究，提出以后的研究方向。这是推动学术创新与学术发展的重要环节。笔者认为在院校研究决策支持功能方面，还有以下研究问题值得深入研究。

一 院校研究决策支持的间接功能，即院校研究对学校发展的贡献

本书集中探讨院校研究决策支持的直接功能，即院校研究对决策过程所发挥的作用及功能。要深入分析院校研究的决策支持功能，除研究其对决策过程的作用外，还需研究其对学校改革与发展的作用。

要研究院校研究对学校发展的贡献，可以对院校研究人员进行调查，由院校研究人员自我报告其对学校发展的贡献。美国院校研究领域中，有几项这种类型的研究，即探讨院校研究的自我报告的有效性（Perceived effectiveness or self - reported effectiveness）。

笔者认为考察院校研究对学校发展的贡献的最佳途径，是对院校研究的主管领导/部门进行调查。但美国院校研究最大的特点便是其多样性或多样化：本书也显示院校研究机构的主管部门有教务长、副校长、校长、院长等，院校研究主管部门多样化；而且院校研究机构与其直属领导处于持续变化之中，院校研究机构重组及在组织架构中的位置发生变化是非常常见的事情。因此对此问题进行研究，难度很大。

笔者认为可以考虑以下三种方式，对这一问题进行调查和研究：

第一，直接对美国高校的教务长进行调查。因为美国院校研究机构大多由教务长主管，可以尝试对教务长进行调查，从中了解院校研究对学校发展的贡献。第二，通过美国院校研究会，设计一个院校研究主管领导的姓名、邮箱及职务的简单调查问卷，对院校研究人员进行调查，让院校研究人员（自愿性）提供其主管领导的姓名、邮箱及职务信息，然后再对这些院校研究机构的主管领导进行调查。第三，通过深入的质性研究（如案例研究）来研究院校研究对学校发展的贡献。目前美国院校研究领域中，仅有威廉姆·奈特（William E. Knight）对院校研究进行过规范的质性研究。

二 美国高校院校研究数据系统建设情况

数据是院校研究工作的基础，能否获取院校研究工作所需数据，直接影响着院校研究决策支持功能的发挥。而我国院校研究发展第二

个十年的关键任务就是建立院校研究数据系统。因此，了解美国高校院校研究数据系统的建设情况，是非常有价值、有意义的。

院校研究数据系统包括很多内容，其中学校业务运行数据系统及分析数据库是院校研究数据系统的关键组成部分。美国高校的业务运行数据系统方面需要研究的问题有：

美国高校业务运行数据系统主要有哪些模块？不同高校间有无区别？各业务运行数据系统在多大程度上是统一建设的？即通常哪些数据系统是相连的？哪些是分散独立的？形成分散独立的原因是什么？各高校是怎样统一建设其业务运行数据系统的？

业务运行数据库是各职能部门为了满足自身运行而建立的数据系统，即其建设目的并不是方便院校研究部门为决策提供支持。因此，为了更好地为决策提供支持，很多院校研究人员推动高校在业务运行数据库的基础上，建立分析数据库。美国高校的分析数据库方面需要研究的问题有：

院校研究人员主要在哪些问题上提供数据分析？（对院校研究人员的工作任务进行细分，比如将教师问题分成教师教学工作量测量、教师研究生产力测量、教师工资公平问题等）

院校研究人员通常运用什么方法对不同的决策问题进行分析？（即收集哪些数据，自变量、因变量怎样选择，运用哪些统计方法）

分析数据库主要包括哪些数据项？（在分析院校研究工作任务及分析方法的基础上，研究分析数据库所包括的数据项，各数据项的定义、标准、数据来源等）

各高校是怎样一步步建设分析数据库的？（主要涉及哪些部门，需要什么样的技术支撑，学校领导、职能部门、院校研究及信息技术部门的角色如何，怎样解决数据获取权限问题）

对美国高校院校研究数据系统进行深入分析和研究，将会为我国院校研究数据系统建设提供参考和借鉴，以免走弯路，或者重复建设、资源浪费。

三　我国院校研究的现状及高校领导的期待

中美院校研究有着某些共同之处，美国院校研究可以为我国院校研究的开展提供某些经验和借鉴。但我国院校研究生长、发展于我国高等教育的特定环境，我国院校研究会有自己的特点与问题。因此，在考虑国际视野、国际方法的同时，需要考虑中国情境、中国问题。

我国院校研究已经开展十多年，院校研究领域取得了不少进展，同时也有不少需要进一步加以解决的问题。笔者认为我国院校研究领域需要开展一次大型的、系统的调查，调查我国各高校院校研究的现状与问题。可考虑的调查问题有：

各高校是否有专门负责院校研究工作的机构？这些机构由谁主管？属于何种建制（科研系列还是行政系列）？办公室的规模如何？

院校研究人员的学位及学科背景如何？院校研究人员在统计分析、数据库建设方面的技能与专业素质如何？这些人员怎样理解院校研究的功能？

各高校业务运行数据库及分析数据库建设的现状如何？是否建有统一的运行数据库？是否建有分析数据库？数据库建设中的问题有哪些？

院校研究的功能在于为决策提供支持，而高校领导是院校研究的“客户”，因此了解客户的需求，便成为我国开展院校研究所需解决的关键性问题。笔者认为以下是可以考虑的研究问题：

高校领导决策的方式或模式是什么？针对各种问题的决策程序是什么样的？在多大程度上依靠数据和信息进行决策？

高校领导决策所需的数据和信息，一般通过何种途径或方式获得？由哪些人员或部门提供？数据和信息的真实性和质量如何？

高校领导对院校研究（决策支持机构）有哪些期待和需求？希望院校研究扮演什么样的角色，发挥什么样的功能？希望怎样组建或设置院校研究机构？

以上笔者从三个方面归纳了以后研究的方向。这些研究问题既是向其他学者提出的建议或参考，也是在设想和规划笔者自身以后的研究方向。路漫漫其修远兮，吾将上下而求索！

附录1　访谈提纲

Overview:

I am Shuguang Wei, a Ph. D. student in the College of Education, Huazhong University of Science & Technology in China. Now I am a Visiting Scholar in the Executive Office of Association for Institutional Research based in Tallahassee, Florida. I am developing my dissertation with the supervision of Dr. Randy Swing, Executive Director of AIR. My interest is in the roles of institutional researchers in campus decision making processes.

Part Ⅰ: What are examples of IR roles in each step of the decision making processes?

1. Identify the problem leading to a need to make a decision;

2. Clarify the issues related to the situation and focus on the problem;

3. Identify feasible alternatives to the problem;

4. Select the criteria for selecting the preferred alternatives;

5. Support the decision that has been made and lobby for support of the position taken;

6. Induce action in others to implement change;

7. Measure and evaluate outcomes associated with the desired change.

Part Ⅱ: If you had to name 5 IR tasks which represent all IR work, what would they be? (eg. Enrollment Management, Measuring Learning Outcomes)

Part Ⅲ: What variables/factors in IR office structures might influence the tasks assigned to IR?

附录 2　调查问卷

Thank you for your participation. AIR will remove personal information and details from the data before they are provided to the researcher, Shuguang Wei of Huazhong University of Science and Technology in Wuhan, China. Shuguang will employ data in the aggregate for his dissertation.

1. Which best describes your role?

A. IR Director/Senior Manager < < Go to Section A > >

B. IR Associate/Assistant Director < < Go to Section A > >

C. IR Analyst/Staff Member < < Go to Section B > >

D. Assessment Director/Staff Member < < Go to Section C > >

E. Other (Please specify) < < Go to Section D > >

Section A:

2. In your role, how often do you identify and clarify problems by the following means?

	Very Frequently	Frequently	Occasionally	Rarely	Very Rarely
Identify a campus issue through data analysis					
Receive an IR data/research request					
Place a known problem in a comparative/holistic context					
Discuss institutional problems with decision makers					

3. In your role, how often are you directly involved in implementation processes by the following means?

	Very Frequently	Frequently	Occasionally	Rarely	Very Rarely
Assist with choices between alternative solutions					
Express an opinion about an implementation decision					
Chair a task force/committee charged with implementation of a solution to a campus problem					
Promote a chosen solution to stakeholders					
Assist with design of implementation strategies					

4. In your role, how often do you evaluate an implemented decision by the following means?

	Very Frequently	Frequently	Occasionally	Rarely	Very Rarely
Analyze outcomes data					
Provide trend analysis during the implementation (formative evaluation)					
Provide comparative benchmarks					
Provide summative evaluation reports					

5. In your IR role, what level of responsibility do you have for the following tasks?

	Very High	High	Moderate	Low	Very Low
Student Learning Outcomes Assessment & Program Review					

续表

	Very High	High	Moderate	Low	Very Low
Enrollment Management Research					
Faculty Studies (e. g. , Salary & Productivity Analyses)					
Environmental Scanning/Planning					
Financial Resource Management/Budget Analyses					

6. To whom do you report?

A. Chief Executive Officer (President/Chancellor)

B. Chief Academic Officer (CAO)

C. Vice President (or equivalent) other than CAO

D. Board of Trustees/Regents

E. Dean/Senior Division Leader

F. Department Chair/Program Leader

G. Faculty Senate/Institutional Committees

H. Other (Please specify)

7. How often do requests for IR studies come from the following?

	Very Frequently	Frequently	Occasionally	Rarely	Very Rarely
Chief Executive Officer (President/Chancellor)					
Chief Academic Officer (CAO)					
Vice President (or equivalent) other than CAO					
Board of Trustees/Regents					
Dean/Senior Division Leader					
Department Chair/Program Leader					
Faculty Senate/Institutional Committees					
Other (Please specify ________)					

8. To what degree do you have access to the following data required to perform IR studies?

	Very High	High	Moderate	Low	Very Low
Human Resource					
Student					
Financial Aid					
Finance					

9. Approximately what percent of your IR office's time is spent on external compliance reporting?

A. 80% or more

B. 60%—79%

C. 40%—59%

D. 20%—39%

E. 19% or less

10. How does direct participation in decision - making processes, other than simply reporting the facts, affect the credibility of IR officers?

A. Strong Positive Impact

B. Positive Impact

C. Neither Positive nor Negative Impact

D. Negative Impact

E. Strong Negative Impact

11. Please provide any additional comments or opinions about the role of IR in campus decision - making.

Thank you for completing this survey. Please select "Done" below to submit your answers.

Section B:

2. Do you agree that IR staff should regularly participate in decision - making processes in the following ways?

	Agree Strongly	Agree	Neutral	Disagree	Disagree Strongly
Use data to identify and clarify problems					
Direct involvement in implementing solutions					
Evaluate outcomes of implemented decisions					

3. In your IR role, please rate the importance of participation in the following campus decision – making processes.

	Very Important	Important	Neutral	Unimportant	Very Unimportant
Use data to identify and clarify problems					
Direct involvement in implementing solutions					
Evaluate outcomes of implemented decisions					

4. In your IR role, how often do you get involved in the following campus decision – making processes?

	Very Frequently	Frequently	Occasionally	Rarely	Very Rarely
Use data to identify and clarify problems					
Direct involvement in implementing solutions					
Evaluate outcomes of implemented decisions					

5. To what degree do you have access to the following data required to perform IR studies?

	Very High	High	Moderate	Low	Very Low
Human Resource					
Student					
Financial Aid					
Finance					

6. Approximately what percent of your time is spent on external compliance reporting?

A. 80% or more

B. 60%—79%

C. 40%—59%

D. 20%—39%

E. 19% or less

7. Which best describes your work assignments?

A. Have full responsibility to design studies

B. Have major responsibility to design studies

C. Design studies as part of a team

D. Conduct studies designed by others

E. None of the above

8. What is your level of confidence in conducting statistical analyses?

A. Very High

B. High

C. Moderate

D. Low

E. Very Low

9. How does direct participation in decision - making processes, other than simply reporting the facts, affect the credibility of IR officers?

A. Strong Positive Impact

B. Positive Impact

C. Neither Positive nor Negative Impact

D. Negative Impact

E. Strong Negative Impact

10. Please provide any additional comments or opinions about the role of IR in campus decision - making.

Thank you for completing this survey. Please select "Done" below to submit your answers.

Section C:

2. Do you agree that staff in your position should regularly participate in decision - making processes in the following ways?

	Agree Strongly	Agree	Neutral	Disagree	Disagree Strongly
Use data to identify and clarify problems					
Direct involvement in implementing solutions					
Evaluate outcomes of implemented decisions					

3. In your role, please rate the importance of participation in the following campus decision - making processes.

	Very Important	Important	Neutral	Unimportant	Very Unimportant
Use data to identify and clarify problems					
Direct involvement in implementing solutions					
Evaluate outcomes of implemented decisions					

4. In your role, how often do you get involved in the following campus

decision - making processes?

	Very Frequently	Frequently	Occasionally	Rarely	Very Rarely
Use data to identify and clarify problems					
Direct involvement in implementing solutions					
Evaluate outcomes of implemented decisions					

5. To what degree do you have access to the following data required to perform your studies?

	Very High	High	Moderate	Low	Very Low
Human Resource					
Student					
Financial Aid					
Finance					

6. Approximately what percent of your time is spent on external compliance reporting?

A. 80% or more

B. 60%—79%

C. 40%—59%

D. 20%—39%

E. 19% or less

7. Which best describes your work assignments?

A. Have full responsibility to design studies

B. Have major responsibility to design studies

C. Design studies as part of a team

D. Conduct studies designed by others

E. None of the above

8. What is your level of confidence in conducting statistical analyses?

A. Very High

B. High

C. Moderate

D. Low

E. Very Low

9. How does direct participation in decision – making processes, other than simply reporting the facts, affect the credibility of your studies?

A. Strong Positive Impact

B. Positive Impact

C. Neither Positive nor Negative Impact

D. Negative Impact

E. Strong Negative Impact

10. Please provide any additional comments or opinions about the role of IR/Assessment in campus decision – making.

11. Please provide your comments or opinions about the relationship between IR and Assessment.

Thank you for completing this survey. Please select "Done" below to submit your answers.

Section D:

2. How important is it for IR officers to get involved in the following decision – making processes?

	Very Important	Important	Neutral	Unimportant	Very Unimportant
Use data to identify and clarify problems					
Direct involvement in implementing solutions					

续表

	Very Important	Important	Neutral	Unimportant	Very Unimportant
Evaluate outcomes of implemented decisions					

3. How does direct participation in decision – making processes, other than simply reporting the facts, affect the credibility of IR officers?

A. Strong Positive Impact

B. Positive Impact

C. Neither Positive nor Negative Impact

D. Negative Impact

E. Strong Negative Impact

4. Please provide any additional comments or opinions about the role of IR in campus decision – making.

Thank you for completing this survey. Please select "Done" below to submit your answers.

参考文献

一　中文文献

[1] [加拿大] 明茨伯格:《卓有成效的组织》，魏青江等译，中国人民大学出版社 2007 年版。

[2] [美] 彼得·圣吉:《第五项修炼——学习型组织的艺术与实务》，郭进隆译，杨硕英校，上海三联书店 2009 年版。

[3] [美] 赫伯特·西蒙:《管理决策新科学》，李柱流等译，中国社会科学出版社 1982 年版。

[4] [美] 詹姆斯·杜德施塔特:《舵手的视界——在变革时代领导美国大学》，郑旭东译，桑新民校，教育科学出版社 2010 年版。

[5] [美] 格林利夫:《仆人式领导》，徐放、齐桂萍译，江西人民出版社 2007 年版。

[6] [美] 罗伯特·伯恩鲍姆:《大学运行模式》，别敦荣译，中国海洋大学出版社 2003 年版。

[7] [美] 迈克尔·科恩、詹姆斯·马奇:《大学校长及其领导艺术》，郝瑜主译，中国海洋大学出版社 2006 年版。

[8] [美] 乔治·凯勒:《大学战略与规划》，别敦荣主译，中国海洋大学出版社 2005 年版。

[9] [美] 托马斯·达文波特、珍妮·哈里斯:《数据分析竞争法——企业赢之道》，康蓉、吴越译，商务印书馆 2009 年版。

[10] [美] 西蒙:《管理行为》，机械工业出版社 2004 年版。

[11] [美] 约翰·科特顾问、[英] 马尔科姆·沃纳:《工商管理大百科全书·4·信息管理、制造管理与运作管理、组织行为》，清华大学经济管理学院编译，辽宁教育出版社 1999 年版。

[12] [美] 约翰·希利·布朗、保罗·杜奎德:《信息的社会层面》,王铁生、葛立成译,商务印书馆2003年版。
[13] [美] 詹姆斯·马奇、赫伯特·西蒙:《组织》,邵冲译,机械工业出版社2008年版。
[14] [美] 詹姆斯·马奇:《马奇论管理》,丁丹译,东方出版社2010年版。
[15] 蔡国春:《院校研究与现代大学管理——美国院校研究模式研究与借鉴》,教育科学出版社2006年版。
[16] 常桐善:《美国院校研究的过去、现在和未来——基于高等教育发展的视角》,《高等工程教育研究》2013年第2期。
[17] 陈敏、李守芳:《我国院校研究数据系统建设现状及发展建议》,《高等教育研究》2012年第5期。
[18] 卡里根、文东茅编译:《谁在当美国大学校长——2002年全美大学校长调查报告》,《中国高教研究》2004年第4期。
[19] 林聚任:《林聚任讲默顿》,北京大学出版社2010年版。
[20] 刘思达:《失落的城邦:当代中国法律职业变迁》,北京大学出版社2008年版。
[21] 刘思达:《职业自主性与国家干预——西方职业社会学研究述评》,《社会学研究》2006年第1期。
[22] 刘献君:《院校研究》,高等教育出版社2008年版。
[23] 刘献君:《院校研究论略》,《高等工程教育研究》2006年第5期。
[24] 刘献君:《中国院校研究将从初步形成走向规范发展》,《高等教育研究》2011年第7期。
[25] 吕晓俊:《组织背景中心智模式的自我管理》,《上海交通大学学报》(哲学社会科学版)2003年第2期。
[26] 马彦利、胡寿平、崔立敏:《当今美国高等教育质量评估的焦点:学生学习成果评估》,《复旦教育论坛》2012年第4期。
[27] 欧阳光华:《董事、校长与教授:美国大学治理结构研究》,高等教育出版社2011年版。

[28] 任燕红：《大学功能的整体性及其重建》，博士学位论文，西南大学，2012 年。

[29] 魏淑华、山显光：《国外教师职业认同的研究现状》，《外国教育研究》2005 年第 3 期。

[30] 魏署光：《加强管理信息系统建设推进院校研究规范发展——第四次全国院校研究学术研讨会暨中国高等教育学会院校研究分会 2011 年年会综述》，《高等教育研究》2011 年第 8 期。

[31] 魏署光编译：《美国院校研究协会 2010 年白皮书》，《大学》（学术版）2011 年第 7 期。

[32] 赵炬明、余东升主编：《院校研究与美国大学管理讲演录》，中国海洋大学出版社 2006 年版。

[33] 赵炬明：《管理咨询与院校研究》，《高等工程教育研究》2007 年第 2 期。

[34] 赵炬明：《科学管理与院校研究》，《高等工程教育研究》2007 年第 7 期。

[35] 赵炬明：《现代大学与院校研究》（上），《高等教育研究》2003 年第 3 期。

[36] 赵炬明：《现代大学与院校研究》（下），《高等教育研究》2003 年第 7 期。

[37] 中国驻休斯敦总领馆教育组：《美国联邦教育部拟建立全国大学生数据信息库》，《世界教育信息》2005 年第 8 期。

[38] 周明建、阮超：《领导，首先意味着服务：服务型领导力回顾与展望》，《社会心理科学》2010 年第 6 期。

二 外文文献

[1] AIR Board Meeting September 19, 2008 Minutes (FINAL), http://www.airweb.org/AboutUs/LeadershipAndGovernance/Governance-Documents/Board% 20Minutes/Archived% 20Board% 20Minutes/2008_ 2009BoardMeetingMinutes. pdf.

[2] AIR Board of Directors Meeting, Synopsis of February 6 – 7, 2009 Action and Motion Items, http://www.airweb.org/AboutUs/Leader-

shipAndGovernance/GovernanceDocuments/Board% 20Minutes/Archived% 20Board% 20Minutes/2008 _ 2009BoardMeetingMinutes.pdf.

[3] AIR Jobs Board, http://www3. airweb. org/page. asp? page = 541&job = 5469.

[4] Alton L. Taylor, "Options for Location in the Organizational Structure", *New Directions for Institutional Research*, No. 66, 1990, pp. 27 – 34.

[5] Amercian Concil on Education, Leading Demographic Portrait of College Presidents Reveals Ongoing Challenges in Diversity, Aging. http://www. acenet. edu/news – room/Pages/ACPS – Release – 2012. aspx. March 12, 2012.

[6] Ann H. Dodd, Accreditation as a Catalyst for Institutional Effectiveness, In Michael J. Dooris, John M. Kelley, James F. Trainer edited Successful Strategic Planning, 2004, Issue 123, 13 – 25.

[7] Association for American Colleges and Unviersities. The American College President 2012, http://www. aacu. org/aacu _ news/aacunews12/june12/facts_ figures. cfm.

[8] Augustine, K., Factors Influencing the Use of Institutional Research Studies from the Researchers' Perspective, Proquest Dissertation Abstracts No. AAT 3016793, 2001.

[9] Azusa Pacific University, Office of Institutional Research and Assessment, http://www. apu. edu/oira/assessment/.

[10] Baldridge, J. V., "Shared Governance: A Fable about the Lost Magic Kingdom", Academe, Vol. 68, No. 1, 1982, pp. 12 – 15.

[11] Ball State University, Office of Institutional Effectiveness, http://cms. bsu. edu/about/administrativeoffices/effectiveness.

[12] Basinger, Julianne, "More Power for Provost", The Chronicle of Higher Education, April, 2003.

[13] Bers, Trudy H., "The Role of Institutional Assessment in Assessing

Student Learning Outcomes", *New Directions for Higher Education*, San Francisco: Jossey - Bass, No. 141, 2008, pp. 21 - 30.

[14] Bichsel, Jacqueline, Analytics in Higher Education: Benefits, Barriers, Progress and Recommendation (Research Report), Louisville, CO: EDUCAUSE Center for Applied Research, August 2012, http://net.educause.edu/ir/library/pdf/ERS1207/ers1207.pdf.

[15] Brock, T. et al., Building a Culture of Evidence for Community College Student Success: Early Progress in the Achieving the Dream Initiative, New York: MDRC and Community College Research Center, 2007.

[16] Brumbaugh, A. J., Research designed to improve institutions of higher learning, Washington, D. C.: American Council on Education, 1960.

[17] Cameron, K. S., "A Study of Organizational Effectiveness and its Predictors", *Management Science*, No. 32, 1986, pp. 87 - 112.

[18] Carnegie Foundation for the Advancement of Teaching, Classification Description, http://classifications.carnegiefoundation.org/descriptions/basic.php.

[19] Carolyn V. Boyles, "Help Wanted: A Profile of Institutional Research, 1970 - 1985", *Research in Higher Education*, Vol 28, No. 3, 1998, pp. 195 - 216.

[20] Christina Leimer, "What Does IR/IE Leadership Mean? A Not - So - Modest Proposal", Presentation at 52th Annual Forum of the Association for Institutional Research, New Oleans, LA, US, 2012.

[21] Cornell University, Assessment of Student Learning, http://www.cornell.edu/provost/assessment/practice.cfm.

[22] CUPA - HR ADMINISTRATORS IN HIGHER EDUCATION SALARY SURVEY (AHESS), http://www.cupahr.org/surveys/files/salary2013/Administrators - Survey - Job - Descriptions.xls.

[23] D. Reichard, et al., The Practice of Institutional Research: Toward

an Operational Definition, Eric, ED220056, 1982.

[24] Daniel Teodorescu, "Examining Faculty Recruitment, Retention, Promotion, and Retirement", The Handbook of Institutional Research, San Franciso: Jossey - Bass, 2012, p. 32.

[25] Delaney, A. M., "Institutional Researchers as Leaders in Policy: Perspectives and Possibilities", Paper Presented at the 40th Annual Forum of the Association for Institutional Research, May 2000.

[26] Ellen Earle Chaffee, Rational decision - making in higher education, National Center for Higher Education Management Systems Publications Dept., 1983.

[27] Fincher, C. L., "The Art and Science of Institutional Research", New Directions for Institutional Research, San Francisco: Jossey - Bass, No. 46, 1985.

[28] Fincher, Cameron, "Institutional Research as Organizational Intelligence", Research in Higher Education, Vol. 8, No. 2, 1978, pp. 189 - 192.

[29] Gary Rice (Project Coordinator), Mary Ann Coughlin & Richard Howard (Co - Editor), The Association for Institutional Research: The First 50 Years, Tallahassee: Association for Institutional Research, 2011, pp. 28 - 29.

[30] George Washington University, Office of Academic Planning and Assessment, http: //academicplanning. gwu. edu/about.

[31] Gerald W. McLaughlin and Josetta S. McLaughlin, "Barriers to inFormation Use: The Organizational Context", New Dircetions for Institutional Research, No. 64, 1989, pp. 21 - 33.

[32] Gerald W. McLaughlin, Richard D. Howard, Lore Balkan Cunningham et al., People, Processes and Managing Data, Tallahassee: Association for Institutional Research, 2004, pp. 11 - 14.

[33] Harrington, C. F., Christie, R. L. & Chen, H. Y., "Does Institutional Research Really Contribute to Institutional Effectiveness?"

Paper Presented at the 36th AIR Annual Forum, 1996.

[34] Inside Higher Ed. Jobs, Value and Affirmative Action: A Survey of Parents About College, http://www.insidehighered.com/news/survey/jobs - value - and - affirmative - action - survey - parents - about - college. 2013.

[35] Irene Rubin, "Universities in Stress: Decision Making under Conditions of Reduced Resources", *Social Science Quarterly*, No. 9, 1977, p. 247.

[36] J. Fredericks Volkwein, "The Foundations and Evolution of Institutional Research", New Directions for Higher Education, San Francisco: Jossey - Bass, No. 141, 2008, pp. 5 - 20.

[37] James F. Trainer, "Models and Tools for Strategic Planning", New Directions for Institutional Research, San Francisco: Jossey - Bass, No. 123, 2004, p. 133.

[38] John Cheslock and Rick Kroc., "Managing College Enrollments", The Handbook of Institutional Research, San Franciso: Jossey - Bass, 2012, pp. 221 - 236.

[39] John Milam, "The Role of Consultants in Institutional Research", *New Directions for Institutional Research*, No. 139, 2008, pp. 27 - 45.

[40] John W. Creswell and Marijane E. England, "Improving Informational Resources for Academic Deans and Chairpersons", New Directions for Institutional Research, San Francisco: Jossey - Bass, No. 84, 1994, pp. 5 - 18.

[41] kapiolani Community College. Office for Institutional Effectiveness, http://ofie.kapiolani.hawaii.edu/.

[42] Kenneth, C. Green. Scott Jaschik, Doug Lederman, concerns about Sports, Backing for Obama: A Survey of Presidents, Inside Higher Ed, 2012.

[43] Kevin Kiley. Inside Higher Ed. It's Your Money, Spend It, ht-

tp: //www. insidehighered. com/news/2011/10/27/u - virginia - gives - colleges - ability - spend - money - they - generate. 2011 - 10 - 27.

[44] Kevin Kiley, Purdue' s Outsider, Inside Higher Ed, http: //www. insidehighered. com/news/2013/04/02/purdues - mitch - daniels - challenging - higher - education - leadership.

[45] Kinzie, J., Perspectives from Campus Leaders on the Current State of Student Learning Outcomes Assessment: NILOA Focus Group Summary 2009 - 2010, National Institute for Learning Outcomes Assessmen, 2010, p. 10.

[46] Knight, W. E, "In Their Own Words: Effectiveness in Institutional Research", AIR Professional File, No. 115, 2010.

[47] Knight, W. E. & Leimer, C. L., "Will IR Staff Stick? An Exploration of Institutional Researchers' Intention to Remain in or Leave Their Jobs", *Research in Higher Education*, Vol. 51, No. 2, 2010, pp. 109 - 131.

[48] Knight, W. E., Moore, M. E. & Coperthwaite, C. C., "Institutional Research: Knowledge, Skills, and Perceptions of Effectiveness", *Research in Higher Education*, Vol. 38, No. 4, pp. 419 - 433.

[49] Kuh, G. & Ikenberry, S., More than You Think, Less than We need: Learning Outcomes Assessment in American Higher Education, National Institute for Learning Outcomes Assessment, 2009.

[50] Leimer, C., "What Does IR/IE Leadership Mean? A Not - So - Modest Proposal", Presentation at 52th Annual Forum of the Association for Institutional Research, New Oleans, LA, US, 2012.

[51] Leimer, C., The Rise of Institutional Effectiveness, IR Competitor, Customer, Collaborator, or Replacement? AIR Professional File, 2011, p. 120.

[52] Leimer, C., Wave of the Future? Integrating Institutional Research, Outcomes Assessment, Planning, Program Review and Accreditation,

Education Resources Information Center, ED521064, 2010.

[53] Leimer, C., "Organizing for Evidence - based Decision Making and Improvement", *Change: The Magazine of Higher Learning*, Vol. 44, No. 4, 2012.

[54] Mark L. Perkins, "The Use of Quantitative and Qualitative Information in Institutional Decision Making", New Directions for Institutional Research, San Francisco: Jossey - Bass, No. 112, 2001, pp. 85 - 95.

[55] Marvin W. Peterson, "Institutional research: An Evolutionary Perspective", New Dircetions for Institutional Research, San Francisco: Jossey - Bass, No. 46, 1985, pp. 5 - 15.

[56] Marvin W. Peterson, "The Role of Institutional Research: From Improvement to Redesign", New Dircetions for Institutional Research, San Francisco: Jossey - Bass, No. 104, 1999, pp. 83 - 103.

[57] Mission Statement of Indiana State University IR Office, http://irt2. indstate. edu/ir/index. cfm/main/about/mission.

[58] Mission, Objectives, Scope and Audiences of Harvard IR Office, http://www. provost. harvard. edu/institutional_ research/.

[59] Morest, V. S. and Jenkins, D., Institutional Research and the Culture of Evidence at Community Colleges, New York: Columbia University Community College Research Center, 2007.

[60] Nichols, J. O., The Role of Institutional Research in Implementing Institutional Effectiveness or Outcomes Assessment, AIR Professional File, 1990, p. 37.

[61] NIE Study Group on the Condition of Excellence in American Higher Education, Involvement in Learning: Realizing the Potential of American Higher Education, Washington, D. C.: U. S. Government Printing Office, 1984.

[62] Notre Dame of Maryland University, Office of Institutional Research and Effectiveness, http://www. ndm. edu/about/institutional - research/.

[63] Ohio University, Office of Institutional Research Functions, http: //www. ohio. edu/instres/insres/functions. html.

[64] Patrick T. Terenzini, "On the Nature of Institutional Research and the Knowledge and Skills It Requires", New Dircetions for Institutional Research, San Francisco: Jossey – Bass, No. 104, 1999, pp. 83 – 103.

[65] Patrick T. Terenzini, "On the Nature of Institutional Research Revisited: Plusça Change?" *Research in Higher Education*, Vol. 54, No. 2, 2013, pp. 137 – 148.

[66] Patrick Terenzini, "I Have Always Been a Student: A Tale of Two Careers", *Higher Education: Handbook of theory and research*, No. 27, 2012, pp. 15 – 16.

[67] Pennsylvania State University. Office of Planning and Institutional Assessment, http: //www. psu. edu/president/pia/about/consulting. htm.

[68] Peter Eckel, Adrianna Kezar, *The Shifting Frontiers of Academic Decision Making*, Praeger Publishers, 2006.

[69] Peter Ewell, Making the Grade: How Boards Can Ensure Academic Quality, Washington, D. C.: Association of Governing Boards of Colleges and Universities, 2006, p. 10.

[70] Peter T. Ewell, "Information for Decision: What's the Use?" *New Directions for Institutional Research*, No. 64, 1989, pp. 7 – 19.

[71] Peterson Marvin, "A Serendipitous Search for A Career in Higher Education", Higher Education: Handbook of Theory and Research, Great Britain: Spinger, 2005, p. 27.

[72] Peterson, M. W., Emerging Developments in Post – Secondary Organizations Theory and Research: Fragmentation or Integration? Education Research, Vol. 14, No. 3, 1985, pp: 5 – 12.

[73] Peterson, M. W., Quo vadis AIR? Past developments Future challenges, Presentation at the North East Association for Institutional Research Conference, November 2008.

[74] Peterson, M. W., Einarson, M. K., Augustine, C. H. & Vaughan, D. S., Institutional Support for Student Assessment: Methodology and Results of a National Survey, National Center for Postsecondary Improvement, 1999.

[75] Presidential Perspectives: The 2011 Inside Higher Ed Survey of College and University Presidents, https://www.insidehighered.com/news/survey/perspectives - downturn - survey - presidents.

[76] R. K. Merton, Social Theory and Social Structure, New York: The Free Press, 1968, p. 279.

[77] Randy L. Swing, Institutional Researchers as Change Agents, New Dircetions for Institutional Research, San Francisco: Jossey - Bass, No. 143, 2009, pp. 5 - 16.

[78] Richard D. Howard, "Conceptual Models for Creating Useful Decision Support", New Directions for Institutional Research, San Francisco: Jossey - Bass, No. 112, 2001, pp. 45 - 55.

[79] Richard D. Howard, Institutional Research: Decision Support in Higher Education, Tallahassee: Association for Institutional Research, 2001, p. 108.

[80] Rogers, B. H. & Gentemann, K. M., "The Value of IR in the Assessment of Educational Effectiveness", *Research in Higher Education*, Vol. 30, No. 3, 1989, pp. 345 - 355.

[81] Ronald Yanosky, Institutional Data, Management in Higher Education. EDUCAUSE Center for Applied Research. Volume 8, 2009, http://www.educause.edu/ers0908.

[82] Rourke, F. E. & Brooks, G. E., The Managerial Revolution in Higher Education, Baltimore: Johns Hopkins University Press, 1966, p. 44.

[83] Saupe, J. L., The Functions of Institutional Research, Tallahassee, FL: Association for Institutional Research, 1981.

[84] Saupe, J. L., The Functions of Institutional Research, Tallahassee,

FL: Association for Institutional Research, 1990.

[85] Saupe, J. L. & Montgomery, J. R., The Nature and Role of Institutional Research: Memo to a College or University, Tallahassee, FL: The Association for Institutional Research, 1970.

[86] Sayers, K. W. & Ryan, J. F., "The Institutional Research Option: Transforming Data, Information, and Decision Making for Institutions at Risk", Turnaround: Leading Stressed Colleges and Universities to Excellence, Baltimore: Johns Hopkins University Press, 2009, pp. 211 – 220.

[87] Sheehan, B. S. & Torrence, L. E., "Institutional Research", International Encyclopedia of Education, San Francisco: Jossey – Bass, 1977, pp. 2184 – 2193.

[88] Sheehan, B. S., "Presidential address: Know then Thyself", Proceedings from the 16th Annual Forum of the Association for Institutional Research, 1976, pp. 3 – 7.

[89] Southern Association of Colleges and Schools Commission on Colleges. The Principles of Accreditation: Foundations for Quality Enhancement. 2012, http://sacscoc.org/pdf/2012Principles OfAcreditation. pdf.

[90] Stephen W. Thorpe, "The Mission of Institutional Research", Paper Presented at the 26th Conference of the North East Association for Institutional Research, 1999, pp. 14 – 16.

[91] Terenzini, P. T., "Evolution and Revolution in Institutional Research", Keynote address at 35th Annual Forum of the Association for Institutional Research, Boston, MA, 1995.

[92] Terenzini, Patrick, "On the Nature of Institutional Research' Revisited: Plusça Change? " *Research in Higher Education*, Vol. 5, No. 2, 2013, pp. 137 – 148.

[93] The Common Education Data Standards (CEDS), http://ceds. ed. gov.

[94] The Office of Institutional Effectiveness, The University of Southern Mississippi, http://www.usm.edu/institutional-effectiveness/welcome-office-institutional-effectiveness.

[95] The Office of Institutional Research, The University of Southern Mississippi, http://www.usm.edu/institutional-research/mission.

[96] The Quality of National Data: IR Professionals' Ratings. Association for Institutional Research, https://www.airweb.org/eAIR/Surveys/Pages/NationalDataQuality.aspx.

[97] Trudy Bers & Randy Swing, "Championing the Assessment of Learning: The Role of Top Leaders", Higher Education Assessments: Leadership Matters, 2010, pp. 22-23.

[98] Trudy H. Bers, "The Role of Institutional Assessment in Assessing Student Learning Outcomes", *New Directions for Higher Education*, No. 141, 2008.

[99] University of California, Santa Barbara, Office of Institutional Research, Planning and Assessment. Institutional Research Staff, http://bap.ucsb.edu/IR/IR-staff.html.

[100] University of California, Santa Barbara. Institutional Research Staff, http://bap.ucsb.edu/IR/IR-staff.html.

[101] University of San Francisco, Vice Provost for Institutional Planning, Budget and Effectiveness. http://www.usfca.edu/Provost/Vice_Provost_for_Institutional_Planning,_Budget_and_Effectiveness/.

[102] Victor M. H. Borden, Adrianna Kezar, "Institutional Research and Collaborative Organizational Learning", The Handbook of Institutional Research, San Franciso: Jossey-Bass, 2012, p. 32.

[103] Volkwein, J. F., "Gaining Ground: The Role of Institutional Research in Assessing Student Outcomes and Demonstrating Institutional Effectiveness", National Institute for Learning Outcomes Assessment Occasional Paper, No. 11, 2011.

[104] Volkwein, J. F., Agrotes, M. & Hannahs, D., "The Structure and Function of Institutional Research Offices within NEAIR", Proceedings of the North East Association for Institutional Research 16th Annual Conference, 1989.

[105] Volkwein, J. F., Gaining Ground: The Role of Institutional Research in Assessing Student Outcomes and Demonstrating Institutional Effectiveness, National Institute for Learning Outcomes Assessment, 2011.

[106] Volkwein, J. F., Liu, Y. and Woodell, J., "The Structure and Functions of Institutional Research Offices", The Handbook of Institutional Research, San Franciso: Jossey – Bass, 2012.

[107] Western Association of Schools and Colleges, http://www.wascsenior.org/.

[108] Wilensky Harold, *Organizational Intelligence: Knowledge and Policy in Government and Industry*, Basic Books Inc., 1969.

[109] William E. Knight, The Primer for Institutional Research, Tallahassee: Association for Institutional Research, Introduction, 2003.

[110] William E. Knight, "Leadership Development Needs of Institutional Researchers: Results of a National Survey", Presentation at 52th Annual Forum of the Association for Institutional Research, New Oleans, LA, U. S., 2012.

后　记

本书是在我的博士学位论文基础上修改而成的。2011年年底，我在华中科技大学及美国院校研究会的联合资助下，赴美国院校研究会访学，并在中国高等教育学会院校研究分会会长刘献君教授及时任美国院校研究会执行主席兰迪·斯温博士联合指导下撰写博士学位论文。选题的背景是，美国院校研究领域中，院校研究人员的角色及对院校研究的界定存在很大差异。有人认为院校研究旨在向政府部门报送数据，或为学校决策提供数据，至于解读数据、提供建议与咨询等则被认为有违院校研究的中立性；有人认为院校研究不应仅仅停留于提供数据，需要对数据做出解读，提供建议与咨询，甚至发挥服务型领导的角色。在这样一种背景下，在中美双方导师的建议下，选择以“美国院校研究决策支持功能”作为论文选题，希望通过对美国院校研究人员的全国性调查，来考察院校研究人员在决策过程中的角色。论文从选题到答辩，得到了很多人的关心和帮助。

感谢导师刘献君教授。博士一年级时，在导师的指导下，考虑以院校研究作为博士论文选题。从选题到答辩，整个研究过程都凝聚着导师的殷切期望。导师为我提供了非常多的训练与学习机会。跟随导师做课题，在一次次研讨和文稿修改中，学生学习到怎样做一项研究及怎样组织一项研究。导师还为我提供了多次参加中国院校研究会年会和国际学术研讨会的机会，每一次参会都是向专家学者求教的机会，每一次参会都是建构自己院校研究知识体系的机会。华中科技大学院校发展研究中心是我国院校研究的灯塔，引领着我国院校研究的发展，可以说我国院校研究发展的每一步都与该中心的决策紧密相关。很荣幸得到导师批准参加过多次该中心的工作会议，并得到中心每一位老师的指导与帮助。

美国院校研究会总部是美国院校研究的灯塔。结合我的研究兴趣，经过与导师的讨论，博士论文选题定位于美国院校研究。为帮助我更好地了解美国院校研究的情况，导师建议和推荐我去美国院校研究会总部访学。没有导师的极力推荐，学生是无法获得这样宝贵的、梦寐以求的访学机会的。在美访学期间，每一次通过邮件向导师汇报，导师都会在第一时间给我回复，对我的研究计划提出建议，并在精神上给予我极大的鼓励与支持。问卷调查结束后，我对研究问题及分问题进行了再次梳理，确立论文的写作思路，并呈报给导师。导师提醒我注意中国和美国在博士学位论文写作与研究方面的不同，加强理论分析，增加案例讨论，并让我在他的院校研究课堂上向大家展示我的最新研究与分析成果，推动着我的思考与写作。

导师对学生的关爱不仅仅体现在做学问上，导师的为人处事潜移默化地影响着学生。我属于应届学生，没有社会工作经验，有些事情上尚不成熟，导师不但没有批评过我，相反却给予我极大的宽容，并耐心教导我应该怎样做人做事。作为晚辈的我，感谢导师言传身教，导师的言行和风范如春风化雨，润物无声，给学生以启发和感悟。学生经常能在校园中看到导师骑着自行车上下班的身影，导师的勤奋与坚持是学生学习的榜样。导师深厚的学术积淀和伟大的人格力量，永远激励着学生不断前行。

感谢美国院校研究会执行主席兰迪·斯温博士。我经常浏览美国院校研究会的网站，但从未奢望过到美国院校研究会总部访学。抱着试试看的态度给斯温博士写信，他回信表示非常欢迎。但美国院校研究会总部不是学术研究机构，不具备签发 DS2019 表的资格。为此，他特意联系了他读博士时的导师、时任佐治亚大学副教务长的 Libby Morris 教授，为我签发 DS2019 表，并获得特批，可以在佛罗里达州的美国院校研究会总部访学。当时到达美国后，他从佛罗里达飞往亚特兰大机场接我，并租车陪我去佐治亚大学办理报到手续。他还帮我联系了佛罗里达州立大学教育领导与政策研究系主任 Robert Schwartz 教授，使我能够以兼职访问学者的身份在那里访学，并使用丰富的图书馆资源。不仅如此，他还为我提供了三个月的博士论文研究资助，使我访学时间由三个月延长为半年。在美访学期间，斯温博士亲自为我讲授院校研究，邀请我参加联邦教育部高等教育综合数据系统（IPEDS）的培训，赠送我院校研究的相关书籍，让我免费学习美国院校研究会“数据与决策培训课程”，为我免除参加美国院校研究会年会的所有注册及住宿费用。研究过程中，访谈、问卷设计、问卷评审与修改、抽样、调查及数据分析等各个阶段，他亲自指导，帮助我完成整个研究过程。他还专门邀请美国院校研究会咨询员 Leah E. Ross 博士指导我设计问卷、修改问卷及开展调查。此外，斯温博士及其夫人 Karen Swing 女士对我生活上也给予了很多关照。

感谢院校发展研究中心的各位老师。我很幸运读博期间有一个导师团队指导我的研究。赵炬明教授是我的硕士导师，曾多次给我讲授过院校研究，每一次都能让学生有新的收获。访学期间赵老师通过电话给我以指导和帮助。陈敏教授时常关心我的研究进展，叮嘱我在广泛涉猎的同时，将精力集中于主要研究方向，在研究设计及论文写作过程中，多次为我解疑答惑。余东升教授邀请我参与战略规划课题研究，并在论文选题、研究设计等方面给我以建议和点拨，使我受益匪浅。雷洪德副教授曾就论文的数据分析及结构提出过有益的建议。每一次交流，都能感受到雷老师乐观豁达的人生态度和严谨治学的学术品格。感谢张俊超副教授，她热情、率性和乐观的性格影响着我，每每在论文最艰难的时候，都有她最贴心的问候和鼓励。感谢徐海涛老师从我读硕士以来对我学业和生活上的关心。很幸运有这样一个强大的指导老师团队为我指点迷津。

感谢教育科学研究院张应强教授、陈廷柱教授、沈红教授、许晓东教授、柯佑祥教授、贾永堂教授、李太平教授对我的指导，我从他们的课堂、报告及指导中受益很多。感谢学院董晓林书记、张江涛主任及夏薇老师对我生活和学业上的关心和帮助。

感谢华中师范大学郭文安教授、华中农业大学龚祖文教授、中国人民大学周光礼教授、华中师范大学王珺教授、中国地质大学（武汉）的侯志军教授在论文开题、撰写及答辩过程中提供的指导和帮助。

感谢加州大学校长办公室院校研究与学术规划处专案研究主任常桐善博士。访学期间，作为海外华人院校研究会（OCAIR）主席，常博士为我提供了去加州高校访谈和实地考察的机会，为我提供良好的食宿条件和交通协助。对于没有院校研究工作经验的我来说，通过访谈和观察建立院校研究的感性经验，对我进行研究设计非常重要。问卷设计及数据分析过程中，常博士多次与我进行网上交流，提供指导。佛罗里达州立大学胡寿平教授是美国高等教育研究领域的领军学者，为我提供了近距离向他求教的机会，在研究设计和统计分析阶段为我提供过非常多的指导，而且每次求教都会在第一时间给我回复。伊利诺伊州立大学林曾教授通过 MSN 在统计分析方面为我提供过详细的指导。感谢佛罗里达州立大学院校研究办公室主任 Richard R. Burnette III 博士、佛罗里达农机大学院校研究办公室 Sunny Li 博士及塔拉哈希社区学院效能协理副校长 Lei Wang 博士，他们也为我提供过实地访谈和考察机会。

感谢美国院校研究领域的众多专家在我访学期间及论文撰写阶段提供的各种指导。原美国院校研究会会长 Marvin Peterson 教授、Richard D. Howard 博士、Richard A. Voorhees 博士、Victor M. H. Borden 教授、William E. Knight 博士，美国院校研究年会研修班主讲人 Jan Lyddon 博士，宾州州立大学 James Fredericks Volkwein 教授和 Patrick Terenzini 教授都在我访学过程中，通过提供建议、资料共享、问卷评审等方式，为我提供过帮助。感谢美国院校研究会总部工作人员 Christopher Coogan、Lisa Gwaltney、Jason Lewis、Anne Munson、Eric Godin、Tinsley Smith 及 Missy Wiggins 在我在访学期间对我的关照。感谢佛罗里达州院校研究会、德克萨斯州院校研究会为我参加它们的学术会议所提供的资助。

感谢同门师兄张庆辉、明铭、李建国、吴洪富、房保俊等，师姐谢辉、王燕华、肖兴安、刘叶、周进、周玉容等，在我读博期间对我的关照和帮助。感谢同窗好友曾美勤、张传萍、丁玲，感谢刘皓、陈国峰、廖旭梅等师弟师妹，同门的友情最可贵，同门之间如亲人。感谢好友刘耀、苏永建、刘香菊、刘进等，我们一起讨论学术，畅聊未来，成为一段美好的回忆。感谢吕催芳、熊俊峰等在统计分析方面提供的帮助。

感谢我的家人。我的家庭祖祖辈辈都是庄稼人，没有任何文化，以种田为生。感谢父母赋予我生命，在田间辛勤劳作，为我读书学习创造条件。母亲是对我一生影响最大的人，从我小时候就叮嘱我只有读书才能给人生带来光明，她不幸在我大学期间因病去世，成为我一辈子永远的伤痛。父亲的话不多，也不懂我的专业及博士论文内容，但每次都叮嘱儿子注意身体，好好奋斗。妻子单体清女士，在我论文写作过程中，帮我翻译材料、查找文献、校对文稿，是我论文的第一个读者，她的支持是我做完论文的巨大动力。小女小郁的出生，为小小的家庭，增添了无限的乐趣。此外，还要感谢如亲人般培养我的小学、初中和高中老师，我现在仍与他们保持着密切的联系，感谢读书期间老师们及很多好心人对我的资助。

感谢华中科技大学2016年“双一流”建设：一流文科建设创新团队项目对本书出版的大力支持！衷心感谢中国社会科学出版社侯苗苗女士以及在本书出版过程中有关人员付出的艰辛而细致的劳动！

魏署光

2016年9月于华中科技大学